U0852266

新中国统计简史

本书编写组

中国统计出版社
China Statistics Press

图书在版编目(CIP)数据

新中国统计简史 / 本书编写组编. —— 北京 ：中国统计出版社，2022.9

ISBN 978－7－5037－9847－4

Ⅰ. ①新… Ⅱ. ①本… Ⅲ. ①统计－历史－中国－现代 Ⅳ. ①C8－092

中国版本图书馆 CIP 数据核字(2022)第 117090 号

新中国统计简史

作　　者/本书编写组
责任编辑/钟　钰
封面设计/黄　晨
出版发行/中国统计出版社有限公司
通信地址/北京市丰台区西三环南路甲 6 号　邮政编码/100073
发行电话/邮购(010)63376909　书店(010)68783171
网　　址/http://www.zgtjcbs.com
印　　刷/河北鑫兆源印刷有限公司
经　　销/新华书店
开　　本/787×1092mm　1/16
字　　数/246 千字
印　　张/25.75
版　　别/2022 年 9 月第 1 版
版　　次/2022 年 9 月第 1 次印刷
定　　价/56.00 元

版权所有，侵权必究。
如有印装差错，请与发行部联系退换。

本书编写组

编委会

主　任：宁吉喆　康　义

副主任：李晓超　毛有丰　盛来运　蔺　涛
曾玉平　文兼武　毛盛勇

委　员：雷小武　张　毅　徐荣华　付凌晖
赵同录　江　源　胡汉舟　翟善清
董礼华　王萍萍　万东华　王贵荣
王有捐　方晓丹　王跃新　刘　恒
孙学光　周　兵　武　洁　宋安辉
李锁强　刘文华　张　军　夏雨春
金　红　闾海琪　钟守洋　高新德
彭永涛　王全众　刘爱华　刘玉琴

编辑部

总 编 辑：盛来运　毛盛勇

副总编辑：钟守洋　雷小武　余芳东　张　琳

编辑人员：周　彦　顾　鑫　赵欣慧　王麦玲
丛雅静　窦　宇　程玉花　查锐仙
安　冉　庞　昱　于　上　张　玉
夏浣慧　李　欣　马俊飞　杜　欣
邱　阳　赵　晶　胡　超　刘丽华
杨青林　徐慧民　王艺奇　张梦荷

目　录

序 言

雄鸡一唱天下白。1949 年 10 月 1 日，毛泽东同志站在天安门城楼上向全世界庄严宣告："中华人民共和国中央人民政府今天成立了！"中华人民共和国的诞生，使亿万中国人民成了国家、社会和自己命运的主人，中国人民从此站起来了，中华民族走上了实现伟大复兴的壮阔道路。

弹指一挥间，看山河巨变。70 多年来，从社会主义革命和建设时期的自力更生、发愤图强，到改革开放和社会主义现代化建设新时期的解放思想、锐意进取，再到中国特色社会主义新时代的自信自强、守正创新，中国共产党矢志不渝为人民谋幸福、为民族谋复兴，团结带领全国各族人民在神州大地上绘就了人类发展史上波澜壮阔的壮美画卷。特别是党的十八大以来，以习近平同志为核心的党中央立足新的历史方位，把握发展大势、引领时代潮流，团结带领全党全国各族人民取得一系列原创性思想、变革性实践、标志性成就，推动中国特色社会主义事业进入新的历史阶段，实现中华民族伟大复兴进入了不可逆转的历史进程。

伴随着中华民族从站起来、富起来到强起来的伟大飞跃，新中国统计事业从无到有、由弱变强，走出了一条不平凡的发展道路。统计工作在热火朝天的社会主义建设中探索起步，在改革开放的时代大潮中砥砺奋进，在中国特色社会主义新时代阔步前行，用独特的数据语言真实准确地记录着中国共产党领导的兴国、富国、强国大业。一代又一代统计工作者坚持为国统计、为民调查的职责，数海泛舟、奋楫前行，风雨无阻、一往无前，在新中国成立之初一穷二白基础上，建立起有效满足各级政府、各类经济体和广大社会公众需要的统计体系，为中国共产党领导全国各族人民进行革命建设改革提供了大量可信可靠的统计资料和数据信息。特别是党的十八大以来，在以习近平同志为核心的党中央坚强领导下，各级统计机构和广大统计工作者蹄疾步稳推动统计改革，持之以恒提高数据质量，加快构建现代化统计调查体系，以坚韧不拔的气魄和勇毅笃行的担当，书写了统计事业新的瑰丽史诗。

欲知大道，必先为史。在新中国政府统计机构成立70周年之际，国家统计局组织编撰了《新中国统计简史》，以统计史实为基础，以时间发展为脉络，按照“初步建立统计体系”“统计工作在曲折中发展”“统计事业迅速恢复”“统计体系全面转轨”“统计制度不断完善”“统计改革发展加快推进”顺序依次展开，客观还原了历史上重大统计事件的发展沿革，集中展现了社会主义革命建设改革不同历史时期统计工作取得的重要成果，深情回顾了新中国统计栉风沐雨、开拓奋进的光辉历程，对于激励广大统计工作者牢记使命奋勇前行、凝聚新时代统计事业向前发展的澎湃动能，具有重要的历史和现实意义。

习近平总书记深刻指出，今天，我们回顾历史，不是为了从成功中寻求慰藉，更不是为了躺在功劳簿上、为回避今天面临的困难和问题寻找借口，而是为了总结历史经验、把握历史规律，增强开拓前进的勇气和力量。2022 年将召开党的二十大，对全面建成社会主义现代化强国两步走战略安排进行宏观展望，重点部署未来 5 年的战略任务和重大举措。新的起点上，我们要从新中国统计史中汲取智慧、经验和力量，以史为镜、以史明志，弄清楚新中国统计事业发展底气从哪里来、改革新任务到哪里去，始终牢记初心使命，始终坚定理想信念，坚持不懈开拓进取，坚定不移推进统计现代化改革，向着全面建设社会主义现代化国家新征程，向着实现中华民族伟大复兴的中国梦，继续奋勇前进，书写新的辉煌！

谨以《新中国统计简史》向新中国政府统计机构成立 70 周年献礼！向为新中国统计事业作出历史性贡献的开拓者、奋进者、奉献者致敬！

第一章 | 初步建立统计体系（1949—1958年）

1949年，中央人民政府政务院财政经济委员会在计划局内设立统计处，开启了政府统计历史新篇章。1952年8月，中央人民政府成立国家统计局，开始建立全国集中统一的统计管理体制。1953年1月8日，政务院发布《关于充实统计机构加强统计工作的决定》，成为新中国政府统计工作的第一份纲领性文件。随后，中央各部门、地方各级人民政府陆续建立了统计机构或配备了专职统计人员。这一时期，逐步建立和完善了工业、农业、基本建设、交通运输邮电、商业及人口、劳动工资等统计报表制度，初步形成了全国统一的统计报表体系；开展了第一次全国工业普查（全国工矿企业普查）、第一次全国人口普查、工农业总产值和劳动就业调查、职工和农民家计调查等一系列普查和专项调查工作。1953—1960年，国家统计局每年发布国民经济发展和计划执行情况统计公报，1954年发布了第一次全国人口普查公报，1959年发布了“一五”计划执行结果的统计公报。统计工作为国民经济的恢复和发展提供了大量数据资料，发挥了重要基础性作用。

第一节　创建统计机构、召开第一届全国统计工作会议

1948年,东北首先建立了全区规模的统计工作,以适应地区经济发展需要,为建立全国统计工作提供了有益经验。新中国成立后,为快速了解国情,开展大规模经济建设,国家决定在全国范围内建立统计机构,成立国家统计局。在这一时期,专业统计年报和定期统计报表制度初步建立,第一届、第二届全国统计工作会议顺利召开,政务院发布《关于充实统计机构加强统计工作的决定》,对统计工作的基本问题作出明确指示,为建立全国集中统一的统计工作提供了有力保障。

中财委计划局统计处成立

中共中央财政经济委员会,其前身是中共中央财政经济部,负责研究和搜集资料、管理解放区财政经济工作,薛暮桥任秘书长。中财部位于河北省平山县嘉峪村,共40余人。部下设行政组、工矿组、财金组、物价组、书报组。

1949年4月,中财部和中共中央各部门全体人员由平山迁往北平香山。5月中下旬,薛暮桥在中财部全体干部会上宣布成立资料室,由我国著名经济学家狄超白任主任。

7月12日,中财部与华北财经委员会合并成立中共中

★ 薛暮桥(前排右 1)、狄超白(前排左 1)与中财委部分人员合影

央财政经济委员会,下属资料室改为统计组,全部迁入东四朝阳门内大街的九爷府办公。统计组的人数最多,分别来自原中财部、华北财院等,由狄超白负责。其下又设立了秘书、资料、工业、农业、世界经济 5 个组,但都是临时性的,人员调动十分频繁。

1949 年 10 月 1 日,中央人民政府成立,宣告成立中央人民政府政务院财政经济委员会,也称中财委。中财委正式成立了办公厅、计划局等单位,并于计划局内设立统计处(简称中财委统计处),后改称统计总处,处内最初设工业、农业、贸易、交通、财金等组,后又加设了基本建设、普查两个组,狄超白任处长。

各级统计机构相继建立

1950 年初,中央人民政府政务院文化教育委员会内设立统计处，左恭任处长，负责收集、整理教育、文化、卫生等统计资料，并推动文教卫生各部门开展统计工作。除此之外，海关总署、交通部、水利部等政府部门也相继建立统计机构，配备了专职统计人员。

统计机构成立之初，虽然面临着专业人员缺乏，经验不足，工作困难重重的境况，但“以苏为师”，借鉴苏联经验，设计出全国工矿企业普查的调查方案并组织实施，制订了工业等几个专业的年报和定期统计报表的方案，经过研究定稿后由中财委公布实施。1951年7月，中财委组织召开了新中国第一届全国性的统计工作会议——全国财经统计会议，推动了全国统计工作的开展。新中国第一代统计工作者迎难而上，艰苦创业，为新中国统计工作的创立做出了卓越贡献。

东北统计工作率先开展

东北大行政区是我国最早解放的地方，也是最重要的工业基地，承担着支援全国经济建设的重要任务。为适应经济发展的需要，东北首先建立了全区统计工作，成为统计工作的先驱，为建立全国统计工作提供了有益经验。

1948年10月，东北人民政府财政经济委员会内设立调查统计处，负责组织开展全区调查统计工作。1950年4月10日，东北人民政府作出《关于加强统计工作的决定》，其主要内容包括：成立东北人民政府统计局(以下简称东北统计局)，直属东北人民政府，同时受人民经济计划委员会的双重领导。东北统计局按时提供为制订经济计划所需的统计资料，协同各部局审查现行统计报表，向东北人民政府提出关于健全东北调查统计报告制度的方案，检查和纠正乱发调查表格的现象；指导东北境内的调查统计工作。

东北统计局成立后，由王思华兼任统计局局长，先后组织召开了三次统计会议。1950 年 6 月召开了东北第一次统计会议，主要解决了组织建设和制度建设问题。1950 年 11—12 月召开了东北第二次统计会议，贯彻执行统计报表制度，试行整顿基层企业原始记录，力求报表及时、准确，并开始进行统计报表的文字说明和初步经济分析。1951 年 10 月召开了东北第三次统计会议，贯彻全国财经统计会议的精神，并提出《三年来的统计工作总结》。

东北大行政区在不到三年的时间里，建立起全区规模的统计工作，在组织建设、制度建设和业务建设上都取得了显著成绩，向各级政府提供了国民经济主要部门的大量统计资料，使统计工作在制定政策、编制和检查计划等方面发挥了积极作用。

各专业统计年报和定期报表制度建立

1950 年 3 月，为掌握重大国情国力，了解新中国成立后工矿企业的基本情况，适应恢复和发展工矿生产的需要，面对建国初期我国经济成分复杂多样的情况，中财委发布命令，对全国公营、公私合营以及工业生产合作社的工矿企业进行统一普查。同年，在社会主义性质的国营经济、半社会主义性质的合作社经济和公私合营经济以及有关的机关或管理机构中开始实行专业的统计年报和定期统计报表制度。

1950年8月,为统一国营企业的统计项目、报表格式和报告程序,保证国营企业逐步走上计划经济的轨道,中财委制定颁发了《全国公营及公私合营工矿企业定期统计报表制度》。其中,工业年报包括基本报表(企业填报的报表)和综合报表两种表式,均分为工业生产和基本建设两部分。这是一套比较完整的年报,除财务成本以外,包括了生产、劳动工资、供销、设备和基本建设各方面的内容,能够综合反映企业的生产经营管理状况。1951年1月,开始实行全国公营及公私合营工业企业月报、季报统计报告制度,报表内容包括生产、劳动、成本、物资4部分。

1951年6月,中财委颁发了修订的基本建设定期统计报表制度。制定了《基本建设定期统计报表制度暂行办法》。主要是精简原有统计报表的内容,减轻填报和综合工作的负担,明确实施范围和报送系统,以便于主管部门和拨款专业银行实施管理和监督。经过这次修订,基本建设投资统计才从工矿统计制度中分离出来,初步形成独立的专业统计制度。这套报表制度的实施范围包括中央工业、交通、农业、水利各部直属建设单位及地方工业建设单位。

1950年12月,中财委会同贸易部制定并转发了《国营贸易企业定期统计报表制度》,由贸易部所属国营各专业公司系统和地方贸易公司执行。报表分商品流转、商业网、商品流通费、运输、人事(包括劳动工资)5类,表式分月报、季报和半年报。1950年全国合作社联合总社成立后,建立了商情网，出刊商情简报并制定了全国合作社统计暂行办法。1951 年颁发了《全国供销、消费合作社统计报表制度》，报表分商品流转与组织资金两大类。

至此，国营经济中的工业、商业、对外贸易和基本建设，都建立了年报和定期统计报表制度。而公私合营经济和合作社经济，有的直接采用了国营经济的报表制度（如公私合营工业企业），有的则采用了简化的统计报表。

对于个体手工业和私营工商业，尚未布置全国统一的统计制度，但为了便于全国汇总各地统计资料，中财委曾制定了《私营企业行业分类暂行办法》《私营工业主要产品产量报告表》。各地进行私营工商业统计，一般是通过各个行业的同业公会收集部分资料，再根据工商行政部门和税务部门资料进行估计推算。除此之外，国营商业通过对私营工商业的加工订货、统购包销和经销代销，掌握了一些资料，作为估计推算的依据。个体手工业，一般是采取同样的统计方法。所得资料虽不很准确，但大体上接近实际情况。

农业统计方面，由于广大农村仍以分散的个体农业为主，需要采用村干部入户进行典型调查的办法，再经过估算取得统计资料。国家则根据各地区上报的数字汇总出全国的数字，由有关部门共同研究确定。1951 年，中财委布置了全国统一的 1951 年农业生产年度总结基本报表，由省、市农林部门填报，包括人口、互助组织、耕地面积、粮食作物生产、经济作物生产、秋播冬耕面积及牲畜数量增减等内容。

这段时期，中央各部门开展了许多统计工作，掌握了一些统计资料。财经各部门执行中财委统一颁发的各种统计报表,有些部门还根据业务管理的需要,制订了补充报表。4 个部委的统计工作开展较早:纺织部制定了主要生产设备及使用情况和技术经济指标等补充报表;铁道部从 1950 年开始学习苏联经验,建立了比较完整的统计制度;卫生部从 1949 年开始建立急性传染病和生命统计制度,1951 年建立医疗机构基本情况统计制度,1952 年开始建立全国统一的报表制度;教育部在 1952 年进行了全国教育普查。中央各部门的统计制度,有的在本部门的直属单位实行,有的则扩大至地方单位,由此推动了地方有关业务部门的统计工作。

第一届全国统计工作会议召开

随着国民经济的逐步恢复,统计工作的重要性日益显现。但由于各部门统计工作过于分散,与统计工作任务不相适应的矛盾凸显出来。为了解决这些问题,中财委于 1951 年 7 月在北京召开了全国财经统计会议(后被称为第一届全国统计工作会议)。中财委副主任李富春到会作了重要讲话,中财委财经计划局局长宋劭文作了总结。李富春在讲话中着重论述了以下几个问题:

关于统计工作的方针。李富春认为,旧中国的统计,是向英美资产阶级学习,对于新中国的国家管理和监督并不适用。人民的国家要建立统计事业,只能向苏联学习社会主义的、为马列主义所武装的统计学。对英美资产阶级的统计学,要用马列主义的观点和方法加以批判和改造。但学习为马列主义所武装的社会主义统计学,要与中国社会的实际情况和中国统计工作的实践相结合，克服和防止统计工作中的教条主义和经验主义。他提出应当“把先进的统计理论与中国社会实际情况和中国统计工作的实践相结合”作为我国建立统计工作的指导方针。

关于统计工作的任务。李富春指出，统计工作的任务有两种，一是根据中国的社会经济情况来统计，使国家能据以了解情况，决定政策和计划；二是统计工作本身的建设任务，就是在社会经济的发展中，逐步把统计工作建立和发展起来，直至成为全面的、科学的统计工作。这是中国统计工作的建设过程和发展过程。当统计工作要为有计划的建设国家并为社会主义的前途服务时，同样地，统计本身也就为着建立先进的、全面的、科学的统计工作这一目标奋斗。

关于统计工作的方法。李富春强调，中国的经济情况复杂，统计的武器要多，只有一种武器是不高明的，也是不够用的。除建设科学的、严格的统计外，同时要利用各种不同的武器来进行工作。李富春明确指出，在中国，社会主义性质的国营经济、半社会主义性质的合作社经济、农民和手工业者的个体经济、私人资本主义经济和国家资本主义经济五种经济成分并存，仍有大量的、私有的个体经济存在的情况下，还不能搞全面的、严格的计划经济。统计工作也不能对这五种经济成分，都建立先进的、全面的、科学的统计制度。全面的、科学的统计，要先从国营经济开始，再向半社会主义性质的合作社经济及公私合营经济扩展。除了建立科学的统计制度外，必须根据实际情况，采用典型调查、开调查会的方法，并利用从税务、银行、同业公会等方面收集来的资料,加以研究分析,得出适当的结论。

关于统计机构。李富春指出,必须根据经济情况和地区的不同情况,有重点地建立统计机构,防止形式主义和平均主义。

关于干部问题。李富春认为,统计干部很缺,首先应从国营经济着手,成千成万个国营企业缺乏统计人员,原始资料报上来的就不完全。下面没有基础,单把大行政区的统计机构建立起来,仍是行不通的。因此,不能只在大学或专科学校培育高级统计人员,而且要在一定的要求和统一的教育计划下,由各省、市、大行政区根据实际情况来分工培养基层的统计人员。不要专从大学统计系着手,初中、高中毕业生都是可以培养的。只有基层工作做好了,才能得到可靠的材料。这是培养干部的方向。

第一届全国统计工作会议的召开,有力推动了全国统计工作的开展。会后,各大区和各省、市陆续建立了统计机构,一般都在财经委员会内设立统计处、科。各级业务部门也都建立了统计机构或配备了统计人员。许多地区和部门采取各种措施培训了大批统计干部,基层企业的统计力量得到加强。各种专业统计年报和定期统计报表的贯彻实施,以及各种统计调查方法的实际运用,使各级各部门统计机构收集了大量统计资料,各级领导机关可以定期地、系统地了解生产建设和流通方面的情况,为国家制订第一个五年计划提供了重要依据,为建立全国集中统一的统计工作打下了基础。

国家统计局成立

1952 年，中共中央提出了过渡时期的总路线，即在相当长时期内，逐步实现社会主义工业化，逐步完成对农业、手工业和资本主义工商业的社会主义改造。无论是编制计

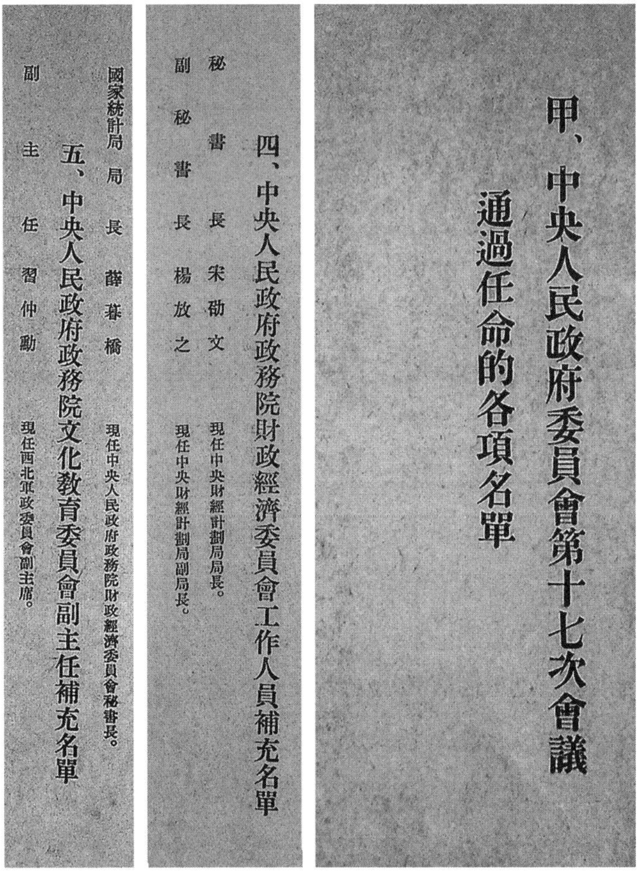

甲、中央人民政府委員會第十七次會議
通過任命的各項名單

四、中央人民政府政務院財政經濟委員會工作人員補充名單

秘書長 宋劭文 現任中央財經計劃局局長。

副秘書長 楊放之 現任中央財經計劃局副局長。

國家統計局局長 薛暮橋 現任中央人民政府政務院財政經濟委員會秘書長。

五、中央人民政府政務院文化教育委員會副主任補充名單

副主任 習仲勳 現任西北軍政委員會副主席。

★1952 年 8 月 7 日，中央人民政府任命薛暮桥为国家统计局局长

划和检查计划执行情况，还是决定社会主义改造的具体政策并了解其贯彻情况，都需要大量的、及时而准确的统计资料。而要在全国范围内收集和整理这些统计资料，必须有一个能够集中统一地组织领导全国统计工作的国家统计机构。但中央一级的统计机构，在财经系统有政务院财政经济委员会的统计总处，在文教系统有政务院文化教育委员会的统计处，其他一些部委、署都设有统计处或科，它们都无力、也不可能承担这一重大职责。于是，中央人民政府决定成立直属政务院的国家统计局。

8月7日，中央人民政府委员会召开第17次会议，周恩来作调整中央、地方人民政府机构的决议说明。会议通过《关于调整中央人民政府机构的决议》。会上，任命薛暮桥为中央人民政府国家统计局局长，国家统计局由此宣告成立，成为全国性统计工作的最高领导机构。

第二届全国统计工作会议召开

国家统计局成立后，如何配合大规模的经济建设进行科学的统计工作，如何充实统计机构，成了统计工作中亟需解决的问题。为此，国家统计局于1952年12月在北京组织召开了第二届全国统计工作会议。

时任中央人民政府委员会副主席朱德到会发表重要讲话。关于统计工作与计划经济的关系，朱德指出，“统计工作是计划的基础。要编制正确的经济计划，就必须有正确的统计。因此，建立和健全统计工作已成为重要任务。计划工作是全国统一的，统计工作也必须全国统一，必须有全国统一的报表制度和计算方法。”关于统计工作的态度，朱德强调，“一切统计工作者必须以科学、严肃的态度从事统计工作，同时要担负起监督的作用，反对敷衍了事粗枝大叶的作风，假统计、假报告更是对国家对人民的犯罪行为。”对于统计机构和统计干部配备的问题，他认为，“各部门各地区必须抽调干部去充实统计机构，加强统计工作。统计工作者必须努力提高自己的政治理论科学水平，必须认真学习统计业务。”

薛暮桥作了题为《配合大规模经济建设，建立科学的统计制度》的报告，他提出，我们的经济建设有全国统一的计划，为制订计划和检查计划完成情况所需要的统计也必须是全国统一的，其调查范围、表式指标、分类方法和计算方法也必须与计划完全一致。要有计划地利用现有统计力量，以保证国家统计任务的完成。

关于统计工作的任务。薛暮桥指出，统计工作目前的主要任务，是向领导机关提供决定政策、制订计划所必需的统计资料，并通过统计资料来检查计划的完成情况。应当把统计力量用在对国家建设最有决定意义的部门，必须保证完成统计工作的基本任务。首先必须做好国营工业和基本建设的统计，特别是重工业的统计，其次要做好农业生产、商品流转、交通运输、劳动工资、物资分配以及文教卫生等项统计，建立与了解公私经济比重和在个体经济中互助合作的发展有关的调查统计工作。

关于充实统计机构、补充统计干部的问题。薛暮桥认为，不但需要加强各级地方政府的统计机构，尤其需要加强各业务部门的统计机构。他还认为，充实统计机构不仅要增加干部的数量，更重要的是要提高干部的质量。

这次会议，是国家统计局成立后召开的第一次全国统计工作会议，明确了即将开始的第一个五年计划的经济建设的新形势和统计工作的新任务，基本统一了对统计的组织、业务建设等问题的认识，对组织第一个五年计划时期的统计工作起了重要的作用。

政务院发布《关于充实统计机构加强统计工作的决定》

1953年1月8日，政务院发布《关于充实统计机构加强统计工作的决定》，对统计工作的重要性和统计工作的组织建设、业务建设等方面，作出明确指示，对初创阶段我国社会主义统计工作的建立和发展，起了极大的指导和推动作用。《决定》首先阐明了加强统计工作和充实统计机构的重要意义，指出："国家大规模的有计划的经济建设即将开始，没有比较健全的系统的统计机构和比较完整的科学的统计制度，就不可能制定正确的计划，不可能及时检查计划的执行情况。为此，必须加强各级政府及各业务部门的统计机构和统计工作，并须统一制定全国性的统计制度和统计方法，使我们的统计工作能适应大规模经济建设的需要，逐步发挥统计工作在经济建设中的监督作用。"《决定》还针对各地区、各部门统计工作发展不平衡、缺乏集中统一领导、以及统计报表中存在比较严重的重复混乱等问题提出:“各级人民政府及各业务部门均应按照需要,充实统计机构,加强统计工作;并按照国家统计局的统一规定,建立严格的、系统的科学统计制度。”《决定》的其他主要内容有:

1. 国家统计局为全国统计工作的领导机关,所有财政、经济、文化、教育、卫生及社会情况等基本统计工作,均由国家统计局负责领导。凡国家统计局所颁布的一切统计制度、统计方法、统计表式等,所有各级地方政府、中央及地方各业务部门及各公私企业必须遵照执行。

2. 各大行政区、省、市、专署及县级人民政府的统计机构,均须依据国家统计局所规定的统计制度及工作任务进行工作,并负责对本地区各部门的统计工作进行组织指导、检查监督。各级地方政府的统计机构,除保证完成国家统计局所规定的任务外,应视地方需要,并征得上级统计机构同意后,进行地方性的调查统计工作。

3. 为使国家统计局所规定的统计工作制度和工作计划得以贯彻执行,各大行政区、省、市、专署及县各级人民政府必须迅速建立并加强统计机构,大行政区及省、市成立统计局,专署、县成立统计科,成为大行政区、省、市、专署及县人民政府的组成部分。

4. 各级人民政府的各级业务部门均须遵守国家统计局颁布的有关统计方面的指示和规定,并应按照国家统计局的规定,向同级人民政府的统计机构按期填送报表。各业务部门应立即加强现有统计机构,配备必要数量的统计干部,特别是基层单位的统计机构与统计干部,保证按照国家需要及时完成统计任务。

5. 不经批准乱发统计表格,不按规定填送报表者,视为违反纪律的行为,应予纠正。至于假报数字或谎报统计资料者,应予以严厉处分。

《决定》规定了国家统计局为国家统计工作的领导机关,强调所有基本统计工作由国家统计局负责领导。这为在全国范围内,有组织、有领导地建立统一的、系统的、科学的统计工作制度奠定了基础,对以后我国统计工作的组织建设、业务建设产生了深远的影响。

第二节　逐步完善全国统一的统计标准和报表制度

为适应社会主义计划经济的需要,为党政领导机关提供制定政策、编制计划和监督检查计划执行情况所需的统计资料,统计工作必须建立科学、统一的统计指标体系及相应的统计报表制度,全面、系统地反映社会发展的基本情况和国民经济的运行情况。这一时期,统计分类标准体系初具雏形,中财委制发了两套统计标准,国家统计局在此基础上不断改进和完善各项统计报表制度。

统计分类标准体系初步形成

1951年,政务院财政经济委员会颁发了《关于工资总额组成的规定》。1952 年 12 月，中财委又颁发了《工业产品目录》，作为全国工业企业及其主管机关和各级财经部门进行工业产品产量统计的依据。1954 年 6 月，国家统计局、中央工商行政管理局、中央税务总局颁发了《私营企业统计分类办法》，并附相关分类标准目录，将私营企业分为工业、商业、饮食业、建筑业、运输业、服务业、金融业、农业 8 个类别。1955 年，国务院发布了《关于城乡划分标准的规定》，明确了城乡界限、城镇中“城市”和“集镇”、城镇型居民区和市的郊区的划分标准。同年，因工作需要，国家统计局制定了《关于工资总额组成的暂定规定》。

工业统计报表制度

对国营、地方国营、公私合营和合作社营工业企业，1953 年分别建立大型工业企业月报、小型工业企业生产及主要指标季报；在主要工业部门中，逐步建立和健全了产品质量、设备利用和各种技术经济统计报表制度以及新产品试制、发明、技术改进及合理化建议统计制度。1957 年，全国建立起工业生产电讯快报月报制度。国家统计局根据从企业到县、地(市)、省逐级汇总的电讯快报月报的数字进行综合整理，每月 10 日向国务院提供上月工业生产发展速度和工业总产值，主要产品产量的计划完成情况资料。到 1957 年，统计部门基本能够全面掌握工业生产和劳动工资各类统计资料，成本统计和各项技术经济统计也积累了经验。

对私营企业和个体手工业，国家统计局于 1953 年协同工商行政管理部门和税务部门,在职工人数 10 人以上的私营工业企业中建立了私营工业定期统计报表制度。对接受国家加工订货与包销的私营工业企业,推行加工订货与包销的统计报表,由私营企业及其行业组织通过工商行政管理部门报送国家统计部门。对职工人数在 10 人以下的私营工业企业和手工业,暂未推行全国统一的统计制度,而是通过各个行业的同业公会收集部分资料,再利用工商行政管理部门、供销合作部门、税务部门、人民银行等机构掌握的有关资料,定期进行估算,每隔一定时期进行一次调查。1954 年 12 月底以前,国家统计局在全国范围内组织了个体手工业及私营 10 人以下小型工业企业调查,所得资料大体上接近实际。随着社会主义改造高潮的到来,统计部门通过各业务主管部门,特别是专业公司,建立了私营工业转为公私合营及合营企业经济改组电讯快报,公私合营工业企业清产合资和定息进度快报。在此基础上,逐步建立了新增公私合营企业定期统计报表制度。在个体手工业迅速纳入各种合作组织的形势下,建立并改进了手工业生产合作社和供销合作社统计报表制度。

在建立工业定期统计报表制度的同时,国家统计局会同有关部门规定了各项指标的经济涵义和计算方法,制定了工业统计的分组方法和分类目录,以及有关的统计制度。一是国家统计局制定 1952 年工业产品不变价格,以消除现价工业总产值前后期不可比的影响,正确反映各个时期工业生产总量的变动情况;二是国家计委颁发《关于确定工业企业的若干具体规定》,进一步明确工业企业的涵义,统一企业的划分标准，确定工业企业的基层填报单位；三是国家统计局颁发《国营、地方国营、公私合营及合作社营工业企业变动情况报告及统计资料处理办法》，以便各级综合机关掌握工业企业的新建、改建和企业名称、经济类型、规模大小等基本情况，统一统计部门和业务部门划分企业单位的标准；四是国家计委、财政部和国家统计局颁发了“工业生产成本计划考核”的几项规定和“关于会计与统计不一致的若干问题”的统一规定，加强财务成本统计，便于检查财务成本计划执行情况。

运输邮电统计报表制度

国家统计局会同交通部修订了定期报表制度，逐步把统计范围由交通部门所属运输企业，扩大到私营运输业、交通部门以外的运输组织、群众运输事业及机关车辆等。

关于资本主义工商业进行社会主义改造，国家统计局于 1956 年 3 月布置了私营运输业改造进度快速报告制度；交通部联合布置各地区整理和估算历年私营运输业统计资料。为适应地方对铁路统计资料的需要，国家统计局颁发了《铁路供应地方统计资料办法》，规定各铁路局向所在省、自治区、直辖市报送统计资料。1954 年 10 月，国家统计局和交通部对运输统计中的几个问题进行了研究，统一以重量吨作为计量标准，废除计费吨、尺码吨等计算方法，布置了对私营运输工具和运输量的估算工作。

物资统计报表制度

从1954年开始,国家统计局将分散在工业企业和基本建设专业报表的有关部分集中起来,统一制定了物资统计报表制度,其中规定:中央各有关部门及各大区、省市所属企业报送主要产品收拨与结存报表,中央各主管部门销售局所属销售办事处报送供应计划执行情况报表,对外贸易部报送进口物资到货、拨交与结存报表,中央各工业部及大区、省、市工业厅(局)所属企业及公用事业单位报送生产用主要原材料及燃料收拨与结存报表,重点工业企业报送主要原材料消费定额执行情况报表,用电设备容量在300千瓦以上的工业企业报送燃料、电力消费定额执行情况报表,中央各工业部、建筑工程部所属基本建设投资单位及承包单位报送建筑安装工程主要材料收拨与结存报表,中央铁道、交通、邮电部报送本系统物资收拨与结存、燃料消费定额执行情况报表,各大区、省、市统计局报送地方系统生产用主要材料收拨与结存报表。

第一个五年计划时期,根据统计对象的不同性质,物资供应、分配采取不同的制度。凡是向国家申请物资的单位和生产国家统一分配物资、部管物资的企业、建设单位,都列入物资统计的定期调查范围。为了满足计划和业务管理的需要,物资统计的内容不断充实,在1955年以后的几年中增加了需用单位机电设备收支结存统计、超定额及多余物资统计、废金属收拨与结存统计、原材料电力消耗定额执行情况统计等制度,并逐步建立了非分配物资的产销统计和基本建设费用定额统计制度。

基本建设统计报表制度

1953年,我国开始在全国范围内施行统一的基本建设统计报表制度。当时基本建设投资和承包统计报表,已在全国推行,国营建设单位的统计双轨报告制度,亦以省市为起点开始执行;重点国营建设单位的电报快报制度,在中央工业、交通等11个部正式建立。这些制度为基本建设统计的统一,打下了初步基础。1954年,基本建设统计逐步扩大了范围,从中央各部直属建设单位扩大到地方单位,从工业交通部门扩大到非工业交通部门,从重点建设单位扩大到一般建设单位,从计划内单位扩大到计划外单位。基本建设统计的内容也不断充实,统计指标体系基本成型,包括:投资总额、投资按构成、用途、项目分的投资计划完成情况;以实物量表示的投资计划完成情况;主要工程进度,以及施工企业的劳动定额,机械利用及机械化程度,工程成本等。同时还逐步建立和加强了地质勘探机构、勘察设计机构和城市公用事业的统计工作。

为了掌握基本建设基层单位的名称、经济类型,所在地区和合并、分立等变动情况,国家统计局颁发了《基本建设单位变动情况处理办法》。为避免数字混乱和提高统计数字的正确性,国家统计局相继颁发了《基本建设统计报表审查汇总注意事项》和《基本建设统计报表数字更正和查询办

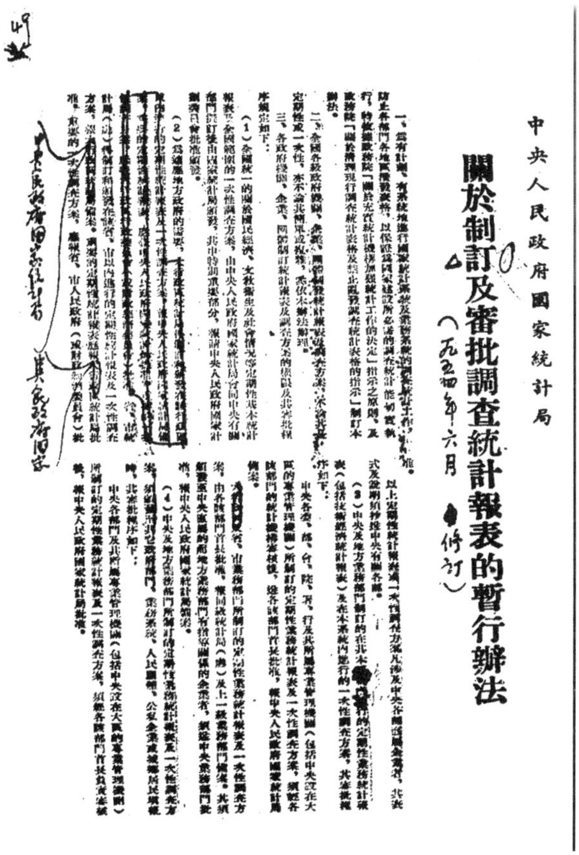
中央人民政府國家統計局

關於制訂及審批調查統計報表的暫行辦法

★1954年6月，国家统计局印发《关于制订及审批调查统计报表的暂行办法》

法》。为解决基本建设统计工作中发包单位(甲方)与承包单位(乙方)资料供应中的不正常现象，国家计委颁发了《关于基本建设甲乙双方统计报告资料供应暂行规定》。在统计计算方法上，逐步研究解决了基本建设投资完成额计算方法，主要经济部门新增固定资产和新增生产能力计算方法，以及设备购置计算等方面存在的问题。统计数字的准确性有了很大的提高。

1955年，基本建设统计还有重点地建立简速月报、电讯快报制度，提高主要统计资料的及时性。对156项重点工程实行直接报告制度，对限额以上项目进行调查，以便于各级政府和有关部门及时了解工程的建设情况。

贸易统计报表制度

第一个五年计划开始后，国家统计局先后与商业部、粮食部、对外贸易部、农业部、林业部、轻工业部、铁道部、出版总署、全国供销合作总社等部门联合制定了各部门的商业企业统计报表制度。为了贯彻商业统计制度，提高统计数字的准确性，国家统计局于1954年和1955年两次进行了商业企业统计工作质量检查，通过质量检查整顿原始记录。国家统计局于1956年提出《国营商业及供销合作社定期统计报表数字订正办法》，统一和简化了统计报表数字的订正和查询手续，克服和防止了数字混乱现象。

为了适应对私营商业社会主义改造的需要，掌握全社会商业情况，1953年以后，国家统计局除继续每年布置私营商业统计年报外，1954年又制定了重点城市私营商业定期统计月报表，由41个大中城市执行；1955年制发了私营商业变动和改造情况定期统计报表，同时还建立了公私合营商业和合作商店、合作小组的户数、从业人员、销售额、批发额、零售额统计制度。在建立各种经济成分的商业统计的基础上，进一步建立了社会商品流转统计，开展了商业方面的综合平衡统计。

农业统计报表制度

1953 年,国家统计局制定并推行了农业定期报表制度,并试行农业简要快报制度。制度规定以区、乡为单位,采取典型调查结合全面推算的方法填报。报表内容包括:农业人口、耕地面积、农作物收获量、农业及副业总产值以及干鲜果产量、牲畜头数等。同时国家统计局协助农业部、林业部分别建立了国营农场定期报表制度和林业定期报表制度,并逐步建立了水产、畜牧、气象以及拖拉机站、机器抽水机站、农业技术推广站、畜牧兽医站等各种报表制度。

为了满足党政机关掌握农业生产合作化情况,研究农业社会主义改造问题,1953 年建立了农业生产互助合作组织发展情况报表,1954 年又布置了农业生产合作社快报及农业生产合作社典型调查。随着农业合作化运动的蓬勃发展,又布置了农业生产合作社简速统计月报。到 1957 年底,农业社会主义改造已经基本完成,农业生产合作社基本具备了填报统计报表的能力,农业统计报表日臻完善和统一。

劳动统计报表制度

1955 年以前,国家统计局在国务院各工业部,以及建筑工程、地质、铁道、交通、邮电等部,建立了统一的工人、干部培训情况半年报制度,并协助有关部门逐步建立了各级人事部门的国家机关干部和工资统计制度，各级劳动行政部门的调配、伤亡事故和劳动就业统计制度，各级工会部门的工会组织、群众生活和劳动保险统计制度。1955年，为定期掌握全国职工人数、工资情况，建立了由各省、自治区、直辖市统计局负责综合填报的劳动工资综合统计报表，要求在工业、建筑业、商业、运输业、国营农场等专业统计报表中的劳动工资统计报表的基础上进行综合。对于国家机关和上述专业以外的企事业单位，则另行布置劳动工资统计报表。在各专业劳动工资统计的基础上，建立了职工人数与工资总额的综合半年报制度，由各地区统计局搜集有关专业劳动工资统计资料进行编制。1956年国家统计局建立了工业生产准备人员、筹建机构，其他农业企业、事业、地方水利事业、养路机构、科学研究机构、公私合营商业、工业企业设立的独立供销单位、公共饮食业，公共事业，国家行政机关，经济管理机关，党派团体机关以及文化、教育、卫生等部以外的文化、教育、医疗等单位的劳动工资统计报表制度。1957年国家统计局制发了国民经济各部门职工人数、工资总额及平均工资统计表制度。

文教、卫生等统计报表制度

第一个五年计划时期，国家统计局协助教育部及高等教育部在各级各类学校建立了全国统一的定期报表制度；协助文化部调查了全国戏院、音乐院、文工团、图书馆及其他文化团体的基本情况，并建立定期报表制度；协助出版总署调查了全国出版社、报社、杂志社及印刷厂的基本情况，并建立定期报表制度；协助卫生部调查了全国医疗机构的基本情况，并建立定期报表制度；同时还组织调查了全国科学研究机关及科学工作干部情况以及全国体育事业的基本情况。在此基础上，逐步扩大了统计范围，适当增加了统计指标。

教育统计方面，在继续贯彻和改进各类学校统计报表制度的同时，逐步建立了工农及机关干部业余教育的统计，业余高等学校、业余中等专业学校统计。自1956年起，分别在各省、地(市)、县统计系统建立了中学、师范、小学、幼儿园、扫盲简要综合报表制度。

文化统计方面，自1956年起，分别在省、地(市)、县统计系统建立了文化馆、公共图书馆、博物馆、剧团、剧场、电影放映网、农民文化娱乐组织、广播网及出版事业简要综合统计报表制度。

卫生统计方面，逐步建立了防疫、妇幼卫生、托儿组织方面的报表制度，每半年调查一次全国公立卫生事业的基本情况，每年调查一次全国公私联合、私人联合卫生事业及私立医院的基本情况。1956年开始在省、地(市)、县统计系统建立了卫生事业简要综合统计报表制度。

体育统计方面，除贯彻国家体育运动委员会制发的关于运动竞赛会、体育干部培养及训练半年报外，对全国体育事业基本情况及其主要活动每半年进行一次调查。

物价统计制度

第一个五年计划时期，零售物价指数、职工生活费价格指数，农副产品收购价格指数，农村工业品零售价格指数，工农业商品综合比价指数的编制工作相继建立。

零售物价指数的编制工作始于 1953 年。最初是用固定加权算术平均公式编制北京、天津、上海、武汉、广州、重庆、西安、沈阳八大城市的指数。1956 年 1 月扩大为用加权算术平均公式编制包括北京、天津、上海、重庆和各省会城市的 29 个大中城市的指数；指数的权数根据商品零售额资料每年调整一次。

国家统计局职工生活费价格指数的编制工作始于 1954 年。最初是用加权算术平均公式编制北京、天津、上海、青岛、武汉、广州、重庆、成都、西安、沈阳、哈尔滨、大连 12 个大城市的指数，权数根据职工家计调查和其他有关资料每年调整一次。

1955 年 12 月，国家统计局与商业部、粮食部、农产品采购部、林业部、轻工业部、供销合作总社联合颁发了《工农业商品比价问题调查研究方案》。1956 年上半年，国家统计局在 54 个大中城市和 213 个县城和集镇，调查收集了历史价格资料，计算了全面抗日战争以前七年（1930—1936 年）和新中国成立后六年（1950—1955 年）主要农产品和工业品的交换比价，编制了以 1930 年、全面抗日战争前七年（平均）、1950 年、1952 年为基期的农副产品收购价格指数、农村工业品零售价格指数、工农业商品综合比价指数。

1956年12月，国家统计局与商业部、粮食部共同召开全国物价统计工作会议，制定了《全国物价统计报告制度》。1957年，全国编制职工生活费价格指数的地区扩大到110个市，编制零售物价指数的地区扩大到110个市和103个县。为了配合当时工资制度的改革，还增编了职工生活费地区差价率指数，作为研究工资地区类别是否合理的依据。1957年末，国家统计局试算了第一个五年计划时期的工业品出厂价格指数。至此，包括国内贸易各个商品流转环节的比较完整的物价统计制度初步形成。

第三节　开展第一轮报表清理工作

随着报表制度完善，出于全面了解"一五"计划的制订、实施及执行情况的考虑，各级统计部门大量制发统计表格，出现了报表繁杂多乱的情况，加重了基层负担，降低了数据质量。为加强报表管理，中央出台文件要求整治滥发统计报表，统计系统先后在1953年、1955年和1956—1957年开展了三次报表清理工作，这是新中国历史上的第一轮报表清理。

报表清理的背景

(一)"一五"计划的制订和实施

1952年，国民经济经过3年恢复，已实现根本好转，中央准备实施第一个五年计划，开展大规模的社会主义经济建设，需要大量统计资料作为支撑。为了尽可能地搜集和掌握全面的统计资料，各地区、各部门制发了大量统计报表，因此不可避免地出现多发、乱发统计报表的现象。

（二）国家统计局的成立

新中国成立初期，全国集中统一的统计组织体系尚未建立，统计工作处于分散状态，各部门、各地区的统计调查基本是各自进行的，报表制发缺乏统一管理。国家统计局成立后，开始着手建立集中统一的统计管理体制，特别是加强了对统计报表制订及审批的管理。国家统计局局长薛暮桥曾指出，国家统计局成立后有“两大中心任务”：一是建立科学的统计制度和报表制度；二是收集、审查和综合统计数字，供领导机关特别是计划部门的需要。因此，清理报表就成为国家统计局成立后的首要任务。

（三）“反五多”等政治运动的开展

1953 年 3 月，中央在农村中开展“反五多”运动①；1955 年，在全国进行了整顿编制、精简机构的工作；1956 年，又掀起了精简节约、反对官僚主义的运动。为配合运动的进行，全国统计系统结合自身业务，开展报表清理和精简工作，以求加强对统计报表的集中统一管理，提高数据质量和工作效率，减轻基层负担，使统计工作更好地为国家经济建设服务。

① “五多”指当时农村工作中存在的“任务多、会议集训多、公文报告表册多、组织多、积极分子兼职多”，其中的“表册”即指统计报表。

报表多乱的状况

这一时期,统计报表多乱现象十分普遍,特别是在农村。具体表现为:

数量繁多。统计显示,1953年25个中央部门共发报表6187种,6个大行政区共发报表5977种,33个省(区、市)共发报表22829种,全国合计约3.5万种。[①]

重复严重。由于各部门、各行业相互之间缺乏联系和协调,报表重复现象十分严重。

催要过急。当时的报表报送期限不顾基层实际,盲目规定。除了年报、月报外,还有旬报、周报、日报,甚至半日报、随时报。

制发不合规范。有的报表专业性很强,却被发往所有单位填报。如一些科学技术性调查,只能由专门技术部门填报,却普遍发表调查。有的报表没有填报说明,各人理解不同,填报内容极为混乱。

内容不切实际。许多报表不考虑基层实际情况,指标繁杂。还有一些报表乱提要求,甚至缺乏常识,农林部门制发的"施肥与病虫害防治统计调查表",要调查捉害虫多少,拔杂草多少,每亩施肥多少……

---

① 数据来源:国家统计局清理报表办公室,《全国清理调查统计表格工作总结》(1954年4月)。

报表多乱的原因

这一时期的报表多乱现象，既有大规模经济建设的需要、统计管理体制不健全、统计工作尚未走上正轨等客观方面的原因，也有工作作风不踏实、主观主义官僚主义盛行等主观方面的原因。总体可以归纳为以下几条：

（一）大规模经济建设需要大量统计报表

“一五”计划是新中国成立后开展的首次大规模经济建设。“一五”计划的制订、实施及检查，需要大量统计资料作依据，而当时获取统计资料的最主要手段就是制发统计报表。因此，各部门、各地区制订出大量统计报表发往基层，催报情况、索要数据。即使在一系列有关报表管理的制度出台后，这种热衷于通过报表来搜集资料的惯性依然强大。此外，由于受新中国成立初期经济管理部门的经验所限，对企业管得过多、过细，相互之间缺少沟通，统计资料共享不足，大多依赖增发补充报表来搜集资料、获取数据，一定程度上也导致报表过多过乱。①

（二）统计管理体制尚不健全

由于大规模经济建设的展开，各方面对统计资料的需求远远超过统计部门的工作力量，新生的国家统计局统计管理体制尚不健全，短时期内满足不了这种需求，也缺乏足够的力量来遏制大量制发报表的冲动。一些部门不经过审

① 薛暮桥：《第一个五年计划期间我国统计工作的初步经验和今后任务》（1957年9月），《薛暮桥统计论文集》，中国统计出版社1986年版，第179页。

批手续就随意颁发统计报表,部门之间、甚至同一部门内部,缺乏相互联系和统一领导,往往布置同样内容的统计报表,造成重复浪费。

(三)工作作风不踏实

如果说报表“多”尚有实际需求的客观原因,那么报表“乱”则主要是一些部门主观上的不良工作作风造成的。薛暮桥认为主观主义和官僚主义是造成报表混乱的重要原因:“我们许多机关,许多干部,在制定表格和指标时,样样东西都要调查统计,样样要求详细填报。他们没有想一想,这样多的表格和指标都要认真填报,究竟要耗费多少人力物力?而填报上来的数字是否正确?是否都有实际效用?许多同志不用认真负责的态度,而用十分草率的态度来对待科学的调查统计工作,设计表格不经过认真研究,因此许多表格无法填报……许多机关只管乱发表格,并不考虑整理研究,资料报来了即束之高阁。甚至随要随丢,再有需要时即再发表格。”①

报表清理的过程

新中国成立后的第一轮报表清理共进行了3次,分别发生在1953年下半年、1955年和1956年底—1957年底。

(一)1953年:第一次清理

1952年召开的第二届全国统计工作会议上,朱德强调:

---

① 薛暮桥:《清理统计报表的原则、办法和审批制度》(1953年9月12日),《薛暮桥统计论文集》,中国统计出版社1986年版,第27页。

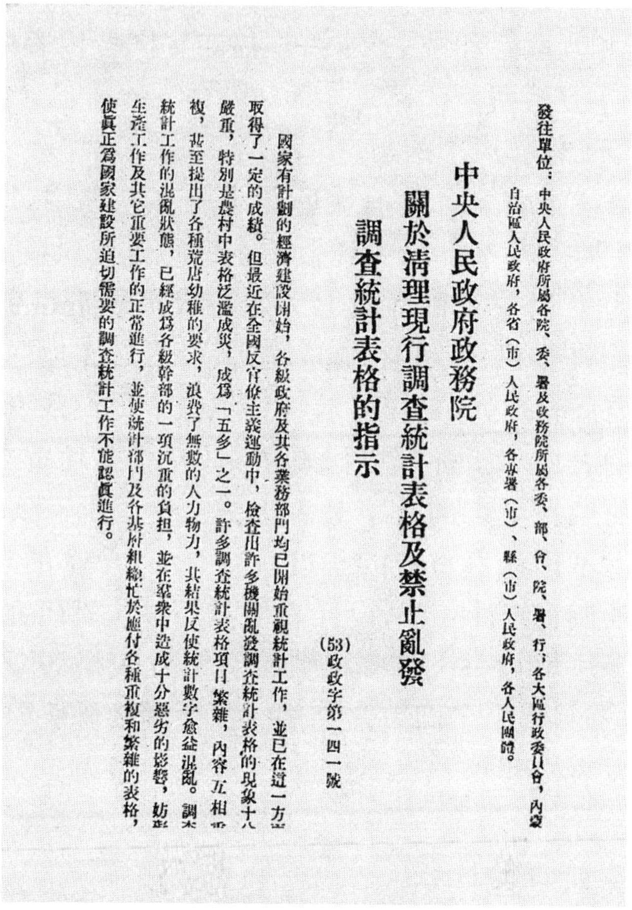
發往單位：中央人民政府所屬各院、委、署及政務院所屬各委、部、會、院、署、行；各大區行政委員會，內蒙自治區人民政府，各省（市）人民政府，各專署（市）、縣（市）人民政府，各人民團體。

中央人民政府政務院
關於清理現行調查統計表格及禁止亂發
調查統計表格的指示

（53）政政字第一四一號

國家有計劃的經濟建設開始，各級政府及其各業務部門均已開始重視統計工作，並已在這一方
取得了一定的成績。但最近在全國反官僚主義運動中，檢查出許多機關亂發調查統計表格的現象十
嚴重，特別是農村中表格泛濫成災，成爲「五多」之一。許多調查統計表格項目繁雜，內容互相
複，甚至提出了各種荒唐幼稚的要求，浪費了無數的人力物力，其結果反使統計數字愈益混亂。調
統計工作的混亂狀態，已經成爲各級幹部的一項沉重的負担，並在羣衆中造成十分惡劣的影響，妨
生產工作及其它重要工作的正常進行，並使統計部門及各基層組織忙於應付各種重複和繁雜的表格，
使眞正爲國家建設所迫切需要的調查統計工作不能認眞進行。

★1953 年 9 月 5 日，政务院发出《关于清理现行调查统计表格及禁止乱发调查统计表格的指示》

“必须有全国统一的报表制度和计算方法，……所有统计报表，均由国家统计局统一规定，不准乱发表格。”①“现在各地

① 朱德：《在第二届全国统计工作会议上的讲话》(1952 年 12 月 22 日)，《统计工作手册》，中国财政经济出版社 1986 年版，第 186 页。

区、各业务部门滥发表格现象十分严重,国家统计局和各级统计机构必须负责清理,必须坚决废止各种重复的、不必要的表格,才能保证为国家建设所迫切需要的基本统计工作正确、及时地完成。”①

中央领导人的指示表明高层已经意识到统计报表多乱的严重性,并将其作为社会主义经济建设中必须着手解决的主要问题之一。随后,中共中央华北局的报告直接推动了报表清理工作在全国范围内的展开。

自1953年5月初开始,华北局连续召开了5次扩大会议,分析农村工作中的“五多”现象及其来源,提出了4项解决办法。5月23日,华北局农村工作部副部长杨士杰向华北局提交了调研报告,表示“目前农村报表繁多复杂的混乱状况,确已达到不能容忍的程度。”主要表现在:表格繁多,份量过重;内容复杂,毫无重点,面面俱到,用处极少;要求过高,脱离实际,时限太急,无法填报;乱发,乱填,捏造、估计现象严重。

报告引起中央领导的高度重视。毛泽东看过报告后,亲自起草了《中共中央关于坚决制止滥发统计表报的指示》,责成各部门、各省市“迅即仿照华北局的办法对于统计表报问题指定专人加以调查分析,分别宣布停用、保留和改进,并规定简化表报及控制表报的可行办法,坚决制止滥发统计表报的严重现象。”

与此同时,国家统计局在5月中旬召开的座谈会上,提出在下半年准备遵照中央指示,组织全国范围的报表清理

① 同上。

工作，随即于6月8日向中央报送了《国家统计局反官僚主义报告》，指出乱发统计报表现象仍然十分严重、特别在农村，并提出了审查和清理报表的建议及具体办法。中央对此报告非常重视，不仅同意了国家统计局的建议，且就此发出《关于坚决制止滥发统计表第二次指示》。

中央的两次指示于7月22日、8月12日连续发出，成为此次报表清理的号令。

为强化各地区、各部门对这一工作重要性的认识，政务院紧接着也于9月5日发出清理现行调查统计报表的指示，提出了8项清理办法，规定了国家统计局及各部门、各大区的清理职责和任务，要求清理工作于年底前结束，国家统计局负责将全国清理结果报告政务院。

由此，第一次大规模的全国性报表清理工作正式展开，1953年底基本结束。据统计，这次清理共废除所发报表总数的70%，保留约20%，修改及留待研究处理的约10%。废除的报表中，中央各部门约占原有报表的56%，各大行政区约占50%，各省市约占77%。

（二）1955年：第二次清理

1953年的报表清理，一度克服了统计报表多乱的现象。但随着大规模经济建设的展开，对统计数据的需求不断增加，国家统计局统一制订颁发的各种报表远远不能满足这种日益增长的要求；同时，各级统计部门的力量比较薄弱，对统计工作缺乏有力的组织领导和适当的统筹安排，对制发报表缺乏严格的控制和管理。因此，滥发报表现象又出现反弹，基层填报负担再次加重，尤其是农村报表多乱的情况重新出现。

因此,报表清理工作仍需继续进行。国家统计局在制订《一九五五年全国统计工作纲要》时提出:“1955 上半年应对乱发表格情况进行一次有系统的检查”,特别要求专署、县一级统计部门把检查滥发报表列为经常性任务。

1955 年 6 月 7 日,国家统计局党组正式向中央请示在全国范围内进行一次报表清理工作:这次报表清理工作拟分“三步走”。首先清理国家统计局颁发的可有可无或对当前工作用处不大的报表和指标;其次清理各部门颁发的报表,由国家统计局负责组织和推动;最后是由各部门、各省市统计局组织和推动基层单位清理报表,在第三季度内进行。

8 月 25 日,中央批示同意国家统计局的请示,并要求结合全国整顿编制、精简机构工作,对统计报表加以切实的整顿精简,减轻基层企业和单位不必要的负担,提高国家机关的工作效率,使统计工作更好地为国家经济建设服务。这已是中共中央第三次就清理报表问题做出指示。

在中央的指示下,第二次的报表清理工作作为“精简节约、整顿机构”运动的一个重要部分,在全国范围内展开。其中,中央各部门的清理工作取得重大成果,并于年底基本结束,数据陆续报送到国家统计局。

经过这次清理,各部门切实精简了报表,简化了指标、报送程序。大大减少了报表数量,减轻了基层负担,并提高了报表质量,在本部门内建立了一套比较完整、统一的报表制度,为以后加强报表管理、改进统计工作提供了有利条件。

(三)1956—1957年:第三次清理

1955年清理工作结束后,国家统计局乘胜追击,提出要在1956年继续清理报表,将这一工作“推进到省、市、专、县和基层企业”,强调统计工作也要和当前的社会主义建设一样,做到“多、快、好、省”,“省”,就是指精简统计报表,简化报告程序。中共八大召开后,结合学习八大文件和“精简节约、反对官僚主义”的运动,国家统计局进行了一次力度最大的精简报表运动。

1. 把130张邮寄月报表全部取消,其中一部分改为季报或半年报。

2. 在报表的制发方式上,只向各部门、各省市制发综合要求表,由他们根据具体情况再制订供基层单位填报的报表。

3. 缩小了定期报表的实施范围。一部分工业生产定期报表只按季在大型企业中实施,另一部分只在各种指定的重点企业中填报,但仍能掌握占全部工业企业总产值90%以上的主要企业基本情况。

4. 精简了过繁过细的统计指标和产品目录。简化工、农业产品目录,大型工业、农业和物资技术的定期综合报表上仅保留190个指标,其余通过搜集现成资料、抽样调查、典型调查、估计推算等简便方法取得。

1956年底,国家统计局对清理工作进行了总结,并向国务院建议,各部门、各地区应“对统计报表再进行一次全面的精简整顿,并由上而下地把这项工作贯彻到各个基层单位中去,将基层单位的报表和单据等也加以彻底简化”。

12月26日,国务院同意该建议,要求各部门、各地区"应当结合精简节约、反对官僚主义的运动,对现行各种统计报表彻底地加以精简整顿,并将精简整顿的结果报告国务院,同时抄致国家统计局。"这也是国务院自1953年后,第二次就清理报表工作发出指示。在这一指示下,清理报表工作延续到1957年。

报表清理的特点

第一轮报表清理是新中国历史上首次开展的全国性报表清理工作,清理具有四个特点。

(一)中央发动,高层重视。毛泽东亲笔起草指示,朱德发表专门讲话,中央3年内发出3次指示,其中前两次相隔不足一个月。此轮报表清理是一场自上而下的运动,国家统计局只负责具体落实和推动。

(二)政治色彩浓厚,运动特征明显。领导高度重视,各地区、各部门积极推行,媒体大力宣传,群众广泛参与。铁道部部长亲自责成各单位进行精简,一个月减少报表近41.7%;仅《人民日报》就发表了3篇社论,营造舆论氛围,配合清理工作;邮电部将制订的报表制度草案印发各省(市)局征询意见,收到2100多条反馈意见。

(三)与建立统一规范的报表制度相契合。随着报表清理运动的发展,国家统计局对全国的统计报表情况有了清晰的了解,并在此基础上建立了统计报表的制订及审批制度,提高了统计工作质量。

（四）重点清理农村统计报表。新中国成立初期，由于农村统计对象点多面广，农业合作化运动迅速发展，统计报表规范和统一难度较大，混乱现象在所难免。只有建立统一的农村统计报表制度，才能从根本上克服农村统计工作的混乱现象。

第四节　开展第一次全国工业普查和人口普查

新中国成立后，恢复国民经济，进行有计划的经济建设成为主要任务，为提供真实准确的人口数据支持，当务之急是进行全国和地方人民代表大会选民登记。第一次全国工业普查、人口普查由此陆续开展。

第一次全国工业普查

恢复工农业生产是我国国民经济恢复时期的中心任务。为具体了解全国工矿企业的基本情况，中财委于1950年3月发布通知，决定对全国公营、公私合营及工业生产合作社的工业企业进行统一的全国普查。这是我国的第一次工业普查，也是新中国第一个全国规模的统计调查。

普查范围：中央人民政府、各大行政区人民政府、各地方人民政府所属各工业部门及其他部门所管辖的一切公营、公私合营和工业生产合作社的工业企业，以及少数由政府代管的企业，不论其规模大小，已开工或未开工，均在调查之列。

普查时间：凡属于静态调查的项目，以1949年底的情况为准；属于动态调查的项目，除指明的各时期外，均指1949年全年的情况或1949年内各指定时期的情况。

普查内容：甲种表即公营及公私合营工矿企业调查表，由县级以上公营及公私合营工矿企业填报，包括概况，动力、生产设备情况，主要原材料燃料消耗情况，地基、厂房建筑，采矿情况，职工人数、工作时间及工资，生产产品情况，修建工程等8个部分，共15张表。乙种表即合作工业生产调查表，由具有动力设备或没有动力设备而职工人数在20人以上的合作社营工业生产单位填报，包括概况，厂房，机械及手工具，主要原材料及燃料，职工人数、工资及工作时间，生产品与加工品等6个部分，共5张表。丙种表即县属工矿企业调查表，由县级公营企业、公私合营企业及合作社营不具备动力设备且职工人数不满20人的工业生产企业填报，包括概况、厂房、主要设备、职工人数、主要产品产量等5个部分，1张表。

普查进度安排：1949年10月—1950年3月期间进行普查前的设计工作与筹备工作，其中包括根据苏联专家所提草案编订普查表式、说明书，确定布置计划，召集有关各部代表商讨，将普查文件提请批准，印刷表格及其他文件，向各部及各大行政区布置颁表工作，在京津两地进行示范调查工作等。

普查期限：基层单位规定1950年4月—8月1日完成。

各部局、各大区财委的综合统计报表规定 7 月—9 月 1 日完成，但西南各省和广西、新疆完成时间由当地财委决定。

为了汇总统计资料，还制定了综合表式和工业部门简化分类目录。工业部门简化分类目录参照苏联的分类方法制定，共 34 个部门，有些部门内还有细分类。这是新中国第一个工业部门分类目录。

普查开展时，大多工矿企业生产管理尚未步入正轨，经营档案、资料缺失，获取历史情况指标具有一定困难。为了取得详细准确的统计数据，各大区、各省市由财委主持成立普查工作组，组织各有关部门的力量，发动群众追忆，多方面、多渠道收集信息，最终完成了普查。这次普查不仅使国家对当时社会主义和半社会主义性质工业的基本情况有了比较全面系统的了解，为有计划的经济建设做了铺垫，同时也在全国范围内宣传和推动了统计工作，许多企业从此建立了统计机构，配备了统计人员，开始了经常性的统计工作，为日后年报和定期统计报表的推广提供了坚强支持。

第一次全国人口普查

1953 年，为了准备全国人民代表大会及地方人民代表大会的选举，做好选民登记工作，同时为国家有计划地进行经济建设和文化建设提供人口数据支持，中央决定进行人口调查登记。4 月 3 日政务院颁布了《为准备普选进行全国人口调查登记的指示》和《全国人口调查登记办法》。

《登记办法》规定，由内务部、公安部、国家统计局等部门组成中央人口调查登记办公室，负责领导全国的人口调查登记工作；各省、市、区、县也都相应地建立人口调查登记办公室，领导同级的人口调查登记工作。为了减少调查工作中的困难，保证调查登记的质量，根据当时的具体情况，在调查内容方面，设置了姓名、性别、年龄、民族、与户主关系及本户住址6个项目。调查登记的标准时点为1953年6月30日24时。

1953年5月，全国人口调查登记工作正式开始。其中5.74亿人接受直接调查登记，占总人口的95.39%；西藏等边远地区的839万余人通过当地基层组织和代表人物间接调查取得；台湾省的759万余人是根据1951年台湾当局公布的数字；国外华侨和留学生等1174万余人员根据华侨事务委员会等机关资料。调查登记资料用手工方法汇总，自1954年5月开始，10月完成。全部调查登记工作共历时一年，后期为了检查调查登记的结果，曾在23个省、5个市、1个自治区的343个县、市的5000多万人口的地区进行了复查，复查的结果显示：重复人口占1.39‰，遗漏人口占2.55‰。

经过县、省、中央三级综合统计，1954年11月1日由国家统计局发布了全国人口调查登记结果的公报。公报显示：1953年6月30日24时的全国人口总数为6.02亿人，在直接调查登记的人口中，男性占51.82%，女性占48.18%；在直接调查登记和间接调查的西藏等边远地区人口中，汉族占93.94%，各少数民族占6.06%；城镇人口占13.26%，乡村人口占86.74%。

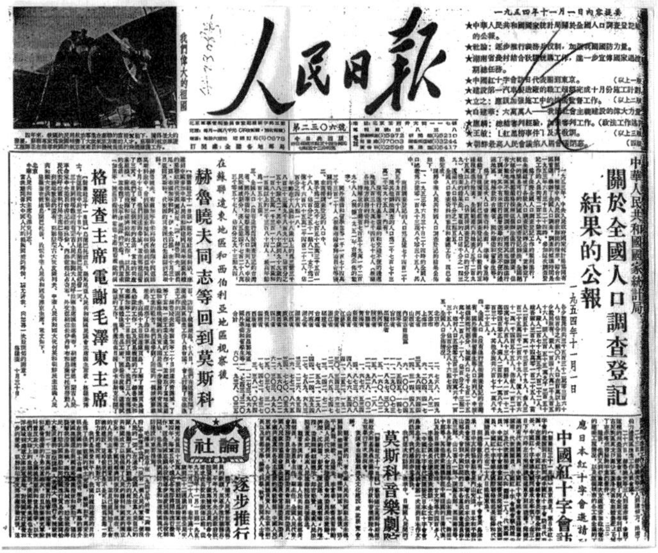
人民日報

我們偉大的祖國

第二三〇六號

一九五四年十一月一日內容提要

中華人民共和國國家統計局
關於全國人口調查登記結果的公報
一九五四年十一月一日

在蘇聯遠東地區和西伯利亞地區視察後
赫魯曉夫同志等回到莫斯科

格羅查主席電謝毛澤東主席

社論
逐步推行

莫斯科音樂劇

應日本紅十字會邀請
中國紅十字會

★1954 年 11 月 1 日,《人民日报》刊登全国人口调查登记结果的公报

本次普查为国家实行普选、制定各项建设计划、保障人民生活,提供了可靠依据,为日后人口普查工作在前期准备、组织训练普查队伍、宣传教育和人口登记、复查、汇总等方面积累了宝贵经验。

第五节 开展各项调查

统计调查是获取数据的重要来源。新中国成立初期,国家开展了一系列调查,为恢复生产,开展有计划的经济建设作出重要贡献。

农民家计调查

进入第一个五年计划时期以来，一些地区和部门为了满足各自的需要，曾进行过一些类似农民家计调查的工作，但由于缺乏统一的组织领导和调查方案，数据无法比较、重复性调查的问题较为普遍，造成了资源的浪费。随着社会主义经济建设和农业社会主义改造的迅速发展，为便于国家研究和计划农民物质福利的增长，计算农民购买力、农村货币流通、商品流转和农业总产值以及研究国民经济平衡等需要，国家统计局于 1955 年 1 月颁发了 1954 年农民家计调查方案和进行农民家计调查工作的决定，要求各地进行一次性的 1954 年度农民家计调查工作，并从 1956 年开始建立了农民家计调查经常性工作。

方案采用分阶段按比例机械抽样方法抽选农户进行调查，在全国除西康省和各直辖市外抽选 1.5—2 万户，即在全国抽选 750—1000 个乡（村）、每乡（村）抽选 20 户（每省 500—1000 户）开展调查。

这次农民家计调查历时 9 个月左右，动员干部 5000 多人，调查的主要对象是个体农户，共计 16700 户，调查方案是从阶级构成的角度出发观察和分析问题，研究各阶层农户土改以后的变化与整体的生产和消费。调查内容包括农民的财产状况、农民的实物收入和货币收入（包括副业收入）的来源和数量，不同形式的农民支出，货币支出中的商品部分和非商品部分，农民所需农产品与工业品的实物消耗量，消费品的构成和数量，农业生产的商品化程度，再生产的过程，生活资料与生产资料支出的增长比例等。

1956年，部分地区在一次性农民家计调查的基础上，开始建立经常性的登记调查。此时，全国范围内农业合作化运动已经形成高潮，参加农业生产合作社的农户已占总农户的96%以上，主要农业生产已经集体化，农户的大部分收入是来自合作社的分配收入。农民家计调查研究的主要问题转移到合作化后发展集体生产与改善社员生活的关系，农户收入中来自集体和家庭副业的比重，农户从事家庭副业的情况等。因此，到了1957年，国家统计局开始在全国范围内建立经常性的农民家计调查，调查的主要指标包括：被调查农户的家庭人口、劳动力、饲养的畜禽数，来自农业生产合作社的分配收入，来自家庭副业的收入，农户的生产性支出、消费性支出等。

职工家计调查

职工家计调查又称职工家庭收支调查，它是一项以研究职工家庭生活状况为主要目的的社会经济调查。其任务是选择一部分职工家庭，通过经常记载家庭收支情况，系统地搜集、整理职工家庭的基本情况、收入的来源和生活费支出等，为国家研究职工生活、市场物价、购买力动向、货币流通、劳动工资、以及消费与积累等问题，提供参考资料。

1955年，国家统计局在学习苏联和总结各地区、各部门经验的基础上，研究制定了全国职工家计调查方案。11月，国家统计局向李富春并党中央报送《关于进行全国职工家计调查的报告》。1956年2月11日，国家统计局印发《关于开展全国职工家计调查的通知》，决定从4月1日开始，在全国27个城市统一进行经常性的职工家计调查。

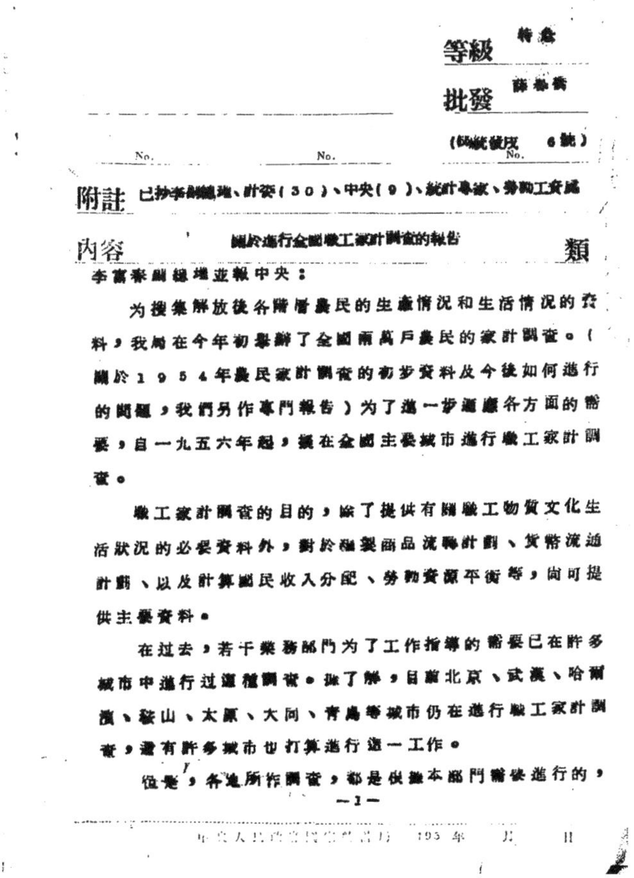

等級　特急

批發　薛暮橋

(55統發改　6號)

No.　No.　No.

附註　已抄李副總理、計委（30）、中央（9）、統計專家、勞動工資局

內容　關於進行全國職工家計調查的報告　類

李富春副總理並報中央：

为搜集解放後各階層農民的生產情況和生活情況的資料，我局在今年初舉辦了全國兩萬戶農民的家計調查。（關於1954年農民家計調查的初步資料及今後如何進行的問題，我們另作專門報告）为了進一步適應各方面的需要，自一九五六年起，擬在全國主要城市進行職工家計調查。

職工家計調查的目的，除了提供有關職工物質文化生活狀況的必要資料外，對於編製商品流轉計劃、貨幣流通計劃、以及計算國民收入分配、勞動資源平衡等，尚可提供主要資料。

在过去，若干業務部門为了工作指導的需要已在許多城市中進行过這種調查。據了解，目前北京、武漢、哈爾濱、鞍山、太原、大同、青島等城市仍在進行職工家計調查，還有許多城市也打算進行這一工作。

但是，各地所作調查，都是根據本部門需要進行的，

—1—

★1955年11月8日，国家统计局以特急电向李富春并党中央报送《关于进行全国职工家计调查的报告》

调查对象：调查27个大中城市，来自10个工业部门[①]的国营、公私合营企业的工人、工程技术人员、职员家庭等共计6000户职工。

调查户的抽选方法：采取类型比例与机械抽样相结合的原则进行。首先由国家统计局编制10个工业部门国营、公私合营工业企业一览表，采用机械抽样法抽选调查企业，并将抽中企业名单和调查户数通知各城市统计部门；然后由各城市统计部门分别编制各企业工人、工程技术人员、职员一览表，按机械抽样法抽选调查职工，被选中的职工家庭即为经常调查户。

调查内容：包括每日现金收入、支出，实物收入、家庭基本情况、每月的全部现金和非现金收入、每月购买食用品和其他商品支出、每月非商品支出、每半年饲养的牲畜和家禽、食堂食用品消费量、登记调查户家庭的变动情况等。

资料收集采取经常登记法，即由调查户逐日填写“家庭收支登记簿”，并结合家计调查员定期访问的方法取得资料，然后各城市按照全国统一规定的综合表式进行汇总。

人口常态化统计

第一次全国人口普查，为建立经常的户口登记和人口统计打下了基础。在此基础上，建立户口登记制度，掌握历年的人口数字，中央内务部于1954年10月颁布《户口登记

① 电力、煤炭开采、钢铁冶炼、金属加工、化学矿开采及加工、纺织、食品、造纸、印刷、橡胶加工。

暂行办法(草案)》和《户口变动统计表》,各地民政、公安部门根据上述《办法》,逐步健全户口登记工作。鉴于户口登记是人口统计资料的来源,国家统计局于 1955 年 1 月发出《关于建立人口经常统计工作的指示》,各地统计部门积极主动地配合民政、公安部门,在建立户口登记制度的同时,自 1955 年起,各省、地(市)、县统计部门,建立起人口经常统计工作,执行定期报表制度并以人口普查资料为基础,建立了户口卡片制度。户口登记卡片的指标包括户数,分性别、民族的人口数和人口的出生、死亡、迁出、迁入等变动情况,由乡、镇起逐级汇总上报。1955 年 6 月,国务院正式发布《关于建立经常户口登记制度的指示》,规定全国户口登记由内务部和县以上民政部门主管,办理户口登记的机关,在城市、集镇是公安派出所,在乡和不设公安派出所的集镇是乡、镇人民委员会。公安派出所或乡镇据此建立了户口簿和出生、死亡、迁入、迁出登记册,并随时填入或注销,为掌握实有人口数,建立常态化人口统计作了铺垫。户口簿包括姓名、性别、出生年月日、民族、职业等项目;出生登记册包括出生者姓名、性别、出生年月日、民族、出生者父母姓名、住址等项目;死亡登记册包括死亡者姓名、性别、年龄、死亡时间、死亡原因等项目;迁入(出)登记册包括迁入(出)者姓名、性别、年龄、民族、职业、迁入(出)原因、迁入(出)时间、原住(迁往)地址等项目。

1956 年国家统计局协助公安部建立了人口变动统计半年报、重点地区城乡人口迁移动向统计制度,扩大死亡人口年龄分组统计的实施范围。在统计系统则分情况建立了省、地(市)、县城乡人口出生、死亡率统计制度,根据有关资料推算全国有劳动能力的人口数字及学龄前儿童数字,分析人口自然增长率、全国阶级变化、职业类别和城乡人口变动情况。

其他各项调查

1954年进行了私营工业和手工业普查。1955年组织了私营商业普查、农业生产合作社收益分配调查。在第一个五年计划期间进行了一系列物资普查,包括:金属木材等类物资调查,需用单位未安装机电设备和贸易部门机电设备调查,国家统一分配物资库存调查,钢材材料库存快速普查,在途物资普查,用油车辆、舶船及动力机械数量及耗油情况普查等。国家统计局会同有关部门,于1955年9月进行了一次全国职工调查,调查范围包括所有国家机关及其所属国营、地方国营、中外合营、公私合营、合作社营的企业、事业单位的全部固定性的、季节性的和临时性的工作人员。1956年9月进行了全国工资调查,包括职工人数及工资总额组成,按实际应得工资额分组的领取全月工资的人员数,按工资标准、工资等级分组的生产工人数,按职务工资标准分组的管理人员以及企业工资附加费和奖励基金的使用情况。还进行了一些文教、卫生、体育方面的普查。

第六节　发布第一份统计公报、创办统计刊物

新中国成立以来,政府统计逐步从幕后走到台前,统计数据发布和统计服务是这一变化的突出表现和明显标志。1953 年国家统计局创办了《统计工作通讯》;1953 年 9 月,新中国第一份统计公报发布,反映了 1952 年国民经济和文化教育恢复与发展情况,推动实现统计信息社会化。

发布第一份统计公报

1953 年 9 月 30 日,国家统计局在人民日报、光明日报上发布《关于 1952 年国民经济和文化教育恢复与发展情况的公报》,这是新中国第一份全国统计公报。公报内容包括 8 个部分:一、工业生产计划的执行情况及增长速度;二、国营工业技术的改进和新操作法的推广;三、农业生产的恢复和发展;四、基本建设完成的情况;五、铁路、交通、邮电事业的发展;六、国内外贸易的增长;七、国营工业劳动生产率的提高及职工生活的改善;八、文化教育事业的发展。

第一份统计公报的发布标志着政府统计迈出了从幕后走向台前、从封闭走向开放的第一步,发挥了统计工作在社会主义现代化建设中的作用,为日后数据发布公开透明、内容丰富、形式多样打下坚实基础。

创办统计刊物

为了配合大规模的经济建设，着手在全国范围内建立全国统一的统计工作，国家统计局把建立和健全各地区各部门统计机构，充实统计力量，大力培训统计干部作为一项重要任务。为了解决大量干部参加统计工作不久，理论基础薄弱，工作经验不足，不能及时准确了解统计工作方针、政策、任务和工作部署的问题，国家统计局于1952年底决定编印统计刊物。1953年5月《统计工作通讯》创刊，在内部不定期印发。经过一年实践，《统计工作通讯》于1954年4月正式公开出版，每月一刊，成为新中国第一个统计专业刊物。1954年年底，成立计划统计杂志社，除继续公开出版《统计工作通讯》外，还出版《经济译丛》和《计划经济》。1955年9月，在计划统计杂志社基础上成立统计出版社，《统计工作通讯》由统计出版社编辑部出版，1956年1月，《统计工作

★20世纪50年代的统计刊物

通讯》由月刊改为半月刊,发行量最高时达7万册。1957年1月,《统计工作通讯》改名为《统计工作》,减少了通讯报道方面的稿件,充实了专题论述、问题研究和经验介绍等内容。1958年1月《统计研究》①月刊创刊,由编译处主编,每期约7万字,侧重于统计专业领域的研究和探讨。1959年我国国民经济开始发生严重困难,统计出版社人员大量减少,从1月份起,《统计工作》与《计划经济》合并为《计划与统计》,按月出版,每期七八万字。1960年7月,《计划与统计》停刊。

统计刊物的创办虽然仅有短短几年的时间,但对推动我国统计工作的发展、促进统计工作水平的提高,起到积极作用。

第七节　设立五所统计学校

20世纪50年代,为培养中等专业统计人才,满足基层统计工作需要,国家统计局在东北、华东、中南、西南、西北5个大区分别设立了长春、上海、南昌、重庆、西安5所统计学校,学制3年,招收初中毕业生。这些学校,虽然存在时间短暂(长的4年,短的不足2年),但为新中国培养了大批中等专业统计人才,为新中国统计事业的发展做出了不可磨灭的贡献。

---

① 《统计研究》于1958年10月停刊。1984年复刊,改为季刊。

南昌统计学校

1954年9月，国家统计局与高等教育部、财政部协商，并征得江西省人民政府同意，将江西省财政学校[①]移交国家统计局直接领导，更名为“中央人民政府国家统计局南昌统计学校”，国家统计局任命张鹏为校长。校址位于南昌市三经路13号[②]。1954年12月，根据国家对大中专学校的统一调整意见，国家统计局决定将衡阳统计学校并入南昌统计学校。1955年1月，衡阳统计学校整体迁至南昌，并入南昌统计学校。

1955年，学校有专职教师46人，其中大专以上学历的33人。学校开设的课程较多，最多达26门，除了开设普通课和社会经济课之外，还根据毕业生的反映和实习单位的意见，开设了实用型的专业统计课程。教材方面，由于国内教材的编写尚不完备，除语文、政治外，学校主干课程所用教材，特别是统计专业教材，大多译自苏联。这些“舶来品”，相对于我国中等专业教学水平，难度较大，因此教材主要依靠教师自编讲义，教学任务的完成受到一定限制。毕业生主要分配到地市级统计机构，少数分配到国家统计局，少数被保送上大学。

1958年3月，国家统计局将南昌统计学校移交给江西

---

① 高等教育部和财政部联合通知中称“江西省南昌财政经济专科学校”，疑有误。

② 见《中等专业学校学年末报表(1955－1956学年)》，国家统计局制发。另《江西财经大学校史1923－2003》认为校址在南昌市三经路5号。

★1955年2月，南昌统计学校校长与优良学生合影

省管理。8月，江西省以南昌统计学校为基础，合并其他学校，成立了该省历史上第一所本科财经院校——江西财政经济学院。1996年5月，江西财政经济学院与江南财经管理干部学院合并，组建为江西财经大学。

西安统计学校

西安统计学校成立于1954年7月20日。1954年，我国大区一级行政机构撤销，西北统计局撤销前将干部训练班[1]交由国家统计局直接领导，更名为"国家统计局西安统计学校"，委托陕西省监督指导。1955年5月，国家统计局

[1] 西北统计局干部训练班1953年5月正式开班，共举办了4期在职干部轮训。截至1954年7月干部训练班撤销，共培训学员755人。干部训练班的举办，为西安统计学校的组建储备了师资人才，积累了教学经验。

正式发文,任命陈明[①]兼任西安统计学校校长,张万照、杜茂生、王兴林为副校长。1957 年 9 月,学校第一次党支部会议召开,确定张万照为书记,杜茂生为副书记。

建校初期,学校利用的是原西北统计局干部训练班的校舍。随着学校规模不断扩大,原有设施逐渐不能满足教学需要。国家统计局与陕西省商议,决定在西安市南郊大雁塔西北方向(今小寨东路 4 号)另建新校区。1957 年底,新校区全部建成,建筑面积 1.77 万平方米。

建校时共有教师 12 人,大多是从省统计局抽调的,文化水平参差不齐。直到 1956 年底,教师达到 75 人,教师短缺的问题基本得到解决。教材方面,专业课一般没有教材,除统计理论暂时采用苏联翻译的教材作为学生学习参考外,其他都依靠课堂笔记及编发补充教材,直到 1956 年初,才有了第一本正式教材——叶诺夫编著的《工业统计学》。普通课和社会经济课,虽然大纲是我国自己制定的,但适合统计中专学校使用的教材也很稀缺。普通课有的干脆直接用高中教材,如三角、几何、物理和经济地理。毕业生主要分配到地市级统计机构,少数分配到中央国家机关,在 1956 年入学的毕业生中,约 160 人分配到山西煤矿系统和陕西化工系统,支援苏联援建的工程项目。

1958 年 5 月,学校正式移交给陕西省管理,更名为陕西省计划统计学校;1961—1980 年,该校先后更名为陕西省统计财经学校、陕西省统计学校;1980 年 11 月 26 日,国家统计局收回管理权,恢复西安统计学校名称;1984 年 4 月 27

① 陕西省统计局局长。

日,升格为西安统计学院,成为唯一一所直属国家统计局的高等院校。2001年,西安统计学院移交陕西省管理;同年6月,与陕西经贸学院合并,组建为西安财经学院,2018年11月,更名为西安财经大学。

重庆统计学校

1954年7月,高等教育部和国家统计局联合发出通知,将重庆工业会计统计学校[①]转交国家统计局领导。8月18日,更名为"国家统计局重庆统计学校"。孟功才任校长,尹光荣、吕泠任副校长。

学校由6所学校合并建成,师资力量较为充足。1954年9月,学校有教职工120人,其中教师81人。之后,陆续有教师调出调入,教师人数稳定在70人左右。

学校参考苏联的教学大纲并结合我国实际情况,自行编制10门专业课的教学大纲,其中4门课(经济计算、统计学原理、工业统计、会计学原理)的教学大纲,由国家统计局印发其他4所统计学校试用。6门普通课(政治、语文、数学、物理、化学、政治经济)采用高等教育部颁发的教学大纲,中国经济地理和外国经济地理试用普通高中的教学大纲,俄语、体育、工农业经济3门课程没有教学大纲。

① 1949年底重庆解放后,西南军政委员会工业部在化龙桥复旦中学校内开办干部训练班,1950年11月改为干部学校,由西南工业部副部长万里兼任校长,开始面向社会招生。1953年8月,干部学校与重庆市第一、第二、第三财经学校、江津财经学校、宜宾财经学校合并,更名为重庆工业会计统计学校,由西南行政委员会地方工业局领导,孟功才任校长,学校迁至重庆市磐溪石门乡(今江北区下石门1号)。

学校还采取召开校务会议、组织全校性的观摩教学、对课堂教学工作进行检查等一些措施来提高教学质量。除此之外，学校根据教师的具体情况和教学改革要求，有计划地在政治上和业务上对教师进行培养：一是送往高等学校进修。二是组织学习与本课程有关的书籍，钻研苏联及高等教育部颁发的教学大纲和教材。三是进行政治、教育理论学习。四是组织到工厂、农村考察，到相关单位实习，参加实际工作。五是通过教学实践、经验交流、教学研究等方式，提高教学水平。由于学校师资力量在5所统计学校中首屈一指，部分教职工被抽调支援其他几所统计学校①。

1955年，应届毕业生8个班正式毕业453人，全部分配到中央机关和“156项重点工程”单位。之后的毕业生大都分配到各级统计部门。

1958年8月，学校移交给四川省，更名为成都计划统计学校，校址由重庆迁至成都市光华村。1963年，迁至内江市，更名为四川省计划统计学校。1980年，学校由国家统计局收回，更名为国家统计局四川统计学校。2000年，学校再次移交四川省管理，并迁至成都市龙泉驿区。2001年，并入成都信息工程学院，2015年更名为成都信息工程大学。

上海统计学校

上海统计学校的前身是上海市商业学校，由商业部主管，校址位于上海市虹口区吴淞路299号。

① 据重庆统计学校教师（后任四川统计学校校长）杨承湖回忆。

1955 年 7 月 9 日,高等教育部、商业部和国家统计局联合发出通知:“上海市商业学校即日起转交国家统计局领导”,校名改为“国家统计局上海统计学校”。随后,国家统计局调派南昌统计学校副校长张云阶担任上海统计学校校长,林民任副校长。

成立之初,学校全部教职工只有 35 人,其中校领导 2 人、教师 13 人、工作人员 10 人、医师 1 人、勤杂 9 人。为弥补师资力量不足,学校商请上海市教育局、上海海关学校、上海财政学校调派部分教师来校工作。随着学校的发展,教师队伍不断扩大。至 1957 年 8 月,共有教师 42 人。

1956—1957 学年,根据高等教育部颁布的“学科委员会工作规程”,学校设立了语文、自然、社会、统计、会计 5 个学科委员会和农业基础、体育 2 个教学组。学科委员会负责组织教师开展教学方法研究与学术研究等活动,以提高教师水平和教学质量。

学校 1955 年和 1956 年共招收两届约 300 名学生。该校 1956 年之前毕业的学生,由上海市第一商业局颁发毕业证书,分配工作。此后的毕业生共 300 余人,由国家统计局分配工作,全部分配到江西省南昌、九江和上饶地区的各地、市工矿企业和各级政府部门,从事统计工作。

1958 年 3 月 27 日,国家统计局报告高等教育部:“上海统计学校的学生分配完毕后,该校的校舍、设备及教职员工移交给上海市人民委员会”。之后,教职工大多分配到上海市各大中专业学校,资产由上海市冶金工业局接管,移交给新成立的上海市钢铁工业学校。7 月 25 日,上海统计学校的资产交接完毕，移交工作结束。

长春统计学校

1955年，鉴于西安地区财经干部已经饱和，西安市文教局提出停办西安市财经学校，改为普通中学。此时，国家统计局正准备在东北组建统计学校，缺少专业教师。1956年7月，在得到高等教育部和国家计委的指示后，西安市政府同意将西安市财经学校迁往长春，成立长春统计学校。随后，副校长姜维之、郭育人率20余名教职工奔赴东北，组建学校。10月，国家统计局委派物资分配统计司秘书主任邱绍明任校长，姜维之任副校长（分管教学工作）。

建校初期，学校只有20多名教师，主要是原西安市财经学校的教师。后通过招收应届大学毕业生、其他统计学校支援、上级组织调派等方式，教师队伍不断充实，人数逐步增加到50人左右。

学校开设课程15门左右，分基础课、专业课、其他课3大类。由于建校匆忙，教师水平参差不齐。基础课教材采用国家文科中等专业通用教材。专业课教材多是翻译苏联，少部分自己编印，边印边发给学生，没有整本整套的教材。

1957年夏，由于开展“整风”“反右”运动，学校教学一度陷入停滞。

1958年3月，根据中央指示，国家统计局将所属统计学校移交给地方管理。4月3日，学校召开全体大会，公布了撤并方案和教师、学生的安排。大部分学生分配到苏联援建的“156 项重点工程”支援各厂①。学校移交给吉林省后,5 月被撤销。

学校从成立到撤销,不到两年,是 5 所统计学校中存在时间最短、也是唯一一所被撤销的学校。

第八节　学习苏联统计工作经验

新中国成立后,“以苏为师”,统计工作亦然。从 1949 年到 1958 年,我国采取聘请苏联专家,选派考察团、留学生赴苏学习和翻译教科书的方式,多方面学习和借鉴苏联统计工作经验,用马克思主义的立场、观点和方法,理论联系实际,建设社会主义统计。

新中国成立初期,国家统计局先后聘请了 6 位苏联统计专家来华指导工作。统计专家们通过办讲座、作报告、实地调研和参与会议讨论的方式传授了社会主义统计思想、先进统计理论,同时对我国统计事业建设有了初步的了解,对我国统计管理体制、组织模式、制度方法、报表体系等提出很多切实可行的建议。为了系统学习马克思主义的统计理论和社会主义统计工作经验,我国陆续派出研究生、进修生到苏联高等院校学习、进修,国家统计局派出考察团赴苏交流,更深入地了解社会主义统计的建设过程。与此同时,一

① 见《中华人民共和国化学工业部关于接收中等统计学校学生的通知》,(58)化人计萧字第 110 号,国家统计局档案。

批苏联统计教科书和统计理论文章的译文也陆续被引进中国，如廖佐夫的《统计学原理》、叶诺夫的《统计学教程》、奥斯特鲁莫夫的《新统计学概论》以及《苏联经济统计的意义、任务及其机构》《苏联的调查统计制度》《苏联是怎样统一和简化表格的》等，都是苏联实际统计工作经验总结的结晶，一定程度上启迪了正在探索中前行的中国统计先辈们，他们开始了对马克思主义统计理论的研究并初步编写出《工业统计学讲义》《农业统计学》《统计理论》等我国本土的统计学教材，为培养统计专业人才提供了坚实保障。

★国家统计局领导与苏联专家合影

经过一段时间的学习，我国不仅建立起较为科学、系统的社会主义统计工作，统计资料也大体正确地反映了国民经济的发展情况，基本上达到了计划对统计的要求。但由于经验不足、急于求成等原因，在统计工作的某些方面还存在着在脱离实际，照搬照抄的现象：一是在社会主义国营经济的统计方面,制定的一些统计制度方法,有要求过高、指标过多、不适合我国国营经济实际情况的缺点;在调查方法方面,大多采用全面报表,忽视对不同经济成分采取多样、灵活的调查方法。二是在对社会主义建设统计与社会主义改造统计方面,较多地注意了经济建设方面的统计,而对社会主义改造方面的调查统计则抓得不够,与党和国家的要求不相适应。三是在采用苏联的工业部门分类目录和产品目录时,不考虑我国的具体情况、具体条件与苏联的差别,机械套用。如1954年颁发的农家收支调查方案,基本上是苏联专家起草,对其中存在的问题没有具体研究,导致执行起来问题很多。此外,在1956年以前,在报表管理、资料供应等工作方面,也基本上是照抄苏联,强调集中统一多,照顾因地因时制宜少。

第二章 | 统计工作在曲折中发展（1958—1978 年）

1958 年"大跃进"开始后，高指标、浮夸风盛行，统计工作遭受重大挫折。1962 年中共中央、国务院发出《关于加强统计工作的决定》，1963 年国务院颁布《统计工作试行条例》，为恢复统计工作的真实准确、加强统计工作的集中统一领导，奠定了坚实基础，创造了有利条件。1963 年成立全国农产量调查队，进一步壮大了统计力量。1966 年开始的"文化大革命"，使统计工作再次受到严重冲击，国家统计局及各级统计机构被撤销，大批统计人员下放"干校"劳动。1970 年，周恩来指示统计工作不能取消。1971 年，基本统计制度逐步恢复。1974 年，国家计委设立"统计局"，部分地方统计机构也先后恢复。1975 年，以"中华人民共和国国家统计局"名义在北京召开统计工作座谈会，为全面恢复统计工作进行先期谋划。

第一节　统计工作在"大跃进"中遭受挫折

统计工作"大跃进"是全国各行各业"大跃进"的一个组成部分，是伴随着各行各业的"大跃进"而发展的。从 1958

年初批判保守思想、教条主义,开始进行统计改革,到 6 月份保定会议,提出一整套新的统计工作方针、任务。在这套方针、任务的指导下,统计工作的发展也呈现出新的特点。

统计工作的“左”倾思想

1958 年 5 月,中共八大二次会议提出了“鼓足干劲,力争上游,多快好省地建设社会主义”的总路线及其基本点,在工农业领域掀起了“大跃进”运动。6 月,国家统计局在河北省保定市召开全国统计工作现场会议,提出“苦战三个月,实现全国统计工作的大改革,大跃进”,掀起了全国统计工作“大跃进”。

1958—1960 年,统计工作“大跃进”在“左”倾思想指导下全面展开,各地“大放卫星”“捷报”频传。广大统计人员以极大的热情投入这一运动,虽然取得了某些成绩,但却对我国的统计工作造成了很大程度的危害。统计工作“大跃进”在批判教条主义的口号下,不仅否定了新中国成立以来特别是第一个五年计划时期我国统计工作取得的成就,而且削弱和破坏了第一个五年计划时期建立起来的集中统一的基本统计制度。在浮夸风的影响下,党的“实事求是”的根本原则遭到践踏,统计数字虚报、瞒报现象极为普遍。在反右倾运动中一些敢于如实反映情况的同志被迫戴上“右倾机会主义”“严重右倾”的帽子,给统计工作带来了深远的不良影响。

批判统计工作中的教条主义

1958年2月，国家统计局内部提出“统计工作能不能跃进”和“如何跃进”的问题，认为要实现统计工作的“大跃进”，就要反保守。目前统计工作中有脱离政治、脱离实际、为统计而统计的倾向，在方法制度上往往过分繁琐，过分强调统一，限制了工作中的灵活性和创造性。

1958年，《统计工作》第六期发表了《为要大跃进，必须反保守》的社论，提出为了纠正统计工作的保守思想，各地区的统计工作必须“八仙过海，各显神通”，不要怕“天下大乱”，要认真检查一切保守思想，来一个思想大解放。由此，统计战线展开了对教条主义的批判。

这场批判把新中国成立以来先后建立和正在改进的统计报表方法制度，说成是“不管中国的具体情况，生搬硬套……不讲政治，只讲业务，不讲理论，只讲方法”。在组织领导上过分地强调了集中统一，对统计工作的灵活性注意不够，对依靠地方党政领导和广大群众做好统计工作重视不够，使统计工作脱离政治、脱离群众、脱离实际、为统计而统计。在统计方法上则表现为，过分强调全面调查，忽视了非全面调查，特别是典型调查，有些制度规定得机械繁琐，在指标设置和计算方法上也有教条主义的错误。在统计工作的做法上，则不是轰轰烈烈，而是冷冷清清，不是生动活泼，而是枯燥呆板。

保定会议

在批判统计工作教条主义的背景下,河北省在农村统计改革中提出了"党的中心工作,就是统计工作的中心工作""统计工作要为政治服务、为生产服务,大搞群众运动"的口号,开展了"轰轰烈烈"的群众运动。

1958年4月29日,《人民日报》刊载了"河北运用统计工作促进生产"的消息,并发表题为《统计工作的两种做法》的社论。社论指出:"……统计工作也有冷冷清清和轰轰烈烈两种做法。……过去的统计工作是被形而上学的思想束缚住了。自己把自己关闭在教条主义的寺庙中间……这就难怪把统计工作弄得冷冷清清了。"

1958年6月2日,中共河北省委就河北省农村统计工作中的问题、改革的情况及经验,向中央提出了《关于改革农村统计工作向中央的报告》,报告中反映:省委虽曾多次采取措施设法制止滥发报表,但是"野火烧不尽,春风吹又生"。要彻底解决这个问题,必须将农村经常性的统计工作,统一由统计部门负责,党委和政府所属各部门,不再进行农村中心工作的统计工作。首先在隆尧、东光等十个县试行,并取得了显著成绩,不但从根本上制止了滥发报表的现象,农村干部的工作作风也有很大转变。河北省委报告中还总结了由统计部门组织农村统计工作好处:第一是使大批干部从搜集数字的繁重工作中解脱出来,报表减少了75%,几千名干部集中精力领导生产;第二是统计工作得到当地党政领导的关怀和支持;第三是统计数字广泛地用于评比,极大地推动生产高潮;第四是统计数字对农业生产管理也起了很大作用。河北省委决定把农村统计的这种做法运用到城市统计工作中去,并已在保定、石家庄和承德等市做出了显著成绩,认为"这确是统计工作的一条新的道路"。

为了进一步推动当时全国统计工作的"大跃进",推广河北省的经验,国家统计局于1958年6月26日—7月9日,在河北省保定市召开全国省市统计工作保定现场会议(简称保定会议)。这次会议标志着我国统计工作进入了"大跃进"的高潮。河北省及邢台地委、天津专区、保定市、隆尧县、滦平县介绍了改革统计工作的经验,参观了保定市举办的统计工作展览会。这些经验介绍和展览的主要精神是批判统计工作中的教条主义,探索、论证我国自己的统计工作新道路。薛暮桥在会上作了题为《苦战三月,改变全国统计工作面貌,实现全国统计工作的大跃进》的总结报告。报告对保定会议给予了高度评价,指出:这次保定现场会将要在我国统计工作的历史上开辟一个新时期,将要在全国范围掀起一个统计工作的革新运动,从而实现统计工作的"大跃进"。

报告提出了统计工作"大跃进"的两个主要标志。第一是政治领导业务,把统计工作同群众的生产高潮密切结合起来,及时掌握生产进度,发动群众评比。第二是要在各级党委的经常领导下,由统计部门统一组织,结合群众生产运动,发动广大群众来积极参加统计工作,为社会主义建设服务,贯彻执行统计工作的群众路线。

报告还提出了实现统计工作“大跃进”的三点措施：首先必须明确为政治服务，为生产服务的思想，丢掉本位主义和个人主义的包袱；其次必须解放思想破除迷信，根据目前的新情况新形势，对统计工作进行大胆的改革，大胆的创造，提倡敢想敢说敢做的共产主义风格；最后，要求各级统计部门鼓足干劲，力争上游，以破竹之势来开展统计工作的“大跃进”。

在保定会议提出的一整套与过去有重要区别的统计工作方针、任务的指导下，全国统计工作的发展也呈现出新的特点。

★国家统计局局长贾启允(前排中)出席“全国统计工作技术革新技术革命”展览会

“大跃进”时期统计工作的方针与任务

1958年3月，毛泽东在成都会议上指出从苏联“照搬”统计制度是教条主义的表现，压抑了广大干部群众的热情和积极性。[1] 为主动顺应“大跃进”运动的形势，统计部门内部也开始进行统计改革，制定了新的方针任务，统计工作呈现出新的发展特征。

“大跃进”时期统计工作的方针和任务，可以归纳为以下几点：

第一，统计工作必须为政治服务，为生产服务。政治运动、生产运动开展到哪里，统计工作就跟到哪里；党政领导需要什么就统计什么。所谓为政治服务，就是要政治挂帅，围绕党的中心工作开展统计。所谓为生产服务，就是由统计部门统一承担党政领导及各业务部门需要的各项生产进度统计，对工、农业生产的“大跃进”起推动作用。

当时十分强调统计工作是服务于政治斗争和生产斗争的工具，要求统计工作者必须自觉地走上政治斗争和生产斗争的第一线，绝不能孤立地去搞定期报表。保定会议进一步指出：“统计工作如果不以政治为统帅，不是明确地为政治斗争、生产斗争服务，它就会丧失灵魂、丧失生命力量，

① 1958年3月10日，毛泽东主持成都会议时提出，学习有两种方法，一种是专门模仿；一种是有独创精神，学习与独创相结合。硬搬苏联的规章制度，就是缺乏独创精神。……一九五〇年至一九五七年，在经济工作和文教工作中产生了教条主义，……经济工作中的教条主义，主要表现在重工业、计划工作、银行工作和统计工作方面，特别是重工业和计划方面，因为我们不懂，完全没有经验，只好搬。

因而从生气勃勃变为死气沉沉”。

第二,强调统计工作的首要任务是搞好中心工作统计。中心工作是党在一定时期内各项工作中首要的工作,通过抓中心工作,把党的各项工作带动起来。统计工作为党的中心工作服务,就是围绕中心工作提供资料,反映情况。当时提出“三个元帅”(钢、粮、机械)、“两个先行”(电力、铁路)[①],都是全党、全民的中心工作,因而,统计必须围绕“三个元帅”“两个先行”提供资料,反映情况。并就工、农业主要生产指标,开展省与省、县与县、部门与部门、企业与企业、个人与个人的评比,推动比、学、赶、帮群众运动的开展。

当时还把统计部门是否承担中心工作进度统计提到“不是单纯的业务问题,而是政治问题”的高度,把进度统计工作由谁来承担的问题,提到“是否贯彻统计工作为政治斗争、生产斗争服务的方针”的高度。

第三,提倡“全党全民办统计”,反对脱离群众的“神秘化”搞统计、“依靠专家办统计”。肯定并推广河北省农村全民办统计的做法,认为这是列宁所提出的社会主义统计工作的一个重要方针。

1958年8月13日,《人民日报》发表了题为《全党全民办统计》的社论,这一社论把当时全国各地统计工作的大改革、“大跃进”的经验,归纳成“要办好统计工作必须实行全党、全民办统计”,提出所谓“全党、全民办统计”即“采取统一

① 11月6日,毛泽东在河南省委第二招待所主持郑州会议,会上提出“共产党搞了这么多年,就不晓得搞工业要以钢铁为纲。一个钢铁,一个粮食,一个机械,这是三大元帅,还有两个先行,电力和铁路。”

领导、分级管理的原则，把各级统计机构、各种统计工作，直接置于各级党委的领导之下，并组织、发动广大群众来参加统计工作……”。

社论强调，统计工作绝不能单纯依靠专职的机构和专职干部来办，单纯依靠统计机构自上而下的领导，否则就会造成统计工作“神秘化”，使各级党委没法领导统计工作，群众漠不关心统计工作。

庐山会议和统计工作反“右倾”

针对“大跃进”产生的浮夸风、高指标，毛泽东在 1959 年 4 月 29 日写了一封《党内通信》，指出要讲真话。包产能包多少，就讲能包多少。不讲经过努力实在做不到而又勉强讲做得到的假话。敢讲真话的人，归根到底，于人民事业有利，与自己也不吃亏。“左倾”的错误得到初步遏制。

1959 年 7 月 2 日—8 月 1 日，在江西庐山召开了中央政治局扩大会议（此次会议与 8 月 2 日至 16 日召开的党的八届八中全会统称为庐山会议）。庐山会议后，全党开展了“反右倾斗争”。部分统计工作者因写了反映“大跃进”中经济建设和发展存在的问题，被扣上“右倾”的帽子，遭到了批判。

1959 年 11 月，国家统计局召开全国省市统计局局长会议，本着党的八届八中全会“反右倾、鼓干劲”的精神，检查总结一年来统计工作的成绩、经验和教训，具体安排今后统计工作任务。会上提出，右倾机会主义分子过分夸大了统计资料不确实，对我们各项统计数字产生了怀疑，企图借此否认总路线、“大跃进”及人民公社的胜利成果。为此，要进一步加强统计工作的党性。

会议要求，统计部门不仅在组织上要做到党指到哪里，就走到哪里，党需要什么，就进行什么调查统计，在统计工作方法制度上，也要根据党的指示和实际工作的需要办事，党叫怎么做，就怎么做。对于统计数字的准确性，要虚心考虑各方面的意见，特别是党的领导的意见，不能单纯地从统计数字出发，否则是无政治观点、无阶级立场的客观主义倾向。要求统计工作不但要反映党的总路线贯彻执行情况，而且要成为保卫总路线的战斗武器。要警惕“右派分子”和“反党分子”利用统计资料来攻击党；要批判认为写统计报告就是要找毛病、挑毛病的思想；要反对脱离政治、脱离党的方针政策，为统计而统计的非政治倾向等。

1960年7月，中央批转了国家统计局党组《关于中央一级各部门精简统计报表的情况报告》。批示中要求各级党委指示各有关部门和单位，在“反三风”“反五多”的整风中，切实把统计报表问题认真清理精简，凡是可要可不要的统计报表一律取消。要以深入实际，深入群众进行调查研究为主，而以必要的统计报表为辅，而且统计报表必须实事求是，反对任何的浮夸虚报，只有这样才能发扬我党实事求是的优良传统。

同年9月30日，中央批转了国家计委党组《关于一九六一年国民经济计划控制数字的报告》，针对当时国民经济中存在的比例关系严重失调，工农业生产大幅度下降的情况，首次提出了对国民经济进行“调整、巩固、充实、提高”的八字方针。统计工作亦由1958年开始的“大跃进”时期，进入了全国统计工作的调整时期。

第二节　出台重要统计文件和法规

全国统计工作调整时期，党中央、国务院高度关注统计工作，1962年中央和国务院印发《关于加强统计工作的决定》，1963年，国家统计局以《决定》为指导思想，对新中国成立以来的统计工作，全面系统地进行总结，编写《统计工作试行条例》，又组织撰写《十三年来我国统计工作经验总结》，各级统计机构得到加强，干部队伍更加充实，统计资料的正确性和报送的及时性都有了较大的提高，对当时全国的统计工作起到强有力的指导和推动作用。

发布《关于加强统计工作的决定》的历史背景

1958年开始的统计工作“大跃进”违背了经济发展的客观规律，对统计工作产生了深重的影响，导致一些重要的统计数字严重失实，情况不能及时上报，给国家建设事业造成了损失。统计工作的集中统一原则受到严重损害，统计力量也有所削弱。国家统计局从当时统计工作的实际情况出发，根据中共中央工作会议关于全党加强集中统一、反对分散主义的指示精神和加强计划管理工作的要求，认为统计工作需要加强，统计工作的管理体制需要改进，统计力量即使不能加强，至少也不宜减少。在李富春的指示下，国家统计局于1962年2月向中央报送了《关于改进统计管理体制健全统计机构的请示》。1962年3月，刘少奇在中央政治局会议上对统计工作作了4点指示。《关于加强统计工作的决定(草案)》，就是以这些指示为基础起草的。1962年4月4日，党中央、国务院正式印发了这一决定。《决定》正确解决了统计工作的管理体制，统计资料的准确性和及时性，统计机构设置、统计力量充实和统计干部专业化，统计工作中党的领导等一系列根本问题，对于推动我国调整时期统计工作的发展发挥了重要作用。

《决定》的主要内容

《决定》首先分析了当时统计工作的基本形势和基本任务，指出："最近几年，全国统计工作有所削弱，一些重要的统计数字很不确实，情况不能及时送达，给国家建设事业造成了损失。……为使数字准、情况明，便于党和国家加强集中统一领导和计划管理工作，必须迅速建立一个强有力的集中统一的统计系统，切实改进统计工作。"

针对统计工作中存在的问题，《决定》提出了五项解决措施。

第一，加强统计工作的集中统一领导。《决定》指出："加强统计工作的集中统一领导，各级统计部门在业务工作方面受国家统计局垂直领导，在党的工作和行政工作方面，受当地党和政府的领导。各级统计部门的编制、干部和经费，原则上应由国家统计系统统一管理，分级负责。”

在统计资料的上报程序上也体现了集中统一的精神：“各级统计部门按照上级统计部门规定收集和整理的统计资料，必须直接报送上级统计部门，同时报送当地党政领导机关。当地党政部门如对上报的统计资料和数字有不同意见，可将自己的意见另报上级，但不许干预这些统计资料的直接上报，篡改这些上报的统计数字。”

第二，保证统计资料准确性、及时性。各部门、各地方、各单位必须严格按照国家规定的统计任务、统计制度和方法进行统计，严肃对待统计数字，有多少报多少，决不允许作假报告。

各单位的“统计数字是否确实，应由各该单位的统计负责人负责”，各单位负责人必须保障统计数字的正确性，不得随意修改统计数字。

第三，健全各级统计组织和基层统计工作。为方便业务上垂直领导，各级统计部门应单独设置。各级统计部门、业务部门和基层企业，要“适当加强统计力量，充实领导骨干。”

第四，增强统计干部专业化。《决定》指出：“统计干部应该专业化，不要轻易调动，以利他们熟悉业务，积累经验。凡是经过专业训练或长期作统计工作的骨干，近年来调离的，应尽可能归队。”

第五，加强党和政府的领导。要进一步加强党和政府对统计工作的政治思想领导，健全统计组织，纯洁统计队伍,监督各部门、各单位如实反映情况,保证统计工作的顺利进行。

《决定》的意义和作用

《决定》是针对当时我国统计工作几个症结性问题而作出的决定,是一个符合统计工作发展规律,反映社会主义统计基本要求的决定,一定程度上解决了当时统计工作中存在的基本问题,让统计工作重焕生机。

第一,《决定》对“大跃进”时期的统计工作起了拨乱反正的作用。《决定》针对“大跃进”时期统计数字虚报、瞒报严重,统计力量被削弱,统计工作集中统一领导遭到损害的症结,作出切中要害的指示,成为克服统计工作混乱状态有力的思想武器。

第二,《决定》确立的“一垂三统”的统计管理体制,是当时保证全国统计工作顺利进行的比较理想的管理体制,为克服统计工作发展不平衡和各自为政的状态创造了有利条件。

第三,《决定》特别强调了必须坚持如实反映情况,保证统计资料准确性。《决定》要求“必须严肃对待统计数字,有多少报多少”,特别要求各级负责人,不许干预统计部门直接上报统计资料,不得随意修改上报的统计资料,维护了统计工作的生命线。

第四,在“精兵简政”的形势下,《决定》充分关注了健全了统计机构,充实了统计人员,加强统计业务建设的问题。

党中央和国务院作出决定，为国家统计系统增加编制，增设农产量调查队，保证了调整时期统计任务顺利完成。

第五，《决定》要求统计干部专业化，不要轻易调动，调动的尽可能归队。对于稳定干部队伍，提高专业水平，发挥统计工作的服务和监督作用意义重大。

第六，《决定》强调了各级党和政府必须进一步加强对统计工作的领导，这是做好统计工作的根本保证。

《决定》的宣传与贯彻

《关于加强统计工作的决定》是党中央和国务院的内部文件，主要通过召开各级统计干部会议的形式，组织认真学习、讨论和贯彻实施。《决定》发布后，国家统计局为了加强集中统一的领导，实行统计编制、干部、经费的统一管理，将统计系统编制单独划出，并草拟了一些规定和办法，如《国家统计系统干部管理暂行规定(草案)》《国家统计系统经费管理暂行办法(草案)》《关于切实提高统计数字质量的办法(草案)》《关于改进农产量调查统计工作的报告(草稿)》，报送国务院或有关部门研究审定后施行，并提出了成立农产量调查队的设想。

颁布《统计工作试行条例》的历史背景

为使统计工作有章可循，1962 年初，周恩来指示国家统计局要像其他部门一样，制定自己的规章制度。他指出，中国这么大，这么复杂，真正搞好统计工作是不容易的。要注意总结自己的经验，尽快制定自己的章法。根据周恩来这一指示，国家统计局拟订了《统计工作试行条例(草案)》(以下简称《条例》)，报送国务院审批，并于1963年3月16日，经国务院全体会议第127次会议正式通过并发布。

为执行周恩来的指示，国家统计局组织起草了《十三年来我国统计工作经验总结》。《总结》通过回顾"一五"时期、"二五"时期我国的统计工作由建立到逐步发展、健全的情况，从性质和任务、管理体制、指标体系、调查方法、组织建设等角度，全面总结了统计工作的基本经验。《条例》正是以《决定》为指针，在总结十三年统计工作经验的基础上制定的。

《条例》的主要内容

《条例》明确了我国社会主义统计工作的性质、任务、统计业务的基本要求和基本做法，规定了各级统计组织机构及各级统计部门和统计干部的职责，使统计部门、统计干部在实际工作中有所遵循。

《条例》规定统计工作的指导思想是毛泽东思想。"统计是认识社会的有力武器，是计划的基础，是国家对国民经济实行计划管理的重要工具。""统计工作的基本任务是根据党的方针、政策和国家计划管理的需要，按照国家规定的统计制度方法，进行国民经济核算，全面地、系统地、及时地搜集整理和分析研究国民经济统计资料，如实反映情况，为

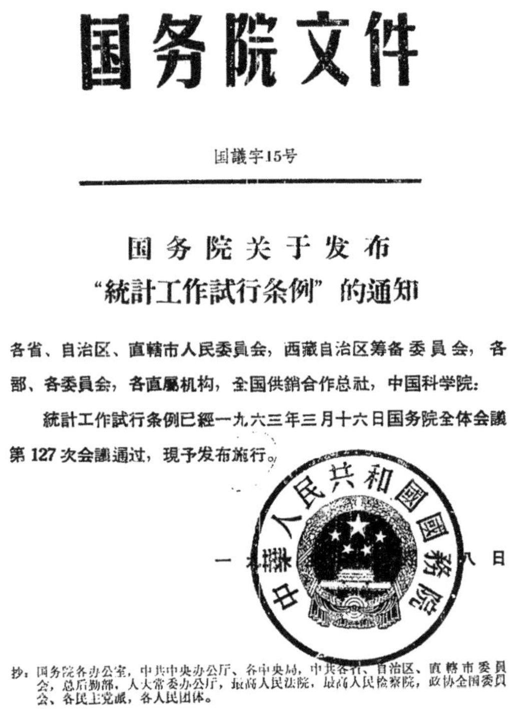

国务院文件

国議字15号

国务院关于发布
“統計工作試行条例”的通知

各省、自治区、直轄市人民委員会，西藏自治区筹备委員会，各部、各委員会，各直屬机构，全国供銷合作总社，中国科学院：

統計工作試行条例已經一九六三年三月十六日国务院全体会議第127次会議通过，現予发布施行。

一[illegible]八日

抄：国务院各办公室，中共中央办公厅、各中央局，中共各省、自治区、直轄市委員会，总后勤部，人大常委办公厅，最高人民法院，最高人民检察院，政协全国委員会、各民主党派，各人民团体。

★1963年3月18日，国务院发布施行《统计工作试行条例》

制订经济政策、编制计划和监督检查政策、计划的执行情况提供准确可靠的依据”。根据当时的政治、经济形势，《条例》要求统计部门必须坚决地全面地贯彻执行社会主义总路线和以农业为基础、以工业为主导的发展国民经济的总方针，加强国民经济各部门的调查统计工作，坚决把农业和支援农业的调查统计工作放在首要地位。

《条例》规范了统计的内容和指标体系。统计的范围应该包括生产、流通、消费和积累等社会再生产的全部过程，主要内容包括人口、工农业生产、支援农业、运输、邮电、基建和施工、地质勘探和勘察设计、城市建设、物资供应、技术改革、国内商业、对外贸易、物价、科研、文教卫生、劳动工资、财务成本、财政金融、国民收入、人民生活等。《条例》还规定了农业、工业、运输和邮电、基本建设、物资供应、商业、文教、劳动工资、财务成本、国家财政、国民收入统计的主要指标，要求统计机关，特别是省市以上统计机关积极开展综合平衡研究工作。

《条例》要求统计部门不断改进统计指标体系和统计制度方法，提高统计工作的科学水平。“统计部门要根据不同情况和需要，灵活地运用各种统计调查方法，包括全面调查、重点调查、抽样调查、典型调查等等。国民经济的基本情况应当通过统计报表进行全面调查，不必要或不能进行全面调查的项目可充分运用典型调查、抽样调查等方法。农业统计要将依靠农村人民公社全面地逐级上报和调查队在农村中进行的抽样调查、典型调查结合起来。”

《条例》规定国家统计报表制度由两部分组成。一是国民经济基本统计报表制度。包括农业、工业、运输、商业、文教等国民经济部门的基本统计报表制度，由国家统计局负责会同国务院有关部门制定。二是将专业统计报表制度作为基本统计报表制度的必要补充，由国务院各有关业务部门负责制定。各级统计机关要负责按照权限规定审批和管理统计报表、统计数字，严防滥发统计报表的情况。

《条例》规范了统计组织机构，明确全国的统计工作由国家统计局负责统一领导。“全国的统计系统，由国家统计组织和各级业务部门及其基层单位的统计组织组成。”“各级业务部门和企业、事业单位的统计工作，在统计制度方法和统计任务方面，受同级或当地统计机关领导。”《条例》中涉及统计机构设置、管理、领导体制的部分，均重申了《决定》中有关规定。

《条例》还具体规定了各级统计机关的主要任务和统计人员的职责和职权等。特别规定统计人员的工作应该稳定，不要轻易调动。统一规定统计人员的技术职称和级别待遇，依次为助理统计员、统计员、统计师、高级统计师，保障统计人员专业化。

《条例》的宣传与贯彻

《统计工作试行条例》是国务院的公开文件，是我国第一部统计法规，《人民日报》全文刊载。《条例》公布后，广大统计工作者对统计工作的重要性有了进一步的认识。李富春就如何宣传贯彻执行问题作了重要指示：一、必须立即行动起来，大张旗鼓地向统计部门内部反复宣传《条例》的重要意义。二、必须将这个《条例》迅速印发，一直发到基层，做到人手一册，广为流传。三、必须向广大统计人员逐条逐句地进行详细讲解，并按《条例》的主要内容组织一些专题报告和讲座，编写一些通俗小册子。四、各地区、各部门经过一个时期的贯彻实施之后,可结合具体情况制定本地区实施细则或制定一些统计工作制度。国家统计局根据李富春的指示,制定了学习、宣传、执行《条例》的口号,在统计系统内迅速掀起热潮。

第三节 成立农产量调查队

新中国成立后,为充分了解国情和人民生活状况,进行社会主义建设,周恩来多次访问印度,派人前往印度学习统计调查方法和经验,应用到我国的农产量调查当中,并出台多份文件、成立农产量调查队,规范农产量统计调查工作。

中国与印度在统计领域的交往

新中国成立后,周恩来曾四次访问印度。1956年12月9日,周恩来在印度总理尼赫鲁的陪同下,参观了位于加尔各答的印度统计学院,回国后,即指示国家统计局与高教部选派人员前往印度交流学习。

1956年12月—1957年1月,时任国家统计局副局长王思华访问印度,考察印度统计工作。王思华回国后,建议我国积极开展全国抽样调查工作。

1957年6月,印度统计学院院长、国际著名统计学家马哈拉诺比斯教授和印度统计学院拉希瑞教授应邀访问中国。马哈拉诺比斯教授此次访问的目的是宣传他研究并已

★1959 年 1 月，印度统计学院为国家统计局留学生举行毕业典礼

经开始在印度应用的抽样调查制度及经验。他在中国期间，进行了五次讲演，主要内容包括两次“抽样调查”、一次关于“印度计划工作的主要经验”、两次关于“数理统计的发展在社会科学方面的应用”和七次座谈；随同来访的拉希瑞教授也单独进行了五次座谈。

同年 12 月，国家统计局和高教部联合派遣人员前往印度统计学院。在马哈拉诺比斯教授和拉希瑞教授的指导下，研究抽样调查理论、方法，并到孟加拉、孟买、浦那等地的农作物产量调查点进行实地考察。

这些抽样调查经验充分应用在了中国的农产量调查中，并对全国农产量调查队的建立产生了深刻影响。

全国农产量调查队建立的过程

1959年12月，中央批转了国家统计局党组关于加强农村统计工作的建议，开展了农村统计工作的整顿。

1962年初，全国一度出现粮食、棉花等主要农产量数字不实的情况，对我国社会主义建设和人民生活造成不良后果。针对这一情况，周恩来指示：农产量调查单靠报表从下到上逐级上报还不够，也要搞抽查。他要求国家统计局试办全国性从上到下的农产量抽查工作，并说："中国这么大，能把中国的农产量搞得比较准，这可是一件大事。"

1962年4月，在贯彻落实《关于加强统计工作的决定》的全国统计局长会议上，讨论研究了《关于改进农产量调查统计工作(草稿)》和《关于成立农产量调查队的设想(草案)》。会议提出，农产量统计数字不实的原因，除了思想作风不端正和客观上有实际困难以外，还有统计部门对农产量的调查统计工作抓得不紧，调查统计方法不完善。因此，统计部门必须采取切实有力的组织措施，及时掌握比较准确的农产量数字。

要搞准农产量数字，应同时采取两种方法。一方面依靠农村人民公社全面地、逐级地上报统计资料，另一方面由上级统计机关派调查队到农村中进行典型调查和抽样调查。

典型调查是深入到典型单位对社会现象进行深入具体的调查研究的有效方法，在农业统计方法中占重要地位。用若干典型调查的结果来大体检查一下产量数字的准确程度，了解一般趋势，也有其一定作用，但不能据以推算全面数字。有些地区运用的划类选点调查，按照选点方法的不同大体上可分两类：一类与典型调查类似；另一类有抽样调查的性质。如果用以推算全面数字，一般前者误差较大，后者误差较小。

鉴于农产量调查工作量大，统计部门力量薄弱，为了加强对全国农产量调查统计工作的领导，及时、准确地完成任务，必须建立一支专业的农产量调查队。在国务院的统一领导下，由国家计委、农业部、粮食部、农垦部、财政部、商业部、中国人民银行、中国科学院经济研究所、国家统计局等单位共同组成全国农产量调查委员会，负责领导和组织全国农产量调查统计工作，制订统一的调查方案，审查农产量资料，统一提供农产量数字。委员会下设办公室，由国家统计局负责处理日常工作。省、专、县各级也相应地成立农产量调查委员会，负责组织本地区的农产量调查统计工作。

根据周恩来的指示和全国统计局长会议上讨论研究的意见，国家统计局正式向国务院报送《关于改进农产量调查统计工作的报告》和《关于成立全国农产量调查队的设想》。报告认为：对农产量进行全面调查，是国家计划管理工作所必需的。目前，仅仅依靠逐级上报的全面产量数字，还不能做到完全符合实际情况。因此，在加强全面统计的同时，必须自上而下地组织力量，按照统一的科学方法，深入实际进行调查研究，掌握第一手的农产量资料，用以推算和检验全面数字，这是提高农产量数字质量的关键。《报告》还指出，根据农作物的生产过程和经济工作的需要，农产量的调查统计每个收获季节要抓三次:收割前的预计估产,收割时期的实割实测调查和收割后的分配产量统计。根据部分省、地区的经验,最好在农作物收割期间,抽选若干具有代表性的地块进行实割实测,取得每亩平均产量并据以推算总产量。采用这种方法推算的农产量数字,比预计估产数字要准确,比分配产量统计数字要及时。因此,抓好实割实测调查,是搞准和及时提供农产量数字的中心环节。

为了大力开展农产量实割实测的抽样调查,《报告》建议成立全国农产量调查队,在全国农产量调查委员会的领导下进行工作,按照抽样调查的需要,各省、自治区成立农产量调查分队,国家统计局对各分队实行垂直领导,统一管理干部、编制、经费。在人员上,一般省、自治区需要调查 30 到 50 个生产大队,配备 30 至 50 人,全国共需一千人左右。

国务院正式批准国家统计局的《报告》后,1962 年末到 1963 年初,全国农产量调查总队和各省、区分队陆续成立。

概率抽样调查方法在农产量调查中的应用

1963 年 3 月,国家统计局在北京召开了全国农产量调查队分队长会议,讨论了农产量调查队的组织设置、工作职责和农产量调查队经费管理暂行办法,研究了 1963 年农产量调查队的工作规划和夏收农作物产量调查工作的意见,还学习了抽样调查的方法。会议决定于夏收期间,在河北、山西、山东、江苏、安徽、湖北、河南、四川、陕西九个夏收主产地区进行抽样调查试点工作,获得了第一手农产量实产调查资料。同时，在陕西、山东两省集中组织各种非夏收主产省、区的农产量调查分队人员参加试点调查，藉以培训干部，重点取得试点经验。

试点要求严格按照《农产量抽样调查方案》（草案）执行。以省、区为范围组织进行，对水稻、小麦、玉米、高粱、谷子、甘薯、棉花七种主要农作物的播种面积（包括春播、夏播、秋播和秋冬播）、产量（包括夏收、秋收的预计和实际）进行了选点抽样调查。

抽样调查方法采用省抽县、县抽大队，大队抽地块，地块抽实测样本四个阶段抽样，在群中估产的基础上，用分层排队、等距抽样、实割实测的方法，在分省、区推算的基础上，提供全国农产量数字。

《方案》还对各阶段的抽样数目和比例以及推算方法等作了明确规定，并要求计算调查结果的抽样误差和把握程度。这是我国第一次采用严格的概率抽样方法在全国范围组织抽样调查。

1963 年，各省、区农产量调查分队，在夏收、早稻和秋收三个季节，调查取得了 150 个县、1500 个生产大队、4 万个地块、50 万个实测小样本的调查资料；1964 年和 1965 年，被抽中的调查县和生产大队数目，均为 1963 年的两倍，实测地块和样本数也分别增加了一倍多。

农产量调查队成立后，为中央和地方各级政府提供了比较及时、准确的粮食产量数字。

1967 年 1 月，受“文化大革命”影响，统计系统垂直领导的管理体制遭到批判，全国农产量调查队被撤销。

第四节　大兴调查研究之风

1958年开始的"大跃进"运动,给国民经济、人民生活和社会发展事业造成重大的损失。为恢复国民经济,中共中央于1961年作出了"大兴调查研究之风"的决定,并提出"调整、巩固、充实、提高"的八字方针。为响应号召,统计工作者深入实际开展调查研究工作,精简统计报表。

大兴调查研究之风的来历

1960年7月,中共中央在批转国家统计局党组《关于中央一级各部门精简统计报表的情况报告》中,要求各地区、各部门、各单位"要以深入实际,深入群众进行调查研究为主,而以必要的统计报表为辅"。1961年召开的中央工作会议和党的八届九中全会上,毛泽东又强调要恢复实事求是的传统,号召全党大兴调查研究之风。毛泽东指出:我们是有实事求是传统的,就是把马克思列宁主义的普遍真理同中国的实际相结合……所以请同志们回去大兴调查研究之风,一切从实际出发。[①] 他呼吁希望1961年"成为一个调查年,大兴调查研究。"[②]

---

① 顾龙生《毛泽东经济年谱》,中共中央党校出版社1993年版,第532页。

② 薄一波《若干重大决策与事件的回顾》(下卷),中共中央党校出版社1993年版,第902页。

大兴调查研究之风的实践首先从农村开始。党的八届九中全会一结束，毛泽东即亲自组织领导了三个调查组深入浙江、湖南、广东等省的农村蹲点调查，切实摸清农村的情况，制定出真正符合实际的政策，迅速有效地纠正农村工作中的各种错误。

1961年3月13日，毛泽东在"三南会议"上再次阐明了领导干部，特别是第一书记亲自调查研究的重要性，"要求省委第一书记亲自作调查研究工作……只要省、地、县、社的第一书记都作调查研究，事情就好办了。"[①]毛泽东还要求中央领导同志必须摆脱一部分事务工作，交给别人去做，以便自己亲身进行典型调查，并向全党印发了他在1930年进行寻乌调查期间撰写的《调查工作》，提出了"没有调查，没有发言权"的著名论断。

1961年3月23日，广州会议通过了中共中央《关于认真进行调查工作给各中央局，各省、市、区党委的一封信》，要求县级以上的党委领导人员，首先是第一书记，必须深入基层，进行系统的典型调查；要定出制度，造成风气，要把"一切从实际出发，不调查就没有发言权"作为全党干部思想和行动的首要准则，有力地推动了调查研究之风在全党全国兴起。

大兴调查研究之风与精简统计报表

1960年3月，中央在《关于反对官僚主义》的指示中提

---

① 毛泽东《十年总结》，《党的文献》1992年第3期，第21页。

出,要精简和统一管理农村统计报表,彻底克服报表多乱的现象。6月中央批转国家统计局党组《关于加强农村统计报表管理工作的报告》指出,农村人民公社和生产队填报的报表,确实又多又乱,已经到了不可容忍的程度,必须切实加以整顿。并表示同意报告中提出的关于报表统一归口的建议。7月,中央在批转国家统计局党组《关于中央一级各部门精简统计报表的情况报告》中要求各有关部门和单位,在"反三风、反五多"的整风中,切实把统计报表认真清理精简,凡是可有可无的统计报表一律取消。

1961年中央号召全党"大兴调查研究之风"后,国家统计局局长贾启允在全国召开全国省、市统计局长会议,把大兴调查研究之风问题作为会议的主要议题之一。会上贾启允指出:统计机关既然是党的调查研究机关,就更应该积极地响应党中央的号召,坚决贯彻中央"要以深入实际、深入群众进行调查研究为主,而以必要的统计报表为辅"的指示,并以此作为改进统计工作的根本方针。

各地统计部门在当地党委领导下,遵照中央指示,大力精简了各种不必要的统计报表,特别是统计大改革运动中围绕党的中心工作抓进度统计所制发的一些报表,如在"双革"运动中建立的超声波、煤气化、开门红等旬、月进度统计报表等。其后,于1960年下半年,又试行推广国家统计局提出的统计报表大归口的办法,设想用此办法把业务部门必要的业务报表,最大限度地归到统计部门来搞,以改变农村统计报表多乱的局面。

1961年党的八届九中全会号召全党大兴调查研究之风

后，国家统计局几次召开全国和部分地区的统计工作会议，讨论研究统计归口和克服报表多乱问题。

1961年2月召开的全国统计工作会议专门研究了统计工作统一归口问题。会议指出：中央已明确规定，农村人民公社的统计和各级综合部门的全面统计由统计部门统一组织进行。当前存在的问题是，中央各部门对非直属企业是否直接制发报表和如何取得资料，以及省、市、区一级统计工作是否统一归口，在认识上还不完全一致。许多省、市已经有了归口经验，需要总结，要研究并划出几条界限来。全面统计要集中统一，这是总的方向，也是社会主义统计工作的特点。全国统一规定的统计指标、计算方法和统一价格等，各部门、各地区应当坚决执行，不能随意修改。但近两年，有的破而未立或未破而不行，需要研究如何改进。在中央改变管理体制，加强统一集中领导之后，统计工作如何相适应也需要研究。

1962年5月召开的全国统计工作会议上提出继续精简统计报表，要求对一些非必要的指标、分组和目录等采取上下结合，分级分部门负责的办法进行清理精简。会后，国家统计局在精简的基础上统一制订了中央一级的统计报表制度和国家统计报表目录，并且准备进一步统一各部门基层报表的表式、指标和目录。

1964年冬，周恩来在国务院会议上对统计报表多乱现象进行了严肃的批评。他说，一个公社里有160多种报表，有的报表大得不得了，比大门板还要长，就是我们部长也填不上来。

同年 12 月,周恩来在关于解决农村报表过多过繁问题给刘少奇的复信中说,各种报表所以又多又乱,主要是许多机关和领导干部不深入实际,不深入群众进行调查研究,习惯靠听汇报、看报表指导工作。同时,在我们统计工作中有脱离实际、脱离生产、脱离群众,只顾完成所谓“全面统计”任务,不考虑农村的实际需要和可能的错误思想。

根据 1964 年 5 月中央工作会议和刘少奇在中央机关作的《关于社会主义教育问题》的报告精神,1964 年 8 月国家统计局召开全国统计工作会议,讨论研究了统计工作革命化和精简报表的问题,提出为了适应今后将要大批抽调干部参加社教运动的情况,各部门、各地区都要对本地区、本部门的报表进行一次严格的检查,用革命的态度,坚决地、彻底地精简报表,将其作为当前统计工作中的一项革命任务。

1965 年 1 月,中共中央、国务院发出《关于精简农村统计报表的通知》,严格限制向农村布置报表,规定农村社队填报的统计报表暂时只限于国家统计局制发的几种。

1964 年底—1965 年秋,国家统计局各司及省、市统计局都派人围绕精简统计报表问题到城乡进行蹲点调查。国家统计局派出由局、司负责干部带队的工作组先后到北京怀柔、河北抚宁及浙江、广东、湖南、内蒙古等省(区)调查农村报表;到北京昌平县、石景山钢铁厂及河南等地调查城市报表,时间一般在一个月以上。各省、市、区党委、人委也把精简报表当作统计革命化一项重要工作来抓,并由秘书长、统计局长带领一批干部到城乡基层单位蹲点,调查研究报表精简问题。由此基本上刹住了乱发报表的歪风，大大减轻了基层的负担。

大兴调查研究之风对统计系统的影响

大兴调查研究之风使全党重新端正了实事求是的思想路线，为国民经济调整提供了思想前提，也为中央制定调整措施提供了可靠依据。

1961年2月召开的全国省、市统计局长会议指出：几年来全国各级统计部门结合党的方针政策和中心任务，进行了许多调查研究工作，在为党政领导服务方面起了一定作用。特别是1960年7月以来，统计部门的调查研究工作进一步开展，统计干部逐步发扬深入实际、深入群众进行调查研究的工作作风，调查研究报告不仅在数量上显著增加，在质量上也有所提高。

会议提出了1961年统计部门调查研究的主要内容，包括：国民经济以农业为基础的方针贯彻执行情况、国民经济"八字方针"贯彻执行情况、全面安排城乡人民生活和市场供应的情况。

会议提出，各级统计部门要深入实际、深入群众，对全国统一规定的统计制度与计算方法贯彻执行情况、经验和问题、国民经济发展和计划执行情况必须进行定期的全面观察和典型的调查研究，及时深入地反映情况，提出存在的问题，并加强对国民经济的综合平衡研究，作为党政领导安排生活和生产、建设、调整国民经济比例关系的参考。

1962年5月召开的全国统计工作会议再次提出要深入实际、深入群众进行调查研究，做到“胸中有数”。要求各级统计人员都必须经常深入工厂、农村、工地和商店，进行实地调查，了解经济情况，取得实际知识。通过调查研究，既可以了解各项统计数字的来龙去脉，了解统计制度方法的贯彻执行情况，并且辨别统计数字的真伪，又可以了解国民经济各方面的情况，特别是国民经济大幅度调整中出现的新情况、新问题，更好地发挥统计工作的服务和监督作用。根据当时党政领导的工作重心，会议特别提出要针对下述问题开展调查研究：1. 农业生产情况，包括农产量、耕地、水利灌溉、劳动力、牲畜、中小农具、肥料、种子等情况和支援农业的情况；2. 市场物价情况和物价变动对不同收入水平的职工生活的影响问题；3. 精简职工和调整工业企业工作的进行情况。

1963年2月召开的全国统计工作会议要求各级统计部门在做好各项年度和定期统计数字工作的同时，还要大力开展调查研究工作，继续反映国民经济调整、巩固、充实、提高的情况。重点是围绕党中央关于农村人民公社各项政策的执行情况，经常反映调动农民生产积极性，发展集体经济方面的情况；反映在人力、物力、财力等方面支援农村的情况、问题和效果；加强短线原料、材料工业和主要工业产品品种、质量的调查统计工作；经常研究和反映轻纺、手工业产品的产、供、销情况，特别是以重工业品为原料的以及与城乡人民生活关系重大的主要日用工业品的生产和分配情况；反映农产品收购价格及消费品和农业生产资料零售价格的变化情况；反映调整职工工资的情况和增产节约、精简职工的情况，并要求省以上的综合统计部门应加强对国民经济主要比例关系的综合平衡研究。

1964年，刘少奇指出，各级领导机关、领导干部必须把深入实际、深入群众蹲点调查，作为了解情况，指导工作的主要方法。1964年8月召开的全国统计工作会议，根据中央工作会议精神和刘少奇的指示精神，再次号召各级统计部门要坚决改变工作作风，深入实际、深入群众大搞调查研究。会议指出：统计部门过去报表搞得多了，典型调查搞得少了，而且轻易发报表成为一种习惯势力，对于深入实际、深入群众蹲点调查存在一种畏难情绪。会议要求认真讨论这一问题，要使统计工作不仅反映一般经济现象的平均数，而且要反映新事物、新问题，反映生产关系对生产力的影响，人的主观能动作用，先进与落后典型及其先进或落后原因等等，除了做好必要的全面统计外，还必须围绕阶级斗争、生产斗争和科学试验三大革命运动，根据党的方针政策，深入实际、深入群众蹲点调查，了解国民经济各个方面的实际情况，特别是新情况、新问题，并提出有情况、有分析、有建议的调查报告。会议指出：统计部门蹲点调查，不仅是为了掌握第一手资料，了解具体的经济情况和统计工作情况；而且也是为了克服官僚主义，克服单凭报表了解情况的工作作风，特别是各级统计部门在精简了全面统计报表后，更有必要和可能组织统计干部多搞蹲点调查，大兴调查研究之风。会议号召各级统计部门的负责同志，要身体力行，有计划地亲自带队去搞调查研究。要求各省市统计局长、中等市的统计局长和各部门的统计负责同志，每年要下去蹲点调查四个月以上，并且通过调查要提出一个关于经济问题的调查报告和一个关于统计工作问题的调查报告。

1965年2月，国家统计局在给各地区、各部门统计机构的“关于统计工作必须彻底革命化”的一封信中指出：统计革命就是要彻底克服统计工作脱离实际、脱离群众的主观主义、教条主义、官僚主义，建立起以毛泽东思想为指针的适合我国国情的统计工作。完成这一革命的基本方法是深入实际、深入群众进行调查研究，特别是蹲点调查，即组织相当多的力量，带着统计革命所需要解决的问题和毛泽东、党中央有关调查研究的指示，到农村和城市的一些基层单位去蹲点。蹲点调查是当前转变统计部门思想作风和工作作风的革命措施。这封信还指出，1965年的工作重点是报表革命，但是也要适当地开展经济调查和分析研究工作，还要抓好季度、半年和年度的分析报告和重大问题的调查。有些统计部门完成上述任务后，若还有余力也应多作一些经济调查，更好地为各级党政领导服务。

在党中央“大兴调查研究之风”的影响下，各级统计部门也作了一些有关业务问题和经济问题的调查研究，写出了一批有数据、有情况、有分析、有观点的调查报告，对党政领导了解情况、编制计划、制定政策和检查政策的执行情况起了一定的作用。但是，从全局看，还有许多统计部门仍然把调查研究视为软任务，完成统计报表才算硬任务。

第五节 “主辅之争”与香山会议

1960年7月，中央转发国家统计局党组的报告，提出要切实精简报表。国家统计局根据批示提出了“主辅”方针，并在统计系统内引起了争论。1966年香山会议①召开，明确了统计工作革命化的道路。

“主辅”之争的三个阶段

第一阶段：1961年下半年至1964年上半年，统计部门对“主辅方针”的态度从认可到疑虑，有过争论，但从未产生大的矛盾。

1960年7月，中央对《关于精简统计报表的情况报告》作出重要批示，要求各部门各单位要“以深入实际深入群众进行调查研究为主，而以必要的报表为辅，而且统计报表必须实事求是，反对任何浮夸虚报。”

根据中央批示，国家统计局领导提出要“以深入实际深入群众进行调查研究为主，而以必要的报表为辅”作为统计工作的根本方针，简称“主辅”方针。关于这一方针，国家统计局内部出现了两种理解。一种是将中央的“主辅”批示作为改进统计工作的方针，理解为尽可能多做调查研究，尽可

① 1966年4月13日—5月16日，全国统计工作会议在北京香山饭店召开，史称香山会议。

能少发报表。另一种是提出了一个与“主辅”方针不相符的口号,即“典型调查大家搞,统计报表一家搞”。

中共中央在作了“主辅”批示后,于1961、1962年批转了国家计委《关于改进计划工作的几项规定》,并发布了《关于加强统计工作的决定》,强调统计部门要及时提供全面准确的统计数字。因此,国家统计局在1963年对“主辅”问题作出总结:“统计部门是搜集全面统计资料的专业机关,统计人员在搜集全面统计资料的时候,也必须深入实际深入群众,使这些资料的搜集,建立在深入调查研究的基础上,同时也必须切实精简报表。但是,如果认为统计部门是以搜集典型调查资料为主,以搜集全面统计资料为辅,这实际上就是模糊了统计专业机关的基本任务。”

在国民经济调整和大兴调查研究之风的背景下,国家统计局为适应客观形势的需要,增加了地方统计部门的统计任务。同时,由于各地统计工作发展不平衡,少数地方统计机构不健全,统计人员不足,统计任务与统计力量的矛盾较突出,因此部分地区没有执行“主辅”方针。

第二阶段:1964年下半年—1965年上半年,“主辅方针”重新引起争论,并趋于激化。

1964年8月25日,国家统计局在大连云山宾馆召开了全国统计工作会议。会议在“主辅方针”问题上产生了激烈争论,西南组、华东组、中南组、西北组批评《十三年来我国统计工作经验总结》中否定“主辅方针”。时任国家统计局领导在作会议总结时,提出了自己对如何贯彻执行中央“主辅方针”的理解:搞典型调查,还要结合统计部门的工作特点，最好同全面调查结合起来，这样便具有更大的说服力，发挥更大的作用。

1964年9月21日，李富春在全国计划会议上，明确指出要以调查研究为主来办统计。

1964年12月7日，刘少奇就河北省公社干部反映的农村报表和调查提纲太多，占用人力物力，影响集体生产的问题，致信周恩来，要求国务院组织有关部门进行一次认真的调查，明确规定“只填报哪几种表报，其他一律不填”，以彻底杜绝农村统计报表过多过繁的问题。周恩来复信刘少奇，表达了国务院对这一想法的支持。

1965年3月1日，国家统计局召开全局学习《实践论》的大会，对“以全面统计为主”的思想提出了批评，彻底揭开了遮掩的“面纱”，“主辅”之争全面公开化。

第三阶段：1965年7月—12月，“主辅”之争越发尖锐激烈。1965年6月，国家统计局曾多次召开会议讨论是否坚持“主辅”方针，怎样坚持“主辅”方针，但仍然未得出统一的结论。1965年12月25日，李富春决定成立领导小组进行整风。

“主辅”之争双方的主要观点

统计系统内对“主辅”之争存在着三种不同的看法。

第一种，统计部门要以典型调查为主，以必要的报表为辅，作为统计工作的根本方针。他们强调：

一是中央“主辅”批示，完全符合毛泽东思想。中国共产党和毛泽东同志一贯强调深入实际、深入群众搞调查研究，早期即提出“没有调查，没有发言权”的著名论断。毛泽东同志明确提出，“要了解情况，唯一的方法是向社会作调查，……有计划地抓住几个城市、几个乡村，……做几次周密的调查，乃是了解情况的最基本的方法。”[①]中国革命之所以成功，一个决定性的原因就是我党一贯强调深入调查研究，主张一切从实际出发，因而能够提出马列主义与中国具体实际相结合的正确战略、策略，否则，不可能取得成功。

二是统计部门和统计干部，有一种脱离实际、脱离群众的倾向，只有下去实地调查研究，才能有效地克服这种倾向。

三是当前统计报表已经过多过乱，把典型调查放在“主”的地位，把必要的报表放在“辅”的地位，有利于精简报表。在这种情况下，强调全面统计为主，不利于解决报表多乱的问题。

四是中央的“主辅”批示，恰好批在国家统计局党组报告上，统计部门更应该执行。

第二种，统计部门要以全面统计为主，调查统计方法则可以多种方法结合运用。

一是关于“主辅”批示对统计部门的意义。为了改进思想和工作作风，必须深入工厂、公社等社会基层单位去作实地调查研究，但是不能把中央对各部门改进思想作风和工作方法的一般指示，理解为统计工作的特殊任务。

二是关于统计工作任务。统计是计划的依据，是计划的基础，没有全面正确的统计，就没有全面正确的计划。每

① 《毛泽东农村调查文集》，人民出版社，1982 年版，第 15 页。

一个部门都有自己的特殊任务，统计部门的任务，是及时提供准确的统计资料，为政治斗争，为生产服务，为国家计划服务，国家计划是全面的，统计资料也必须是全面的，靠典型资料编制计划是不行的。

三是关于统计调查方法。各级统计部门不仅要善于搞全面统计，而且要学会运用全面统计、重点调查、典型调查相结合的方法。

在主张全面统计为主的人当中，有部分承认统计任务与统计方法有区别，认为全面统计为主，并不一定必须要以全面统计报表为主，通过抽样调查也可以取得全面资料。但也有部分人认为全面调查与典型调查之间虽然有区别，但有密切的联系，许多情况下不通过全面统计报表，就难以取得分地区、分部门的全面统计资料，因而主张在调查方法上也要以全面统计报表为主。

第三种，同意将“主辅”批示作为统计工作的根本方针，但对调查研究的含义另有具体解释。

一是中央“主辅”批示应作为统计工作的根本方法，统计部门应当贯彻执行。

二是中央指示要以调查研究为主，不可解释为典型调查为主。调查研究的内容不仅要对国民经济情况进行调查研究，而且也要对统计工作调查研究，包括统计指标体系的设计，统计计算方法和报表制度的制定，以及统计方法制度执行中是否符合实际情况，下面报送的统计数字质量是否可靠等方面的调查研究。必要的报表为辅的内容，仅指在办公室进行催报，查询、汇总计算的工作。

三是统计部门的任务，不能因为强调调查研究，改进工作作风而有所转变，任务还是应该以提供全面资料为主，至于统计方法，应视具体任务、具体情况而定。

统计工作革命化与香山会议

香山会议的主要目的是要用毛泽东思想重新检查统计工作，解决统计工作的方针、任务、道路等问题，实现统计工作革命化。主要内容是学习中央"主辅"批示及有关领导同志指示，结合统计工作实际情况，总结错误，明确统计工作革命化的方向、道路。会议提出：

一、在我国统计工作的领域中，无产阶级思想同资产阶级思想的斗争是长期且相当激烈的。不执行中央的"主辅"方针，不遵循毛泽东思想，这是无产阶级与资产阶级斗争在调查统计战线上的反映。

二、必须深入贯彻"主辅"方针。在全面调查与典型调查之间，应以典型调查为主，特别是农业统计，更应该以百分之八、九十的力量去作典型调查。统计工作要想正确反映实际情况，必须深入实际进行调查研究。

三、批判了国家统计局部分领导过分强调垂直领导和监督检查，向党争权，把统计系统变成了独立王国。

四、要用一分为二的方式处理问题，批判了几种形而上学的观点：不承认全面统计为主，就认为可以不要全面统计，不要定期报表；承认还需要定期统计报表，进行全面统计，那么全面统计为主的思想就是正确的，不能批评；过分强调垂直领导和监督检查,就可以取消统计机关,可以取消上下级关系之间的业务指导,可以不坚持真理。

五、提出统计工作也是“文化大革命”的组成部分,应当站稳立场。干革命要有雄心壮志,敢于克服困难,悲观失望情绪是完全不可取的。

第六节 统计工作在“文化大革命”后期恢复

1966 年开始的“文化大革命”使统计工作遭到严重的破坏。中央党政机关干部纷纷下放“五七干校”,绝大多数统计机构被撤销,人员被解散,大量统计资料被销毁。国家统计局于 1969 年底并入国家计委,仅留 14 名干部承担各项统计任务,1970 年 6 月,国家统计局被撤销,在国家计委下设统计组,1972 年后统计系统力量陆续增强,但总人数也只有 24 名。

在“文化大革命”中,各级统计人员同广大工人、农民、干部一样,一直同“左”倾错误和林彪集团、“四人帮”进行着艰难曲折的斗争,在这十年中,仍然收集和保留了许多重要的统计资料。特别是在“文化大革命”中后期,在周恩来的关怀和广大统计人员的努力下,统计工作缓慢恢复,为国家全面总结“三五”计划情况和安排“四五”计划,提供了重要依据。

“文化大革命”对统计工作的破坏

历时十年的“文化大革命”,给全国统计工作造成空前灾难。首先,全面否定了“文革”前十七年的统计工作:“文化大革命”前的统计工作被说成是“整个十七年推行了一条反革命修正主义路线”;“一垂三统”的统计管理体制被诬为搞“条条专政”“闹独立王国”;统计监督被诬为“不要党的领导”,是“对党委闹独立性”;搞全面统计被说成是“报表挂帅”,等等。其次,撤并统计机构,下放统计人员。在“精简”的名义下,国家统计局被撤销,机关中只留14人在国家计委生产组内从事统计工作。国家统计局所属农产量调查总队及其省、市、自治区分队,在“文化大革命”一开始就被说成是“独立王国”“不相信地方党委领导”的“铁证”,于1967年春就已被明令撤销,人员由地方安置。在统计机构被撤并

★20世纪70年代,国家统计局部分职工在襄阳“五七干校”合影

之后，除少部分人被留下继续工作外，大部分统计干部于1969年前后被送到“五七干校”和农村插队进行“劳动改造”“接受再教育”。随着统计机构的撤并，全国统计人员大量减少，据1976年末的统计，全国县以上统计人员仅有7800人，比“文化大革命”前的1965年减少了63%。再次，大量统计资料被销毁。1969年10月在林彪签发“第一号令”的推动下，烧了一些不应该销毁的统计资料。包括一部分宝贵的、基层单位的详细资料，一些应该保存下来的统计历史文件。此外，统计理论研究工作和统计教育工作受到严重摧残。

统计理论研究与统计教材的编写工作，受到严重的冲击而陷于停顿。

周恩来的指示和国家计委恢复统计工作的通知

面对全国统计机构瘫痪、人员解散、国家基本统计制度中断、原有统计资料被销毁的境况，1970年4月，周恩来明确指示：“统计工作不能取消，统计机构还要有，基本统计还要搞，但不搞烦琐哲学。”国家计委根据周恩来的这一重要指示，于1970年5月14日发出《关于建立统计报表制度的通知》，要求自当年5月份开始恢复工业、农业、基本建设、职工人数和工资总额、社会商品零售额、工业财务成本和物资定期统计报表制度。《通知》要求各省、市、区和各部根据掌握的统计资料，补报1967—1969年的统计资料。

同年12月4日，国家计委又发出了《关于认真做好国民经济基本统计年报工作的通知》,正式下达了“国民经济基本统计年报制度”。同时规定自1971年起,国民经济各部门定期报表制度仍按5月14日的《通知》执行。

年报工作的《通知》,为掌握“三五”时期最后一个年度的数字和编制“四五”计划提供了依据,也为“四五”时期定期报表制度的逐步走上正轨打下了基础。

国家计委召开全国统计工作会议

1971年8月20日—9月22日,国家计委召开了全国统计工作会议。

会议组织学习了毛泽东的有关指示和毛泽东批准的《1971年全国计划会议纪要》,着重讨论了以下五个问题:进一步开展革命大批判,狠抓两条路线斗争;为无产阶级政治服务,为三大革命运动服务;加强调查研究,做好基本统计;坚持群众路线,依靠群众办好统计;加强党的领导,建设一支革命化的统计队伍。

这次会议是在我国已经开始第四个五年计划建设的时期召开的,会后批发了《全国统计工作会议纪要》,指出:“在毛主席革命路线指引下,广大统计人员进行大量调查研究工作,提供了很多重要的统计资料,为社会主义革命和社会主义建设做出了积极的贡献。”基本肯定了“文革”前十七年的统计工作,对于恢复统计工作和强化统计基础,起到了积极的促进作用。但此次会议仍坚持革命大批判的方向,尚未摆脱“左”倾错误的影响。

重建统计机构和恢复统计报表制度

“文化大革命”后期，在周恩来的指示下，各级统计机构逐步恢复，统计人员逐步充实。在中央一级，1970 年 7 月国家计委决定在生产组下成立统计组，负责一些全国性的统计工作。在省一级，有些先后恢复统计局（如辽宁、吉林、黑龙江等省），有些先后在计委下建立统计局（如山东、江苏等省），随后一些省辖市和少数地区也陆续恢复了统计机构。随着统计机构的恢复和统计任务的增加，统计人员也有所充实。过去被送到“五七干校”和农村插队的统计干部，除已分配别的工作的，也陆续调回统计机关。但总的看来，统计机构尚未普遍恢复，统计人员远没有达到 1965 年的水平。

同时，根据 1971 年全国统计工作会议关于“加强调查研究，做好基本统计”的精神，国家计委从 1971 年年报开始，正式制定了“国民经济基本统计报表制度”，制度共包含 22 张表，其中，农业 8 张表，涉及农作物播种面积和产量、牲畜头数、农业总产值、粮棉猪超《纲要》情况、农业现代化情况、公社组织和耕地情况、农林牧渔收场情况、公社收益分配；工业交通 5 张表，涉及工业总产值、主要产品产量、工业企业固定资产和流动资金、客货运量、全民工交企业财务成本；基建物资 4 张表，为基建投资、新增能力、大中型项目一览、主要物资消费与库存量；文劳 3 张表，为职工人数与工资、工业企业人员劳动生产率、学校基本情况，财贸 2 张表，为社会商品零售额和主要商品购销存表。此外，还有“大三线”地区主要情况统计表。

从上述情况可以看出,尽管在表种和指标设置上还不够完整,但遭到“文化大革命”破坏的统计工作,终于逐步恢复。

收集和整理“文革”前期缺失的统计数字

1967—1969 年,整个统计机构,统计制度受到严重破坏,全国性的综合统计工作几乎陷入停滞,但仍有若干部门、地区和许多基层单位还在坚持进行统计工作,一个是银行、财政、税收系统;一个是铁道、交通、邮电系统;一个是商业、粮食、外贸系统。其中尤以人民银行各级机构的数字较为完整、准确。作为社会“总簿记”的银行账目,始终没有乱,没有断,这对于以后补上当时的统计数字起了极为重要的作用。至于基层单位,只要生产还在进行,一般都保存了若干原始记录和账表。许多统计人员面对林彪集团、“四人帮”的干扰破坏,仍然采取各种形式进行抵制,坚持工作,积累了基本的统计资料。此外,一些地区的“抓革命、促生产”指挥部为了工作的需要,自己布置了一套报表,收集了相当数量的统计数字,包括每年农产量的数字和工业产值、主要工业产品产量的数字。

1970 年 7 月,统计机构恢复后不久,就抓紧部署对 1967—1969 年全国统计数字的收集和整理工作。经过各级统计人员深入收集和反复核对,到 1971 年底,这三年的主要数据基本补全。各专业数据的补全方法包括:

对于农业统计数字,一方面收集各地区“抓革命、促生产指挥部”积累的产量数字；一方面收集商业部门、粮食部门的农产品收购数字，按国家对各种农产品收购的比例和农民自用自销部分的比例加以估算，然后把两方面的材料进行核对，纠正某些地方夸大的产量数字。此外，还根据各个年度农村集市贸易粮价的涨落情况分析鉴别产量数字的可靠性，得出定案数字。

对于工业统计数字，一方面向地方和企业收集账表和原始记录材料；一方面同银行往来账目、物资部门和商业部门的购销账目以及财政部门收缴利润和税收的材料相互补充、相互核对，尽量纠正由于生产管理混乱、计量不准所造成的数字误差。

对于商业统计数字，由于各个公司、商店的会计工作一般没有中断，在此基础上结合若干业务统计材料加以整理，并同银行往来账目相核对，然后定案。外贸部门的统计比较完整，可靠性较高，一般按当时统计材料定案。

对于基本建设投资数字，首先向各地收集资料，再将这些资料同财政拨款和银行结算的数字相核对，然后定案。

经过各级统计人员和有关人员的艰苦努力，1967—1969年空缺的主要数字基本补全，但有些较细的分组数字或分年数字还存在空白。1970年，国家计委统计组把包括“文化大革命”以来各个年度数字整理编印为《国民经济统计提要(1949—1969)》，报送国务院和周恩来审阅。

统计教育开始局部恢复

1972年以后，随着统计工作在全国范围内的逐步恢复，在“文化大革命”初期遭到严重破坏的统计教育事业也开始局部恢复。部分财经院校统计教授、讲师,除转业者外,由“五七干校”陆续返回原校。由于这时尚未招收统计专业学生,许多老师在校党委的支持下,开办统计专业学习班,或与业务部门配合,共同举办校外统计讲座,对恢复统计工作作出了自己的贡献。

完成1975年统计年报工作

1975年是我国第四个五年计划的最后一年,这一年邓小平主持中央工作,着手对许多方面的工作进行整顿,形势有了明显好转。各级党委和各部门对年报工作都很重视,把完成统计年报,向党中央和国务院报告“四五”期间的重大成果,作为一项政治任务来抓。许多党政领导同志和计划部门领导同志亲自主持年报会议,亲自指示,较好地解决了年报工作所需要的力量问题,使年报工作得以顺利进行。从全国范围看,1975年统计年报工作于1976年3月底基本完成,报送时间比往年大大提前。从统计报表的及时性看,完成年报的时间比往年提前了两个月。从统计数据的正确性看,许多地区和单位的数据质量有了不同程度的提高。

第三章｜统计事业迅速恢复（1978—1992年）

1978年在党和国家发展历程中是一个伟大转折，党的十一届三中全会作出把党和国家工作中心转移到经济建设上来，实行改革开放的历史性决策。在“文化大革命”中受到严重冲击的中国统计事业重回正常轨道。统计部门积极适应国家现代化建设的需要，努力转变统计调查工作方向，不断调整工作机制和模式，进入快速发展阶段。这一时期，统计工作以为社会主义现代化建设服务为着重点，重新确立了我国“统一领导、分级负责”的统计管理体制，成立了国家统计局直属的农村和城市经济调查队，恢复了农产量调查、农村社会经济调查、农民和职工家计调查，正式颁布新中国第一部统计法律，统计调查制度、发布制度迅速恢复并进一步发展完善，统计服务水平显著提高，统计工作社会影响日益扩大，各项统计改革和建设全面推进，为推动统计工作现代化奠定了坚实基础。

第一节　恢复统计工作

“文化大革命”期间，统计工作遭到严重破坏，各级统计机构相继撤销或合并。随着1978年国务院恢复国家统计局,地方各级政府也迅速恢复地方统计部门,各项工作迅速恢复并取得新的发展,新中国统计事业掀开了崭新一页。

恢复国家统计局

1978年2月9日,国务院以通知的形式批转国家计委《关于整顿和加强统计工作的报告》(国发〔1978〕18号),提出:国务院同意将国家计委统计局改为国家统计局,直属国务院,由国家计委代管。各地区、各部门、各单位,健全统计机构,充实统计人员,加强统计队伍的建设。这一批转通知,在中国统计事业发展史上具有重要的历史意义,标志着在"文化大革命"中受到严重冲击的统计工作重回正常轨道,为统计事业的发展壮大奠定了体制机制保障。

国家统计局加快了恢复组建步伐。3月21日,国家统计局发出《关于启用国家统计局印章的通知》;12月13日,中央组织部发出通知,任命陈先为国家统计局党组书记、局长。1981年9月22日,国家编制委员会发出《关于国家统计局机构设置的通知》。这是国家统计局恢复后,国务院第一次批准其机构设置。此时,国家统计局下设10司1室1所1社,共13个司级机构:办公室、工业交通统计司、农业统计司、贸易物价统计司、基本建设统计司、社会统计司、综合统计司、平衡统计司、统计制度方法司、国际统计外事司、人事教育检查司和统计科学研究所、中国统计出版社。

在国家统计局恢复的同时,许多省(区、市)也陆续恢复

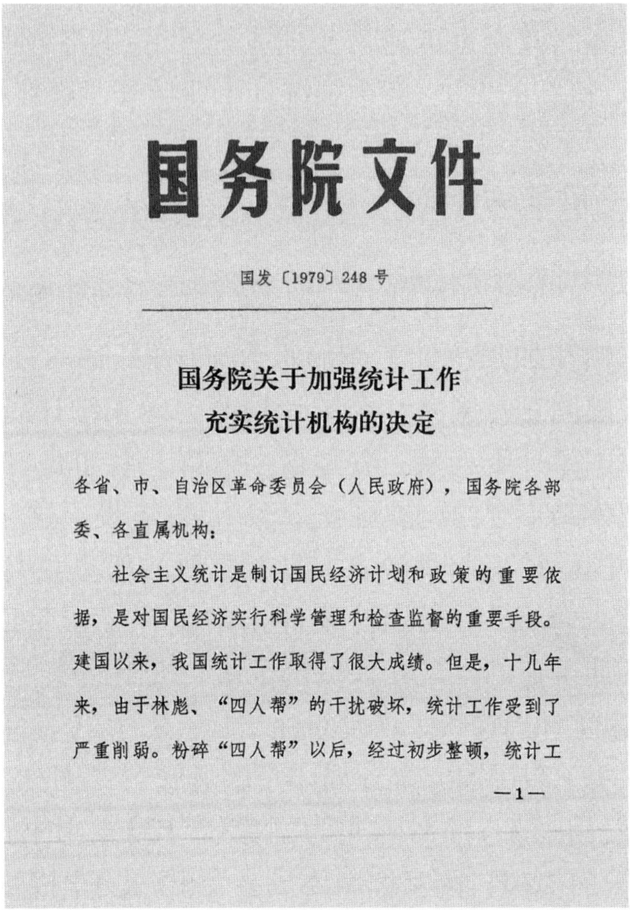
国务院文件

国发〔1979〕248 号

国务院关于加强统计工作
充实统计机构的决定

各省、市、自治区革命委员会（人民政府），国务院各部委、各直属机构：

社会主义统计是制订国民经济计划和政策的重要依据，是对国民经济实行科学管理和检查监督的重要手段。建国以来，我国统计工作取得了很大成绩。但是，十几年来，由于林彪、“四人帮”的干扰破坏，统计工作受到了严重削弱。粉碎“四人帮”以后，经过初步整顿，统计工

—1—

★1979 年 10 月 20 日，国务院印发《关于加强统计工作充实统计机构的决定》

了统计局，成为省级人民政府的组成部分。截至 1980 年 1 月，除西藏外，全国省级统计局全部恢复。1979—1982 年，县以上各级统计机构全面恢复，统计力量不断壮大，统计人员从 1.05 万人增长到 2.7 万余人。随着全国各地统计机构的恢复，全国统计工作逐步走向正常。

在1982年机构精简(改革开放后第一次政府机构改革)中,中央和国务院有关领导先后批示,要求加强统计机构,国家统计局增加了1个司级机构(即人口统计司),内设司级机构达14个。

在1988年进行的改革开放后第二次政府机构改革中,国家统计局机构编制进一步增强。当年8月,国家机构编制委员会印发国家统计局"三定"方案。改革后,国家统计局共有内设司级机构26个,其中行政机构16个,司级事业单位10个。

国务院作出《关于加强统计工作充实统计机构的决定》

1979年10月20日,国务院发布《关于加强统计工作充实统计机构的决定》(国发〔1979〕248号),指出:社会主义统计是制定国民经济计划和政策的重要依据,是对国民经济实行科学管理和检查监督的重要手段;必须建立起一个强有力的统计系统,实行统一领导、分级管理的体制;国家统计局是国务院的工作部门,负责领导全国的统计工作;全国性的统计任务、制度、方法,由国家统计局统一制订,各地区、各部门、各单位都必须严格执行。这是党的十一届三中全会以来,为加强统计工作出台的一份重要文件,标志着我国统一领导、分级负责的统计管理体制重新恢复。

《决定》继承和恢复了1953年政务院发布的《关于充实统计机构加强统计工作的决定》精神和主要内容,并重新对统计工作的任务、体制,统计部门的组织机构、人员编制,以及统计队伍建设等重要问题作了明确规定,为在全国范围内有组织、有领导地建立统一的、系统的、科学的统计工作制度打下坚实基础,大大推动了统计工作的恢复和发展。后来,1983 年的《中华人民共和国统计法》第四条从法律上对统计管理体制进行了明确:“国家建立集中统一的统计系统,实行统一领导、分级负责的统计管理体制。”

国家统计局恢复后召开首次全国统计局长会议

1979 年 3 月,国家统计局在北京召开全国统计局长会议,这是国家统计局恢复后的首次全国统计局长会议。国家统计局局长陈先在会上提出两项重点任务:一是提出把统计工作的着重点转移到为社会主义现代化建设服务上来的指导方针;二是拨乱反正,澄清是非,落实干部政策。国务院副总理余秋里接见会议代表并讲话。

此次会议对统计工作历史上遗留下来的两个重要问题进行了讨论,一是如何评价 1966 年香山全国统计工作会议提出的论点;二是如何对待 1970 年国家计委《关于建立统计报表制度的通知》中对“文化大革命”前十七年的统计工作的否定以及 1971 年《全国统计工作会议纪要》对全面统计报表制度的否定。会议认为,香山会议的论点和做法是错误的,应当推倒;对新中国成立以来统计工作的成绩进行了肯定,统一了对统计工作历史上遗留问题的认识,并决定着手纠正统计队伍中的冤假错案。

会议认为,粉碎“四人帮”以来,我国国民经济的恢复和发展取得很大成效。各级领导正在有计划地把工作重点转到经济工作上来,对统计工作提出越来越高、越来越多的要求。面对这一新情况,统计部门要在各级党政领导下,根据社会主义现代化建设的需要,不断研究新情况和新问题,改进和提高统计工作,准确、及时、全面、系统地为“四化”提供统计资料。

对于统计工作的着重点如何转移到为社会主义现代化建设服务上来,本次统计局长会议进行了专门讨论。要求从六个方面加以改进:一是统计部门的领导精力,要从目前主要抓好统计报表、搞准统计数字的基础上,逐步做到着重抓经济的分析研究。二是统计资料,要从目前主要反映生产建设进度,逐步做到更全面地反映计划执行情况,反映经济效果和比例关系。三是统计内容和指标,要努力加以改进,逐步形成一套能够更好地反映社会主义现代化建设要求的科学的指标体系。四是统计方法,要从目前基本上靠全面统计报表一种方法,逐步做到多种方法互相结合,灵活运用。五是统计资料的收集,要在进一步做好国内资料收集工作的同时,逐步加强国外统计资料的收集整理工作。六是计算工具,要从目前基本上靠手工计算,逐步做到处理大量数据主要用电子计算机计算。这六个方面对当时统计工作的恢复和改进起到了很大推动作用。

1979年4月4日,《人民日报》专门为这次会议发表了社论,题为《充分发挥统计监督作用》,指出:“随着最近召开的全国省、市、自治区统计局长会议精神的传达和贯彻,我国统计工作将会出现一个崭新的局面”“我们一定要牢记：经济越发达越要重视统计”。

恢复中断18年之久的统计公报制度

1979年6月27日，经国务院批准，国家统计局发布了《关于1978年国民经济计划执行结果的公报》，中断18年之久按年发布统计公报的制度恢复。这份公报包括工业、农业、基本建设、交通邮电、国内商业、对外贸易、劳动工资、科学技术教育文化、卫生体育、人口等10项主要内容，构成此后年度国民经济发展情况公报的基本框架。

年度统计公报是国家统计局对过去一年全国社会经济发展情况进行的一次正式发布，权威性很强。从1979年开始，国家统计局通过媒体向全社会公开发布上年度统计公报。1986年以来，年度统计公报基本于每年2月底发布。

每年统计公报在基本框架保持不变的情况下，根据当时的经济社会发展情况，形式和内容都有一定调整。从公报的名称来看，1978—1983年为关于国民经济（和社会发展）计划执行结果的公报，1984年及之后公报名称中去掉了“计划”二字，改为国民经济和社会发展（情况）统计公报。公报的呈现方式逐步丰富，1978—2000年，公报中的数据资料仅仅以文字形式罗列；从2001年开始，将数据资料以附表形式展现出来；从2002年开始，不仅用表，也开始用图，让读者更加形象地感受我国经济社会的发展变化。在内容上也发生了重要变化。《关于1978年国民经济计划执行结果的公报》开篇第一部分是农业,从1981年开始,工业排在了农业之前,农业退居第二。1994年加入了环境保护的内容,并于2003年独立为资源与环境部分,体现了对可持续发展的重视。一个最重要的变化是,从1997年起,公报增加了综合部分,用最重要的几个统计指标高度概括我国社会经济运行总体情况,主要是国内生产总值、消费价格、就业问题和国际收支四大方面。2000年又加入了财政收入。公众在阅读公报的第一时间就能从这几个最主要方面把握一年来我国经济社会发展的走势。

国务院发布《统计干部技术职称暂行规定》

为充分调动广大统计干部的积极性,鼓励统计干部热爱本职工作,积极钻研业务,提高统计工作的科学水平,使统计工作更好地适应社会主义现代化建设的需要,1980年5月,国务院批准发布《统计干部技术职称暂行规定》(国发〔1980〕125号)。统计干部的技术职称定为:高级统计师、统计师、助理统计师、统计员。确定和晋升统计干部的技术职称,必须经过考核。按《暂行规定》标准,有步骤地给符合条件的统计干部评定恰当的技术职称,是统计部门的一件大事,充分体现了党和政府对统计工作的重视和关怀,对奋斗在全国各地上百万的统计干部是巨大的鼓舞和鞭策。

1980年6月,国家统计局发布《关于做好评定统计干部技术职称工作的几点意见》,对统计干部技术职称评定工作进行具体指导和部署,要求各地组建评审组织,进行试点,组织经验交流，积极稳妥推进这项工作。

1986年4月，经中央职称改革领导小组同意，国家统计局印发《统计专业职务试行条例》及其实施意见，建立统计专业职务聘任制度。统计专业职务的名称定为：高级统计师、统计师、助理统计师、统计员。高级统计师为高级职务；统计师为中级职务；助理统计师、统计员为初级职务。

第二节　颁布实施《中华人民共和国统计法》

1983年，新中国第一部统计法律《中华人民共和国统计法》颁布，统计工作从此步入法治轨道，并逐步形成我国日趋完善的统计法律制度体系。随着统计执法检查和统计普法活动的开展，全社会统计法律意识不断增强，为依法统计创造了良好的社会环境。

全国人大常委会审议通过《中华人民共和国统计法》

1983年12月8日，第六届全国人民代表大会常务委员会第三次会议通过《中华人民共和国统计法》，以中华人民共和国主席令第九号公布，自1984年1月1日起施行。这是新中国第一部统计法律，从此结束了统计工作无法可依的局面，标志着我国统计工作从此步入法治轨道。《人民日报》12月12日发表社论，题为“认真实施《统计法》”，指出：“这是加强我国的统计工作，促进统计工作现代化的一项重大措施。它的实施，必将对我国社会主义现代化建设事业产生积极的作用。”

★新中国第一部统计法律——《中华人民共和国统计法》

1983年颁布的《统计法》共6章28条，总则明确统计的基本任务是对国民经济和社会发展情况进行统计调查、统计分析，提供统计资料，实行统计监督；主体部分对统计调查计划和统计制度、统计资料的管理和公布、统计机构和统计人员、法律责任进行了规定;附则要求国家统计局根据本法制定实施细则,报国务院批准施行。

《统计法》的起草、酝酿,始于1980年的全国统计局长会议。当时会议着重讨论了三个问题:一是如何加强和改革统计工作,二是讨论《中华人民共和国统计法》(草稿),三是部署1981年统计工作。1981年8月,国家统计局在上报国务院《关于加强和改革统计工作的报告》中提出要积极草拟统计法规,指出:为了使统计工作做到有法可依,明确国家机关、群众团体、企业事业单位、人民公社和公民在统计方面的权利和义务,保障统计人员行使职责,保证统计数据的准确性和及时性,必须在加强社会主义法制中,制订统计法或统计条例。当年,草拟了《中华人民共和国统计法》(征求意见稿)。

作为统计的根本大法,《统计法》总结了新中国成立以来正反两方面的经验和教训,将历年来的重要文件和规章、法规中关于统计体制、统计调查、统计资料的管理和公布等方面的规定,以法律形式固定下来,对统计的基本任务、统计管理体制、统计工作现代化、统计资料的管理和公布、统计机构和统计人员的职权范围和法律责任等一系列重要问题都作了明确规定,为统计工作在法律框架下规范、有序、透明、高效运行奠定了制度基础。

《统计法》颁布后,为了广泛深入、持续推进《统计法》的宣传和贯彻落实工作。国家统计局于1983年底至1984年初连续发出4个通知,对宣传、贯彻和执行《统计法》提出要求。1984 年 1 月 1 日,国家统计局局长李成瑞就《统计法》实施答新华社记者问。

在中国统计法治史上,国家统计局政策法规司的设立具有重要的历史意义。1988 年 8 月 10 日,国家机构编制委员会印发《国家统计局“三定”方案》,明确国家统计局设立政策法规司,负责统计法规的制订、修改、宣传贯彻和检查监督等工作。中国统计法律法规体系不断完善,规范、引导、保障和推动统计事业健康发展,为中国统计事业发展保驾护航。

国务院批准《统计法实施细则》

1987 年 1 月 19 日,国务院批准《中华人民共和国统计法实施细则》,由国家统计局发布实施,2 月 15 日起施行。作为与《统计法》相配套的行政法规,《统计法实施细则》的发布实施,对于进一步贯彻执行《统计法》,提高统计数据质量,加大统计执法检查力度,具有十分重大的意义和作用。

《统计法实施细则》共 6 章 35 条,细化了《统计法》有关条款,对各级统计机构和统计人员依法独立行使统计调查权、统计报告权、统计监督权作出了明确规定,对国家统计调查、部门统计调查、地方统计调查的分工作出了明确规定,特别是在第五章中列明了奖励与处罚的具体条款。细化完善了统计法律制度的内容,推动统计工作各环节、各方面更加制度化、规范化,充分体现了依法治国、依法行政的基本要求,为推进依法统计、依法治统提供了具体指导。

《统计法》和《统计法实施细则》颁布之后，统计法治化步伐加快。1988 年 11 月，国家统计局发布《统计法规检查暂行规定》《统计违法案件通告制度》和《统计检查特派员委派办法》。与此同时，国务院 30 多个部门也制定了统计规章，各省（区、市）相继制定了一批统计地方性法规和政府规章。1988 年 5 月，贵州省第七届人民代表大会常务委员会第二次会议通过《贵州省统计管理试行条例》，这是《统计法》颁布以来通过的第一部地方性统计法规。之后，我国 31 个省（区、市）均出台了地方性统计法规，成为我国统计法律体系的重要组成部分。由此，我国形成了一个由统计法律、统计行政法规、统计地方性法规和统计部门规章、统计地方政府规章所组成的，全面规范统计工作各个环节和各个方面的统计法律体系，编织起了一个比较严密的统计法网，为科学有效地开展统计工作、推动统计改革和建设奠定了坚实的法治基础。

国家统计局开展全国统计执法检查

法律的生命在于执行。《统计法》为人们进行统计活动提供了明确规范，解决了无法可依的问题。但由于我国统计法治观念基础差，违反《统计法》的现象屡有发生。1985 年 11 月，国家统计局发出《关于认真检查〈统计法〉贯彻执行情况的通知》，决定在 1985 年冬—1986 年春，结合年报工作，进行一次《统计法》贯彻执行情况的大检查。这是首次全国统计执法大检查。

本次执法检查的组织工作，按基层单位的隶属关系进行，采取单位自查和上级领导机关抽查相结合，以本单位自查为主的检查方法。检查内容重点集中在四个方面：一是有无虚报、瞒报、伪造、篡改、拒报或者屡次迟报统计资料和授意统计人员弄虚作假，对检举、揭发人员进行打击报复的行为。二是有无滥发统计报表和不经批准自行公布属国家机密统计数字的行为。三是已经揭发出的违反《统计法》的案件，是否得到妥善处理。四是统计机构、统计核算制度是否健全，有无非法撤销县级以上独立的统计机构和乡镇统计人员等问题。

按照《通知》要求，检查工作结束后，各级统计部门要在1986年第一季度内对检查工作作出总结报告，报送同级人大常委会、人民政府，并抄送上级统计局。各省、自治区、直辖市及实行计划单列的省辖市统计局和国务院各部门的检查总结，于3月底前报国家统计局。全国检查工作情况，由国家统计局负责向全国人大常委会和国务院报告。

统计执法大检查有利于提高《统计法》的权威，增强全社会的统计法制意识，推动了《统计法》的贯彻实施。

三部门联合开展统计法规执行情况大检查

为了进一步贯彻落实《统计法》，制止和纠正统计违法行为，1989年1月，国家统计局、国务院法制局、监察部联合发出《关于开展统计法规执行情况大检查的通知》，决定1989年第二季度在全国范围内开展统计法规执行情况大检查。国务院对这次大检查工作十分重视，成立了以国务院副秘书长白美清为组长的全国统计法规执行情况大检查领导小组。

3 月 30 日，国家统计局、国务院法制局、监察部联合召开全国统计法规执行情况大检查电话会议，拉开了此次统计法规执行情况大检查的大幕。这次全国统计执法大检查，从 3 月底部署，到 10 月末结束，历时 7 个多月，共查出统计违法行为 5.1 万多起，处理统计违法案件 2.7 万多件。这次执法检查活动由多个部门共同实施，组织规格高、规模大、涉及面广、影响大，对于推动《统计法》贯彻实施发挥了重要作用。各地区、各部门在这次执法检查活动中也进行了自查、互查。

在统计法治历史上，1989 年还发生了全国第一例统计行政复议案件和全国第一例强制执行的统计违法案件。11 月 5 日，湖南省澧县统计局决定对虚报产值的城关医药化工厂处以罚款，该厂不服，向常德市统计局申请行政复议。12 月 2 日，湖南省衡南县统计局对衡南县机械厂统计违法行为处以罚款，该厂拒不缴纳；25 日，衡南县统计局向县人民法院申请强制执行，法院予以受理并决定执行。

统计法律法规制度的不断完善，执法力度的不断加大和普法宣传的纵深推进，增强了各级领导干部对《统计法》的敬畏意识，增强了各级统计人员依法统计、搞准数据的责任意识、担当意识。随着依法治国、依法行政的逐步推进，统计部门不断转变执法理念，创新执法方式，规范执法行为，统计执法工作日益走上经常化、制度化轨道，在维护统计工作秩序方面发挥着越来越重要的作用。

第三节　确立统计三大职能

党的十一届三中全会以后,我国进入了改革开放和社会主义现代化建设新时期。统计工作摆脱了“文化大革命”的严重影响,开始走上了新的发展道路,逐步确立了信息、咨询、监督三大职能。

统计信息、咨询、监督职能的形成与发展

信息职能是统计最基本的职能。新中国统计建立之初,从国家计划管理体制的需要出发,为计划的制定搜集和提供统计信息,就成为了统计部门的基本职能和根本任务。改革开放后,随着统计工作现代化步伐的加快,统计信息职能更加凸显。1984年1月6日,国务院作出《关于加强统计工作的决定》(国发〔1984〕7号),指出“统计信息所反映的是国民经济和社会发展的总体情况,是社会经济信息的主体。统计工作现代化,是整个信息工作现代化的重点之一”,明确了统计信息在社会经济信息中的主体地位。

统计的咨询功能是随着统计观念的转变而逐渐形成的。党的十一届三中全会之后,我国统计体制发生深刻变革。党和政府的宏观决策和管理,以及企业的经营管理和国内外社会公众,都对统计工作提出了新的需求,这就客观

★1984 年 9 月，全国统计工作会议在天津召开

要求统计必须解放思想，从封闭走向开放。1984 年 9 月全国统计工作会议指出统计工作必须实现“五个转变”，提出大办“开放式”统计，统计服务要由“封闭式”转变为“开放式”，准确地、及时地向各方面提供丰富的、多种多样的统计信息，为全社会服务，为全面进行统计工作改革创立了一个良好开端。1985 年 5 月 21 日，国家统计局在北京召开全国统计改革座谈会，会上提出“两结合、两为主”的思想，即“统计要为党政领导决策服务和为社会公众服务相结合，以为党政领导服务为主；无偿服务和有偿服务相结合，以无偿服务为主”，并提出了参与决策的目标。1986 年 2 月召开的全国统计工作会议又全面阐述了“开放式”统计与“五个转变”的关系，把“开放式”统计更加理论化、科学化。1987 年 2 月的全国统计局长会议进一步研究了统计发展战略问题，设想将统计部门建设成数据库、信息库、思想库、智囊库，并提

出要把统计部门建设成为社会经济信息的主体部门。统计咨询职能的目的任务和主要内涵不断丰富和完善。

关于统计监督职能,早在 1952 年,朱德就提出统计工作者“要担负起监督作用”“负责监督检查各种计划的完成情况”。1953 年,国务院《关于充实统计机构、加强统计工作的决定》提出,“必须加强各级政府及各业务部门的统计机构和统计工作,使统计工作能适应大规模经济建设的需要,逐步发挥统计工作在经济建设中的监督作用”。改革开放后,国务院在五届人大四次会议上的《政府工作报告》和六届人大一次会议上的《政府工作报告》中,两次把统计列为监督部门,要求加强、发挥统计监督作用,引导地方、部门和企业的经济活动朝着正确的方向发展,保证国家计划任务的实现。1983 年《统计法》规定“统计的基本任务是对国民经济和社会发展情况进行统计调查、统计分析,提供统计资料,实行统计监督”,在法律层面对统计职能予以明确和规范。

统计三大职能轮廓逐步清晰

1988 年《全国统计改革和统计现代化建设规划纲要》明确提出要建设全国强有力的、集中统一的具有信息、咨询、监督等多种功能的智力型机构的现代化统计系统的目标。随后,1988 年《国家统计局“三定”方案》对此职能定位予以确认:国家统计局应建设成为社会经济信息的主体部门,成为促进现代化的国家统计和国民经济核算的中心,成为强有力的国家统计监督机构和重要的咨询机构。为此,国家统计局在转变职能中需要逐步强化，从着重经济统计转变为全面组织经济、社会、科技统计工作，从着重全民所有制统计转变为全面组织各种经济成分的统计调查工作，从着重生产型统计转变为生产经营型统计，从着重实物量统计转变为价值量和实物量统计并重。

1989 年 4 月召开的全国统计工作会议提出了强化统计监督的具体任务，完善了统计的整体功能，为统计三大职能向科学化、系统化、理论化升华奠定了基础。

同年 8 月，国务院批准了国家统计局《关于加强统计工作充分发挥统计监督作用的报告》，明确指出要“深化统计体制改革，切实加强对统计工作的集中统一领导，进一步把统计部门建设成为社会经济信息的主体部门和国民经济核算的中心，成为国家重要的咨询和监督机构”。这是在总结和概括新中国成立后特别是改革开放以来的统计实践经验，并借鉴国际先进经验的基础上提出的，它既简洁明了地规定了统计部门的基本职能，明确了我国统计改革和统计现代化建设的方向，又比较充分地体现了统计工作在现代国家管理系统中的重要地位和作用。至此，统计信息、咨询、监督三大职能的轮廓已基本形成。

提出统计整体功能思想

1990 年 4 月的全国统计工作会议上，国家统计局局长张塞作了题为《充分发挥统计整体功能 为国民经济的持续稳定协调发展服务》的报告，将统计的信息、咨询、监督三大功能作为一个有机整体,提出了统计整体功能的思想。

根据统计整体功能的思想,统计的信息、咨询、监督三大功能是相互作用、相辅相成的。其中,采集和提供信息是统计工作最基本的职能,是保证统计咨询和监督职能得以有效发挥的基本前提;咨询是统计信息职能的延续和深化,是采集信息的目的和信息具体应用的体现;监督是在信息、咨询职能基础上的进一步拓展,监督职能的强化必然对信息和咨询职能提出更高的要求,从而进一步促进统计信息与咨询职能的优化。只有将三种职能凝聚成一个合力,发展其整体效应,才能够体现和发挥统计在现代化国家管理中的重要地位和作用。统计整体功能思想的提出,为之后进一步加快统计现代化改革和建设,奠定了良好的思想基础。

1991年1月的全国统计工作会议再次重点研究了如何进一步提高决策咨询水平,不断强化统计整体功能问题。1月26日,国务院总理李鹏在中南海与全国统计工作会议代表座谈并作了重要讲话。李鹏指出,统计是国家实行科学决策和科学管理的一项重要基础工作,是党、政府和人民认识国情国力、决定国策、制订计划的重要依据,在国家宏观调控和监督体系中,具有非常重要的地位和作用。统计是保证决策民主化、科学化的一个重要方面。李鹏强调,统计工作要从单纯提供信息,发展到向党政机关提供咨询,同时对经济运行状况进行监督,即统计要具有信息、咨询和监督三大职能。统计咨询要定性分析和定量分析相结合,要更多地提出具有定量分析的咨询意见和对策建议,这样对指导整个国民经济发展有很大作用。

此后，统计整体功能作为发挥统计职能作用的目标不断得到强化。1993 年 2 月，全国省(区、市)统计局局长会议在厦门召开，会议确定我国统计改革的指导原则是：以建设有中国特色的社会主义理论为指针，执行“一个中心、两个基本点”的基本路线，发挥统计的信息、咨询、监督的整体功能。1994 年 2 月国务院批准的国家统计局“三定”方案指出，国家统计局应建设成为社会经济信息的主体部门和国民经济核算的中心，成为强有力的国家统计监督机构和重要的咨询机构。

统计职能回答了统计“能干什么”“要干什么”的问题，是统计自身发展规律的高度揭示，是统计的本质在新的历史时期的集中体现，是统计工作不断得到加强和改进的成果。统计三大职能的确立，进一步加深了对统计工作的科学认识，指明了统计现代化改革的目标与方向，成为推进统计现代化改革的重要理论依据，对更加有效地发挥统计在现代国家管理中的作用具有重要意义。

第四节　组建农村抽样调查队和城市抽样调查队

党的十一届三中全会之后，为了适应经济体制改革后的新情况，及时反映我国经济和社会发生的一系列重大变化，国家统计局组建了农村和城市两支抽样调查队伍。两支调查队认真行使“独立调查，独立报告，独立监督”职权，为国家经济体制改革和宏观决策提供了大量有价值的统计调查信息。

组建农村和城市两支抽样调查队

组建农村抽样调查队和城市抽样调查队，是适应党的十一届三中全会以后我国社会经济发展发生的一系列巨大而深刻的变化，在统计体制改革方面实施的重要举措。在农村，以家庭经营为基础的联产承包责任制迅速发展，农村生产的组织方式和产业结构急剧变化，各种形式的经济联合体和专业户日益增多。原来那种依靠自上而下、层层上报的全面报表统计很难准确、及时地反映社会经济发展情况，迫切需要大力开展抽样调查，尽快建立农村抽样调查队。在城市，随着经济管理体制改革，就业门路放宽，城镇中出现了多种类型的家庭户，职工家计调查的范围要扩展到县城居民家庭和非职工家庭；市场价格也出现了新的情况，除了继续由基层销售单位逐级填表上报外，还需专设调查人员直接到商店和市场进行实地调查。

★1985 年 10 月 16 日，全国县农调队工作经验交流会全体代表合影

对于发展中出现的新问题，1981 年 9 月，国务院批转国家统计局《关于加强和改革统计工作的报告》，提出拟建立农村和城市两支抽样调查队。1983 年 8 月，国务院办公厅转发国家统计局《关于加强农村统计工作等问题的报告》，指出“根据农村多种经营发展的新情况，在农村普遍实行承包责任制的情况下，农村统计对象已由六百多万个生产队变为 1.8 亿农户，今后除了改进全面报表制度以外，一定要大力推行抽样调查”。同年 12 月，国家统计局召开城乡抽样调查队组建工作会议，对调查机构的设置和管理体制，调查网点和人员编制、经费管理等问题进行了讨论，分别提出《关于农村抽样调查队组建方案》《关于城市抽样调查队组建方案》。

★1985 年 4 月 24 日，全国城市抽样调查队队长座谈会代表合影

1984 年 1 月，国务院印发《关于加强统计工作的决定》（国发〔1984〕7 号），提出要做好农村和城市两支抽样调查队

的组建工作，明确各级农村、城市调查队是国家统计局垂直领导的直属事业单位。1984 年 2 月，国家计委、劳动人事部、财政部和国家统计局联合印发《关于农村和城市两支抽样调查队组建工作的通知》(〔1984〕统办字 18 号)，对两支调查队的任务、建制、管理体制、领导干部的配备和管理、人员编制、人员来源、经费管理、基建投资和物资供应、加强领导等方面作了明确规定。按照《通知》规定，农村抽样调查队的主要任务是：农产量抽样调查，农民家计调查(农村住户调查)，农村社会经济调查。城市抽样调查队的主要任务是：职工家计调查(城市住户调查)，职工生活费用价格指数调查。在建制上，实行三级建队，由国家统计局统一管理，所需经费由中央财政统一拨付。国家统计局设立农村抽样调查总队和城市抽样调查总队；各省、自治区、直辖市和抽中的调查市、县分别设立农村抽样调查队和城市抽样调查队。

经过两年努力，至 1985 年底，全国及省、自治区、直辖市的农村抽样调查队，以及抽中的 846 个县的农村调查队都已基本建成。从此，农村、城市统计调查工作有了独立的、专业的队伍，为在全国各地开展实地调查工作提供了坚强组织保障。

恢复农民家计调查

我国曾于 1954 年开展了农民家计调查，为国家研究和计划农民物质福利的增长提供了资料和数据支持。受“大跃进”和“文化大革命”的影响，该项调查曾两次中断。

“文革”结束后，农民家庭逐渐成为农村社会经济活动中的基本单位。为了解农村社会经济状况和发展水平，1977年国家统计局决定重新开展农家收支调查，并于1978年印发农家收支简易调查方案。农村抽样调查队组建后，农民家计调查工作迅速恢复和发展。从调查内容上看，逐渐增加了一些反映时代变化特点的社会统计指标，基本形成了能够反映农村住户生产、收入、消费、积累等内容的指标体系和制度方法。从抽样方法看，1982年起，将四阶段抽样改为三阶段抽样，即省抽县、县抽村、村抽户，使样本的随机性加强，同时扩大了调查范围和样本规模，由过去每县调查3—4个村改为每县6个村，使样本的分布更加广泛，共调查29个省(区、市)的22577户。从数据采集方法看，由一次性入户面访调查为主逐步改为经常性登记项目，并实行派员督促与调查户记账相结合的数据采集方法。

随着调查力量的增强和调查模式的稳定，从1984年起，我国的农民家计调查改为农村住户调查。

恢复职工家庭生活调查工作

我国曾于1956年开始实施经常性职工家计调查，为国家与地方研究和计划职工物质文化生活提供必要资料。该项调查在“文化大革命”期间中断。

“文革”结束以后，全党工作的着重点转移到社会主义现代化建设上来，各级党政领导十分关心职工群众的生活状况。1980年,国家统计局等部门向国务院报送了《关于恢复职工家庭生活调查工作所需人员问题的报告》,4月国务院批转了这一报告。5月下旬,国家统计局在北京召开全国职工家庭生活调查工作会议,贯彻和部署相关工作要求。各省、市、自治区及各重点调查城市统计局和国家劳动总局、中国人民银行、商业部、中华全国总工会等有关部门派人出席会议。

1980年5月,经国务院批准,财政部、商业部、国家劳动总局、中国人民银行、中华全国总工会、国家统计局联合印发《关于恢复职工家庭生活调查工作的通知》,决定在全国恢复职工家庭生活调查工作。这项工作的主要任务是系统地收集、整理和掌握不同收入水平的职工家庭就业状况、货币收支、消费构成、主要商品消费量等情况,为各级党政领导研究职工生活、消费与积累、市场物价、购买力动向、货币流通、劳动工资等问题提供主要依据。

按照《通知》要求,这次职工家庭生活调查,共在全国抽出9000户城市职工家庭进行调查,分布在全国47个城市;组织了460名调查员对记账户进行访问、辅导,搜集和整理原始资料,并搜集零售商品的价格资料。中断14年的职工家庭生活调查开始恢复和重建。在重建过程中,经常性的调查工作以统计部门为主,各级政府组织统计、劳动、银行、工会、商业部门共同完成。

《通知》发出后,短短半年内,这项调查就基本恢复和重建起来,大部分调查户从10月份开始记账。1980年12月,国家统计局在北京召开全国职工家庭生活调查工作座谈会，总结交流工作经验，研究和讨论如何进一步加强职工家庭生活调查工作的意见和措施。

这次全国性职工家庭生活调查的重要意义在于，通过调查建立起一支专业的城市调查队伍，城市调查的组织建设和业务建设步入正轨。

1980年12月30日《人民日报》和《光明日报》公布了国家统计局在44个城市对8万多户职工家庭的调查资料，说明我国绝大多数职工家庭的收入有显著增长，按职工家庭人口平均，每人每月的全部收入达到35.8元。数字公布以后，引起各方面的关注。

恢复农产量抽样调查

十一届三中全会以来，广大农村实行各种形式的生产责任制，许多生产队往往只掌握包产的数字，不能确切掌握社员超产数字和自留地产量数字。由生产队层层上报的粮食产量数字难以反映实际情况，给各级领导编制计划、安排工作带来不少困难。1981年，国家统计局向国务院提出开展农产量抽样调查，9月国务院批准建立全国农村抽样调查队，进行农产量抽样调查、农民家计调查和农经调查。

1982年5月国务院批转了国家计委、农牧渔业部、商业部和国家统计局《关于开展农产量抽样调查工作的报告》，指出：为了适应农村普遍实行各种形式生产责任制的新情况，提高农产品产量统计数字的准确性，使统计工作更好地为发展国民经济服务，开展农产量抽样调查十分必要；希望各级人民政府给予充分重视,加强组织领导,并尽快把农村抽样调查队伍建立起来,以保证这项工作顺利进行。

随后,国家统计局和农牧渔业部联合制发了《农产量抽样调查试行方案》,并于当年开展了试点调查,按照抽样方案,在全国范围内实行省、市、自治区抽县,县抽公社、公社抽生产队、生产队抽地块、地块内抽小面积样本的五段抽样。全国抽样数目大致为472个县,3300个公社,9900个生产队,8万多个地块,80万个小面积样本。通过这种"一竿子插到底"的抽样调查,可以排除层层填报统计表中可能发生的人为干扰,直接取得第一手产量资料,使统计数字反映实际。同时,取得资料的时间也大大提前。

经过1982年的农产量实割实测抽样调查试点,到1983年已经形成了覆盖全国的调查网,扭转了预计数和实际数出入较大的被动局面,抽样调查的科学性得到了实践检验。以1984年各级农村抽样调查队的建立为标志,农产量抽样调查进入了全面推行阶段。

农村社会经济调查总队和城市社会经济调查总队发展壮大

农村抽样调查队和城市抽样调查队成立以后,农产量调查、城乡住户调查和价格统计开始走上更加科学、规范的轨道,为党中央决策提供了大量科学可信的统计数据支撑。随着调查事业的发展,两支队伍也在不断发展壮大。

1986年10月,国家统计局、劳动人事部、国家计委、财政部联合印发《关于国家统计部门新增人员编制分配的通知》,对新增人员编制进行了分配,强调主要用于加强城乡抽样调查工作等工作需要。农村抽样调查队新增事业编制,绝大部分充实现有的各调查县农调队。城市抽样调查队新增事业编制,重点加强现有市、县调查队的调查力量。这一对统计部门新增人员编制分配的通知,极大地增强了两支抽样调查队的力量。

从农村抽样调查队的发展历程来看,1981 年国务院批准国家统计局建立农村抽样调查队,1984 年农村抽样调查队正式成立,1988 年农村抽样调查总队与农村司合署办公,对外统一改称为国家统计局农村社会经济调查总队,全面承担和统一组织全国农村统计调查工作。

从城市抽样调查队的发展历程来看,1988 年是一个重要年份。不仅名称由城市抽样调查总队改称为国家统计局城市社会经济调查总队,职能也有了大幅拓展。1988 年 5 月,国家统计局印发《关于部分司调整处级机构的通知》,将工业交通物资统计司所属的成本价格处、国民经济综合统计司所属的城市经济处划归城市抽样调查总队领导,投资司的建筑业产值价格统计也划归城市抽样调查总队负责。此举将分散在国家统计局几个司的价格统计功能进行集中归口,城市抽样调查队全面承担各项价格统计调查任务,在价格统计方面形成优势,逐步形成自己的拳头统计产品。1988 年 11 月,城市抽样调查总队改称为城市社会经济调查总队,在主要生产资料、消费品和服务项目价格监测工作基础上,又增加了以城市为对象的综合统计调查职能。

第五节　进一步健全统计调查制度

90年代初期,统计调查制度积极适应我国经济社会领域的重大变革,发生了深刻变化。统计制度的覆盖范围逐步延伸,统计分类标准体系趋于完善,调查方法向着以全面统计为主、抽样调查等其他手段为辅的方向发展。

丰富统计调查指标体系

1952年国家统计局成立时,统计调查内容主要涵盖了国营和公私合营工业农业、基本建设、国营贸易等专业领域。改革开放后,为更好服务宏观调控和科学决策,国家统计局及时跟踪反映经济社会发展的新形势新变化,不断健全完善统计调查内容,扩充专业领域,改进统计指标设计,统计制度的覆盖范围从生产领域向服务领域延伸,统计内容从只包含实物量指标扩展到同时包含实物量和价值量指标。

1978年国家统计局恢复建制时,已初步建立起包括农业、工业、基本建设、商业、劳动工资、物资供应、物价等专业指标体系。当时,为适应高度集中的产品经济发展要求和统计手工汇总条件,各专业统计指标基本以物量指标为主,存在反映生产流通的指标多,反映积累消费的指标少,以及统计调查制度重复、繁琐、不完整、不配套等问题。1979年3

月，全国统计局长工作会议明确提出必须对指标设计逐步加以改进和提高，实现指标的“标准化、系列化、通用化”。

按照这一目标，统计调查内容不断拓展，统计指标体系逐步规范。1982 年，国家统计局重新制定国民经济报表制度，扩充了交通运输、固定资产投资、建筑业、职工家庭生活、国际收支等专业领域，增加了反映经济效益和综合平衡等方面内容的指标，减少了一些重复、过时的指标。1985 年 4 月，国务院办公厅转发国家统计局《关于建立第三产业统计的报告》，要求在继续做好社会总产值、工农业总产值和国民收入统计的同时，抓紧建立第三产业统计。为适应科技管理的需要，1986 年 8 月，国家科委、国家统计局发出《关于加强科技统计工作的通知》，决定建立和健全科技统计报告制度，逐级建立科技统计机构，对全国的科技活动进行经常性的统计调查，同时相应建立了反映科技活动与管理总体状况和动态变化的综合性科技统计指标和反映科技活动专门领域状况和动态变化的专项科技统计指标。

1991 年，国家统计局根据国务院领导同志关于建立适合中国国情的统计体系的指示精神，在清理现行统计指标的基础上，研究制定了《经济、社会、科技统计指标体系》，包括基本条件、经济活动、社会活动、科技活动和人民生活等 5 部分，调整充实了大量价值量指标，增强了指标体系反映国情国力的功能。针对当时存在的体系不完整，综合统计与专业统计之间指标不衔接、不配套的缺陷，以及指标的口径范围、分类标准、计算方法不够统一等问题，国家统计局以建立新国民经济核算体系和制定《经济、社会、科技统计指标体系》为契机，又进一步规范了各专业统计调查指标。1992年，为纠正片面追求产值、忽视经济效益的现象，国家统计局建立工业企业经济效益评价考核指标体系，并据此建立了工业企业财务月报制度。这一指标体系弱化了追求产值增长速度、生产要素数量扩张的粗放式经营指标，突出了工业增加值和工业销售产值等反映经济增长质量和效益、生产要素使用效率的指标，对于促进经济增长、结构优化、资源合理配置发挥了重要作用。

构建统计分类标准体系

改革开放后，为适应国民经济发展、经济结构调整、国际经济技术交流日益扩大的需要，国家统计局及有关部门先后建立了若干基础性统计分类标准，逐步构建形成了一个更加规范、完整的统计标准体系。

研制出台国民经济行业分类国家标准。改革开放初期，国家统计局与有关部门联合制定了《关于统计上划分经济类型的暂行规定》《关于沿海和内地划分问题的通知》《职业分类标准》等。1984年7月，国务院批准国家统计局《关于制定统计标准工作的请示报告》，国家统计局着手开展国民经济行业分类等重要统计标准的研制工作。同年12月，会同国家计委、国家经委、国家标准局印发了《国民经济行业分类和代码(GB4754—84)》，该标准立足我国国情，借鉴国际相关统计标准，与联合国《所有经济活动的国际标准行业分类》(ISIC)基本衔接，是国民经济行业分类国家标准的最初版本。随后又相继出台了《全国工农业产品(商品、物资)分类与代码(GB7635—87)》《改革我国农业、非农业人口划分标准的试行方案》《大中小型工业企业划分标准》《关于统计上对全国行政区划代码编制、使用和管理的暂行规定》《统计上使用的县以下行政区划代码编制规则》等分类标准。

改进调查方法体系

新中国成立之初到“文化大革命”之前,是我国政府统计调查体系建设的起步阶段。全面统计是这一时期我国统计调查的主体方法,抽样调查得到初步运用。“文化大革命”开始后,统计工作受到严重冲击,新中国成立初期逐步建立起来的统计调查体系未能发挥作用。

改革开放后,国家统计局开始统计调查体系恢复重建工作。1981 年 9 月,《关于加强和改革统计工作的报告》提出,“凡是适合用抽样调查的就不用全面报表,现在已经建立的全面报表制度适合改用抽样调查的要逐步用抽样调查代替”。此后,抽样调查工作逐步得到加强。

根据经济社会发展需要,我国加强了综合平衡统计、工业统计、商业统计和社会统计,实施了农村统计一套表制度,工业统计年报开始实行超级汇总,建立起了宏观经济活动定期监测制度和第三产业、科技、国民生产总值、全社会固定资产投资和商品房屋购置等一系列统计调查制度。

建立科技统计是这一时期积极拓展统计领域的典型代表。我国科技统计起步于 20 世纪 80 年代中期。1985 年 9

月,国务院科技领导小组印发了《关于进行全国科技普查的通知》,决定实施我国第一次科技普查。此后,国家科委、国家教委、国防科工委、国家统计局等部门开始实施反映科研机构、高校、企业等科技活动情况的统计调查并逐步建立科技统计制度,形成了我国科技统计调查体系的雏形。1991年8月,首次全国科技统计工作会议在北京召开,国务委员兼国家科委主任宋健出席会议并讲话,为科技统计建立起由国家统计局牵头协调并综合汇总、各部门分工协作、条块结合的组织管理模式指明了方向,为科技综合统计制度的制定和实施奠定了基础。1992年,国家统计局首次完成了对全社会科技经费与R&D经费投入情况的测算,科技综合统计和全社会R&D经费支出统计进入实践阶段。

这一时期还根据需要,改进和加强了建筑业统计工作。1982年9月,按照国家统计局、国家经委联合发出的《关于改进和加强建筑业统计工作的通知》要求,建筑业统计工作由国家建委和省、市、自治区建委改为由国家统计系统承担。1983年3月,国家经委、国家计委、国家统计局、财政部、劳动人事部、中国人民银行联合印发《定期公布主要经济效果指标的暂行规定》,决定从当年第一季度起定期公布国营建筑安装企业主要经济效益指标,要求建筑施工企业填报的有12项指标。1985年国家统计局将建筑业统计扩大到城镇集体所有制施工企业,对农村建筑企业也进行了统计,还与国家计委联合向全国勘察设计单位布置了勘察设计统计年报;1990年,房屋装修装饰公司正式纳入建筑业统计范围;1991年,建筑业年报中增加了增加值及构成、总收入情况以及固定资产和专用资金等报表。

第二次全国工业普查是这一时期实施的一项重大普查。为了充分掌握全国工业的发展情况，在经济管理体制改革、编制中长期规划、分行业技术改造方面作出正确决策，1983 年 11 月，国务院发出《关于认真做好第二次全国工业普查准备工作的通知》，决定于 1986 年第一季度进行第二次全国工业普查。普查内容主要是调查 1985 年的工业经济情况，除了调查工业基本情况外，还重点调查了工业的经济效益、内部结构、装备技术情况、产品质量状况和职工素质状况。普查对象为全部工业企业和生产单位，共直接调查了 35.87 万个乡以上(含乡)全部独立核算工业企业，间接调查了 480 多万个村办、个体、不独立核算企业单位，摸清了我国工业的基本状况。

我国投入产出调查也是这一时期建立起来的。投入产出调查是一项重要的国情国力调查，为开展投入产出核算、编制投入产出表和供给使用表提供了重要资料支持。1987 年 3 月，国务院办公厅印发《关于进行全国投入产出调查的通知》，决定进行 1987 年全国投入产出调查，编制全国 1987 年投入产出表，并在以后每五年进行一次。此后，投入产出表的编制工作走上了规范化和制度化的轨道，成为我国新国民核算体系的重要组成部分。

这一时期，我国积极推动抽样调查在实践中的应用，取得了较好效果，但总体上仍是以全面统计报表制度为主，抽样调查等其他手段为辅开展统计调查，抽样调查方法还没有运用到企事业单位的统计调查中。这种调查方法体系基本与当时的经济体制相适应,能够基本满足当时政府管理对统计资料的需要,同时也为90年代建立以周期性普查为基础,以经常性抽样调查为主体的统计调查方法体系奠定了良好的实践基础。

第六节　开展第三次全国人口普查

人口数据是国家制定人口政策和经济社会发展规划的重要依据,人口普查是查清我国国情、国力的一项重要工作。准确地掌握我国人口的分布及构成情况,对于从我国实际情况出发,更好地进行社会主义现代化建设,安排人民的物质和文化生活,制定人口政策和规划,具有重大意义。

重启全国人口普查工作

1964年第二次全国人口普查后,我国很长一段时间内未再开展过人口普查工作。“文化大革命”结束后,国民经济得到逐步恢复和发展,各种社会问题的解决、人口规划的制定、人民生活的提高,都需要客观翔实的人口数据作支撑。

随着1978年国家统计局及地方各级统计机构相继恢复,开展第三次全国人口普查的任务很快被明确提出。1979年3月全国统计局长会议提出要从6个方面改进和提高统计工作,并对三年内统计工作的主要任务进行了明确,其中在“充实统计内容”工作任务中提出要“协同有关部门进行全国人口普查”。

第三次全国人口普查进入准备阶段

1980年6月，中共中央、国务院批转国务院第三次人口普查领导小组《关于第三次全国人口普查工作安排意见的报告》，决定于1982年进行第三次全国人口普查，并要求各地建立领导小组和办事机构。《报告》提出第三次人口普查工作按3个阶段进行，分别是：准备阶段（1980年1月—1982年6月）、调查阶段（1982年7月）、普查资料的汇总、整理阶段（1982年8月—1984年7月）。

1981年，全国人口普查试点和各项准备工作积极推进。同年，以北京、内蒙古、黑龙江、吉林、湖北、四川、云南、陕西等省（区、市）统计局先后配备电子计算机为契机，国家统计局、国务院人口普查领导小组决定，第三次全国人口普查的全部资料运用电子计算机进行处理。在联合国人口活动基金会的援助下，各省（区、市）统计局、人口普查办配备了IBM—4331电子计算机，国家计委、国家统计局计算中心配备了IBM—4343电子计算机。

1982年1月，国务院第三次全国人口普查领导小组在北京召开全国人口普查工作会议。国务委员、领导小组组长陈慕华主持会议并讲话，强调人口普查是一个大规模的社会调查，将为我们制订各项政策和规划提供依据；普查中要认真做好宣传教育工作，加强对普查员的培训；严格按照计划进度安排好各项工作。

第三次全国人口普查的组织实施

1982 年 2 月,国务院正式发布《第三次全国人口普查办法》,规定:第三次全国人口普查的对象是具有中华人民共和国国籍并在中华人民共和国境内居住的人;以户为单位进行登记,采用按常住人口登记的原则;普查项目为 19 项;1982 年 7 月 1 日 0 时为全国人口普查登记的标准时点。同月,中共中央、国务院发出《关于认真做好第三次全国人口普查工作的指示》,对普查工作的组织领导、宣传动员、普查员选调和培训、普查物资配备等提出明确要求。

1982 年 6 月 30 日,在人口普查登记标准时点前夕,国务院副总理姚依林发表电视广播讲话,号召全国各族人民踊跃参加第三次全国人口普查登记。7 月 1 日开始普查登记各项具体工作有序开展。普查采用两种登记方法:一是在普查区设立人口登记站,由户主或户主指定的户内熟悉情况的人到站申报;二是普查员到户访问填报。普查采用手工汇总和机器汇总两种方式进行,手工汇总于 1982 年 9 月底结束,计算机汇总分为省和国家两级,全部资料汇总工作于 1984 年 5 月初全部完成。

第三次全国人口普查的重大意义和重要成果

第三次全国人口普查是在受“文革”影响已 18 年未进行人口普查的情况下进行的,在中国现代人口普查工作发展中具有“里程碑”式的深远意义。一是调查规模更大，面临10亿人口的普查对象；二是为适应经济发展对人口资料的需要，调查项目增加到19项；三是首次采用电子计算机进行数据处理，结束了手工计算统计数据的历史，开创了数据统计处理手段的新阶段；四是制定了既结合中国实际情况又与国际可比的《国民经济行业分类标准》和《职业分类标准》；五是实行了严格的质量控制措施。这次人口普查是中国历史上第一次大型人口普查制度现代化的尝试，标志着中国在搜集人口统计数据方面的巨大进步。

普查主要成果《关于1982年人口普查主要数字的公报》由国家统计局于1982年10月发表。《公报》内容包括总人口、性别构成、各民族人口构成、各种文化程度人口、人口出生率和死亡率、市镇总人口数、人口的地区分布等。普查结果显示，全国总人口为103188.3万人。此外，还形成了《第三次全国人口普查手工汇总资料汇编》《中国1982年人口普查10%抽样资料》《中国1982年人口普查资料汇编》《中国1982年人口普查10%户抽样资料》《中国人口地图集》《中国分类（区域）模型生命表》《中国人口》等系列丛书，为制定国民经济和社会发展计划提供了诸多重要资料。在第三次全国人口普查的基础上，为准确、及时地掌握全国年度人口的增减变化状况，1983年开始，国家统计局会同有关部门建立并实施了每年一次的人口变动抽样调查制度。1986年8月，国务院下发《对全国人口普查工作安排意见的批复》，原则同意此后每十年进行一次全国人口普查（即在尾数逢“0”年份进行普查），两次普查中间进行一次1%的人口抽样调查,由此形成了比较完备的人口统计调查制度。

★《中国人口地图集》获 1989 年国家科学技术进步二等奖

1989 年 5 月,国务院发出《关于进行第四次全国人口普查的通知》,决定于 1990 年开展第四次全国人口普查。国务院决定成立第四次人口普查领导小组,国务委员李铁映为组长。同年 12 月,第四次全国人口普查工作会议在京召开,国务院总理李鹏出席会议并讲话。1990 年 7 月 1 日,江泽民、李鹏等参加第四次全国人口普查登记。普查结果显示,大陆 30 个省、自治区、直辖市和现役军人的人口为 113368 万人,同第三次全国人口普查相比,8 年间共增加了 12550 万人,增长 12.45%,平均每年增加 1569 万人,年平均增长率为 1.48%。

第七节　统计工作社会影响日益扩大

改革开放后，统计工作在及时为党政领导机关宏观决策和管理提供服务的基础上，逐步扩展到为社会公众服务。随着统计数据发布制度的建立，统计信息发布内容逐渐丰富，发布渠道不断拓展，统计工作的社会影响力日益扩大。

建立新闻发布制度

1983 年，为适应改革开放的新形势，中宣部要求中央国家机关有组织有计划地召开新闻发布会，向国内外介绍我国社会经济各个领域的发展情况，促进社会各界人士了解中国、认识中国。国家统计局积极响应，1983 年 3 月 19 日，在中央国家机关中首批建立新闻发布制度，按季度召开国民经济运行情况新闻发布会。同时设立新闻发言人，负责在发布会上向国内外记者和社会公众发布我国国民经济运行情况，回答记者提问和日常接受记者采访。

1983 年 4 月 29 日，国家统计局举行首次新闻发布会，发布《关于 1982 年国民经济和社会发展计划执行结果的公报》。国家统计局首任新闻发言人许刚在新闻发布会上就 1982 年统计公报有关问题作了说明，介绍了 1982 年我国经济情况的几个特点，并回答了中外记者的提问。

此后，各地统计部门在 1990 年前后也相继建立新闻发布会制度。

完善信息发布内容

定期公布主要经济效果指标。1983年3月,国家经委、国家计委、国家统计局、财政部、劳动人事部、中国人民银行联合印发《定期公布主要经济效果指标的暂行规定》,决定从1983年第一季度起,除继续公布工业、交通方面的主要经济效果指标完成情况外,对国务院各部直属和各省、区、市建工系统所属施工企业、商业部直属企业和各省、区、市国营商业、粮食企业、供销社,也要进行主要经济效果指标完成情况的考察、公布工作,以进一步促进各地区、各部门、各行业、各重点企业在生产、流通领域和建筑施工方面提高经济效益。

设立中国统计信息咨询服务中心。为充分发挥统计信息作为社会经济信息主体的作用,进一步开放统计资料,为全社会服务,1985年5月,劳动人事部同意国家统计局设立中国统计信息咨询服务中心。1995年4月,经中央编办同意,中国统计信息咨询服务中心更名为中国统计信息咨询中心。

编制并公布生活费用价格指数。1988年10月5日,国务院总理李鹏主持召开总理办公会议,研究编制基本生活费用指数问题。商业部、国家物价局、国家统计局和北京市的负责同志参加了会议。会议提出:在价格改革中,要确保人民群众生活不受大的影响,应确定一个反映人民群众基本生活费变化的指数统计方法。基本生活费指数只统计人民群众生活必需品和社会服务项目，这个指数要定期公布，增加透明度，以利于各级人民政府认真抓好群众基本生活必需品的物价，并便于人民群众监督检查。同年10月18日，李鹏再次主持召开总理办公会议研究这一问题。李鹏指出：基本生活费用指数，主要反映现在物价对群众基本生活费的影响，指导控制物价应向什么方向努力，供领导机关决策。职工基本生活费用价格指数由统计局搞，征求一下总工会意见。

公布进出口统计数字。1989年3月，国务院批准同意国家统计局《关于对公布进出口统计数字的意见》。《意见》提出：鉴于海关统计和经贸部业务统计的目的、方法、范围和渠道不同，统计结果存在着差异，为维护国家对外公布数字的严肃性，对外公布及向国际组织提供我国进出口数字只宜一种。目前仍以维持经国务院1981年2月批准同意并执行至今的做法，即以公布海关进出口统计数为宜。

按季公布压缩投资规模情况。1989年4月，国务院发出《关于清理固定资产投资项目严格实行指标控制和考核的通知》，决定从1989年起，对压缩固定资产投资规模实行指标控制和考核。《通知》要求各级统计部门按季度将压缩投资规模完成情况在报纸上公布，以加强考核监督。国家计委、国家统计局于6月联合发出通知，对清理固定资产投资项目中有关统计指标、口径作出规定。

建立八项重要经济指标公布制度

1988 年 12 月,经国务院批准,国家统计局、国家计委、财政部、中国人民银行联合发布《关于定期公布若干重要经济指标的暂行规定》,决定自 1989 年 1 月起,按月、按季向全国公布分省(区、市)八项重要经济指标。这八项指标分别是:固定资产投资额,银行贷款余额及增加额,职工工资总额,工业全员劳动生产率,工业销售利税率,工业资金利税率,工业可比产品成本降低率,工业能源消耗综合降低率。其中,工业资金利税率和工业能源消耗综合降低率按季公布,其余指标按月公布。公布时间为月(季)后 20 日左右;公布办法是,由国家统计局汇总整理,以 4 个部门联名形式在《人民日报》《经济日报》和《中国统计信息报》上公布,同时通过新华社、中央人民广播电台、中央电视台报道消息。

1989 年 1 月 24 日,国家统计局首次公布了分省八项重要经济指标。这项制度的实施,对加强宏观经济控制,压缩社会总需求,抑制通货膨胀,逐步把各方面的注意力从盲目追求产值增长速度,引导到提高经济效益上来都具有重要意义。

出版《中国统计年鉴》《中国统计月报》和《中国统计摘要》

1982 年 8 月,国家统计局编辑、中国统计出版社出版发行《中国统计年鉴1981》。这部年鉴编入了1981年中国经济建设和社会发展的各项统计资料，还列有新中国成立以来逐年的或重要年份的统计指标，篇末附有《主要指标解释》。11月22日，香港《经济导报》社主办《中国统计年鉴》介绍会，国家统计局负责人在会上介绍了《中国统计年鉴》(英文版)的出版情况。统计年鉴的出版，是继1979年恢复年度统计公报之后，搭建起的又一个权威的综合性年度统计信息发布平台，为国内外公众了解与研究中国经济情况提供了重要参考资料。

此后，《中国统计年鉴》的发布内容和形式进行了多次调整优化。1986年《中国统计年鉴》进行全面改版，内容由13个部分增加到18个部分，版面也由32开本改为16开本。1994年11月18日，《中国统计年鉴1994》中英文对照版首次公开发行。1997年7月，《中国统计年鉴1997》光盘出版发行。

这一时期，国家统计局开始定期编辑发行的重要综合性统计资料还有《中国统计摘要》和《中国统计月报》。《中国统计摘要》是一本反映中国国民经济和社会发展情况的综合性简明统计资料年刊，1983年6月首次出版；1989年，《中国统计摘要》首次出版英文版。

《中国统计月报》则是用统计数据按月全面、持续反映中国经济和社会发展情况。1985年11月，国家统计局编辑的《中国统计月报》向国内外公开发行，主要内容包括：农业、工业的产值、产量和经济效益，商业投资和建筑业工作量完成情况，交通运输量和邮电完成工作量、国家信贷资金资料、职工和农民家计调查资料、物价指数等。从形式上以统计表为主,同时附有少量统计图和文字材料。

除了以上综合性的统计资料数据以外,统计部门每年出版发行大约 40 种专业统计年鉴,以及 100 多种地方统计年鉴。另外还出版了大量以重大国情国力调查资料、重要历史节点的时期性资料汇编等为主要内容的专题资料类图书,和以国家热点问题研究、专项分析研究为核心内容的报告类图书。这些统计出版物,是统计数据发布的重要载体,与其他统计数据发布平台共同构成了我国统计信息发布体系,满足了不同用户获取统计数据的多样化需求。

《中国统计信息报》创刊

1988 年 7 月 4 日,《中国统计信息报》正式创刊,为周一刊。该报于 1987 年 8 月 18 日由新闻出版署同意国家统计局创办,9 月 29 日试刊出版。

《中国统计信息报》创刊当日,在北京举行了创刊新闻发布会。著名经济学家薛暮桥、刘国光、董辅礽、孙尚清以及首都新闻界、经济界、企业界、文化界人士共 150 多人参加了新闻发布会。1993 年 1 月 1 日,《中国统计信息报》更名为《中国信息报》。作为国家统计局主管的综合财经类报纸,《中国信息报》充分依托统计系统丰富的信息资源,以历史的、现实的、未来的和世界的眼光辑文办报,按照“突出统计特色,洋溢财经气息,透出文化品位,办出专业水准”的要求,拓展新闻报道和信息服务的广度、宽度和深度,不断挖

★1988 年 7 月 4 日,《中国统计信息报》创刊

掘有价值的信息,努力提供有思想的新闻。

《中国信息报》作为提供统计服务的重要窗口,“立足统计,服务社会”,继续为社会提供信息服务,向公众传播统计知识、解读统计数据,逐渐成为全国有影响力的行业类媒体之一。2006 年,在国家新闻出版总署主办的第三届中国报业竞争力年会上,中国信息报社被评为“2006 最具竞争力的行业报”。

第八节　建立健全部门统计制度

部门统计是政府统计不可或缺的组成部分。1978年1月,国家计委向国务院提出《关于整顿和加强统计工作的报告》,建议各业务部门都要设立统计机构,充实统计人员,把本部门的统计工作统一抓起来。2月9日,国务院批转该报告,指出统计工作是对国民经济进行科学管理的一个必不可少的组成部分,是实行计划经济的一个重要工具,要求国务院各部委研究执行报告有关内容。公安部、文化部、海关总署等多个部门纷纷行动起来,相继建立本部门统计制度,部门统计工作逐渐步入规范化制度化轨道。

文化事业统计

"文化大革命"期间,文化事业机构被撤销,队伍被遣散,制度被破坏,大批统计资料散失,全国文化统计工作中断达12年之久。1978年8月中旬,文化部计财司在北京召开全国省、市、自治区文化局计财处长座谈会,讨论恢复全国文化事业统计工作问题。与会代表一致认为,为了适应新时期总任务的需要,文化事业统计工作必须加强。同年11月3日,文化部印发《关于布置1978年文化事业统计年报和1979年定期统计报表的通知》,随文颁发《1978年文化事业统计年报试行制度》《1979年文化事业定期统计报表试行制度》及16张统计报表。1986年4月15日,文化部颁发“七五”期间执行的《全国文化事业统计报表制度》。1987年11月12日,文化部发出《关于文化事业统计工作贯彻〈中华人民共和国统计法实施细则〉的补充规定》,全国文化事业统计工作得到有力加强。

海关统计

1967年9月,对外贸易部决定停止编制对外贸易海关统计报表,海关统计工作中断。1979年12月,对外贸易部、国家统计局根据中国改革开放和进出口宏观管理实际需求,以国际通用的对外贸易统计标准为基础,联合制定并颁发《中华人民共和国海关统计制度》,明确“实事求是、科学实用、准确及时、简明完整”的海关统计工作方针,为恢复海关统计并与国际接轨奠定坚实基础。1980年,我国对外贸易正式恢复海关统计,取消此前根据对外贸易系统各专业进出口总公司业务统计汇总的方式,全面采用国际标准,统计方法与统计口径同各国通行的贸易统计方法实现一致。1984年12月,海关总署和国家统计局联合颁发《海关统计制度》,对海关统计范围、海关统计商品目录、海关统计价格和数量等作出明确规定。1987年1月22日,《中华人民共和国海关法》发布,将海关统计确定为海关工作的四大任务之一,统计在海关工作中的地位得到进一步巩固提升。

公安统计

1984年4月,公安部在北京召开全国公安厅(局)办公室主任会议,讨论在新形势下如何加强公安统计工作、开创新局面等问题,要求各级公安机关进一步加强对统计工作的领导,健全机构,充实力量,搞好培训和基础工作,解决好统计干部的待遇问题,并于会后在公安部办公厅设立了统计处。同年5月,公安部印发《公安机关贯彻执行〈统计法〉试行办法》。1988年2月,公安部印发《公安统计工作规则》,对公安统计工作的基本任务、内容,统计工作的领导、监督,统计制度,统计机构和统计人员的职责,奖励和惩罚等作出明确规定。1989年11—12月,公安部在北京召开全国公安统计工作会议,结合贯彻1989年4月国家统计局召开的全国统计工作会议精神,研究改革和加强公安统计工作措施,讨论了《1990年至1994年改进公安统计工作的规划》并于会后印发,为提升公安统计工作的现代化、正规化水平奠定制度基础。

土地统计

20世纪80年代,土地详查工作在全国范围内铺开。1987年8月,国家土地管理局、国家统计局联合印发《关于建立和执行土地统计报表制度的通知》,指出已有部分县(区)全部完成了土地利用现状详查工作,以后每年将有几百个县陆续完成。为此，巩固土地详查成果，建立并逐步健全一套完整的、科学的土地统计报表制度迫在眉睫。随后，国家土地管理局和国家统计局共同制订《土地利用现状分类面积》和《耕地面积变化情况》统计表，由已经完成土地利用现状详查的县下发到乡（镇），以详查数为基础进行填报。同时，为了保证全国耕地统计数字不断、不乱，《通知》要求原国家统计局与农牧渔业部联合制订的《耕地面积》统计表，仍按原规定继续在全国范围内执行，待全国所有县或大部分县完成土地利用现状详查工作后，再作统一规定，确保土地统计工作有条不紊渐次推进。

交通运输邮电业统计

1987 年 6 月，邮电部发布《〈中华人民共和国统计法〉邮电部门实施办法》，颁布邮电统计工作责任制度、邮电统计报表管理制度、邮电统计数字质量检查制度等各项统计制度，要求各单位有计划地组织有关干部和统计人员认真学习、广泛宣传《统计法》，按照部颁的《实施办法》及各项制度，切实加强统计基础工作和统计制度建设。1991 年 9 月，国家统计局、交通部联合发出《关于印发〈独立核算公路、水路运输企业基本情况报表制度〉的通知》，要求从 1991 年起建立《独立核算公路、水路运输企业基本报表》，规定此项工作由各级政府统计部门和各级交通运输主管部门共同组织、分工负责。

民政统计

新中国成立后,内务部1950—1957年编印《全国民政统计资料汇编》,1958—1964年编印《全国抚恤、救济费预、决算重要报表和财务工作重要文件汇集》。“文化大革命”期间,民政部门撤销,部分统计指标归并在财务报表中。1978年民政部恢复当年即建立了民政统计报表制度,1979年起每年编制《全国民政统计资料》,1985年正式印发《民政统计事业年报和民政事业费决算汇总表制度》,此后逐步建立和完善民政事业统计年报、事业费决算汇总年报、民政事业统计半年报、民政事业统计季报、月报制度。1986年起民政部编制并发布《中国民政事业发展统计公报》,1990年起开始公开出版发行《中国民政统计年鉴》,为社会各界了解民政事业发展状况提供了可靠的数据支撑。

教育统计

教育部成立之初,教育统计的主要指标有学校数、班级数、招生数、毕业生数、在校生数、教师数、职工数等。1975年教育部恢复,将教育基本信息的采集、分析和发布明确为教育部的主要职责之一。为了适应教育事业在规模、结构以及体制上的巨大变化,教育部分别于1989年和1996年对全国各级各类教育事业统计报表进行修订,在指标设置上有很大突破,不仅增加了新的指标,原有指标也进行了细化，极大地丰富了统计内容。1991 年，教育部以满足国家发展战略需要为导向，制定并颁布了中国教育监测与评价统计指标体系，系统全面反映教育事业改革和发展状况。

旅游统计

十一届三中全会后，我国国际旅游事业进入蓬勃发展的新时期。为了适应形势发展需要，反映国际旅游事业的发展情况，1979 年 7 月，国家统计局印发《关于建立旅游统计报表制度的通知》，这是国家统计局首次建立旅游统计报表制度，当时建立的旅游统计报表制度为国际旅游统计报表制度，不包含国内旅游和出境旅游统计。1982 年 3 月，中国旅行游览事业管理总局发布《关于建立健全旅游统计机构的意见》和《关于旅游统计报表制度的暂行办法》，对旅游统计的职责范围、基本任务、机构要求、旅游统计纪律以及具体的报表制度作出明确说明。此后，1993 年国家旅游局制定了国内旅游调查方案，首次开展国内旅游抽样调查；1997 年国家旅游局与公安部共同发布《中国公民自费出国旅游管理暂行办法》，并于次年开展中国出境旅游统计工作。至此，我国出境旅游、入境旅游和国内旅游三大旅游市场统计初步建立。

改革开放后到 20 世纪 90 年代初，商业、军工、水利等领域统计工作制度也相继建立健全，部门统计工作更加规范有序，部门统计机构和统计力量更加充实。

第九节　统计信息化建设开始起步

我国统计数据采集工作,在相当长的时期内是通过层层汇总的方式。这种采集方式,一方面生产效率低,难以满足时效性要求;另一方面难以消除中间环节可能出现的数据失真隐患。统计部门深刻认识到,推进统计信息化建设,是加强和改进统计工作的应有之义和必由之路。20世纪70年代末到90年代初,统计部门努力突破技术设备短缺、技术力量有限等制约,凝智聚力、奋勇攻关,逐步向以信息化建设助力统计调查工作的目标迈进。

党中央、国务院高度重视统计信息化建设

1984年1月6日,国务院印发《关于加强统计工作的决定》,指出统计工作现代化,就是要运用先进的统计科学和现代计算技术,来改革和完善我国的统计工作,进一步做到数字准确、资料丰富、信息灵通,以适应社会主义现代化建设的需要。《决定》要求,争取在几年内为县以上各级统计局配备微处理机,逐步建立健全现代化的统计信息计算体系。1990年8月16日,国务院副总理邹家华在听取国家统计局工作汇报时指出,关于统计信息自动化的问题,我是很赞成搞自动化的,这样大的国家,统计工作靠手工劳动是难以进行的,自动化问题要作为下一个计划期间的重要问题

来考虑。1991 年 1 月 26 日，国务院总理李鹏在中南海与全国统计工作会议代表座谈时强调，统计工作计算机化，并且进行联网，这是发展的必然趋势，要按照目前我国的国情和不同的省情，有重点、有步骤地进行。

迈出统计信息化建设第一步

国家统计局扎实迈好统计信息化建设的第一步。1974—1979 年，国家统计局、各省级统计局相继配备电子计算机，并完成约 1.6 万户农民家计调查的超级汇总任务，这是我国统计实现的首次超级汇总。1982 年 9 月，国家统计局组建计算机应用处，推动了以“微机起步、人机结合”为标志的统计自动化建设的起步。同年，第三次全国人口普查实现省级以上全面使用电子计算机处理数据，完成 400 亿字符录入，首次实现统计数据全国性计算机处理。这些标志性的“首次”，是零的突破，更是技术支撑崛起的曙光。以第三次全国人口普查的数据汇总为标志，全国省级以上统计部门全面使用电子计算机处理统计数据的序幕拉开。

系统推进统计信息化

统计信息化建设管理不断加强。截至 1985 年，全国统计系统已配备近 1200 台微机。1986 年 4 月，国家统计局发出《关于加强微机应用和管理工作的通知》，要求各地区进一步认真抓好应用技术的培训，加强微机的管理和维护工

★20世纪80年代，黑龙江省统计局使用的计算机

作，已经配置的设备，不得自行转卖或移交给别的部门。1986年7月，国家统计局计算中心正式成立，主要职责包括系统建设与管理、数据处理与管理、软件开发与管理、网络运行与管理，技术支持与服务等，承担大型普查、专项调查以及年报的数据处理任务，推动了统计信息化系统能力、系统规模“从小到大”发展。

为进一步加强统计信息自动化建设，1987年3月，国家统计局印发《国家统计信息自动化系统总体规划》，明确提出国家统计信息自动化系统总体结构为4级层次式网络结构，分别是国家级、省级、地(市)级和县级计算中心或计算站；系统功能模式为模块化层次结构，即业务处理层、基本信息层及辅助决策层。同时，《规划》对系统设备配备、机构及人员设置、软件开发计划和建设进度、人员培训及投资等作了规定。1988年6月，国家统计局印发《国家统计信息自动化系统总体规划(1988—1990年)阶段实施方案》，提出3项奋斗目标：一是县以上各级统计局基本实现统计数据处理计算机化；二是建立统计数据库，逐步实现统计信息的综合利用和资源共享；三是为统计系统独立完成第四次全国人口普查数据处理任务做好技术准备。《国家统计信息自动化系统总体规划》及阶段实施方案的制定发布，为统计信息自动化建设擘画了发展蓝图，提供了基本遵循。

统计信息化建设创新脚步加快。1986 年 11 月，国家统计局组织进行第一次全国微机远程通讯传输试验，开始探索在全国范围内正式开通使用微机数据处理和远程点对点传输工业月报。1987 年 4 月，国家统计局发出通知，要求各地区从 5 月报送 4 月份的工业月报起，正式使用微机进行数据处理及远程联网传输。1990 年开展的第四次全国人口普查中，国家统计局首次采用三级四步数据处理方法，极大缩短了数据处理时间，并迅速建立起了全国统计系统计算机应用机构，培养了大批计算机技术骨干，初步形成完整统计信息处理功能。1991 年 10 月，国家统计局发出《关于对 1991 年全国投资与建筑业统计年报进行数据处理规范化试点工作的通知》，决定在投资与建筑业进行年报数据处理规范化试点，为“八五”期间逐步实现数据处理规范化探索一条可行的途径。1991 年 6 月，国家统计局听取内蒙古自治区统计局《关于以信息自动化建设为先导，推进统计配套改革方案》的汇报，对这一改革表示支持，并要求国家统计局制度方法司、计算中心、人事司与内蒙古自治区统计局共同做好方案论证工作，鼓励其为全国统计改革探索新路子。

统计信息化成果丰硕

这一时期统计信息化建设成就斐然。1984年5月,第三次全国人口普查计算机数据处理比原计划提前5个月完成。该成果获1985年国家科技进步一等奖。1986年6月,国务院电子振兴领导小组主办的全国计算机应用展览会在北京展览馆举办。在此次展览中,国家计委、国家统计局计算中心及28个省(区、市)计算站研制的"第三次全国人口普查电子计算机数据处理系统"获一等奖,国家计委、国家统计局计算中心研制的"DET统计数据处理软件包"获二等奖,国家计委经济预测中心和国家统计局平衡司联合研制的"全国投入产出表的编制及应用"获三等奖。1991年11月,阔步前进中的国家统计信息自动化系统、人口普查数据处理系统、辽宁统计数据库等统计系统计算机应用成果参加全国计算机应用成果展览,获得各界一致好评。

第十节　成立中国统计学会

党的十一届三中全会后,我国掀起统计科学理论研究和学术讨论的热潮,一个全国性的学术交流平台应势而生,给我国统计科学发展带来新的生机。

成立中国统计学会

党的十一届三中全会后，国家统计局于1978年11月末至12月初召开全国统计教学、科研规划座谈会，对新中国成立以来统计理论与实践的许多问题开展热烈讨论，打破了长期以来统计理论与实践中的"禁区"和停滞沉闷的局面，为中国统计学会的成立做了思想准备。会上提出了建立中国统计学会的倡议，继而在会后进行了筹备工作，为学会成立做了组织准备。

1979年11月10日，中国统计学会成立大会暨第一次全国科学讨论会在杭州召开。会议通过了中国统计学会章程。章程规定，学会是研究统计科学的群众性学术团体，研究统计科学理论和国内外的统计工作制度、方法、技术，以提高统计理论和统计工作水平。成立中国统计学会是为了进一步团结广大统计实际工作者和理论工作者，提高我国统计工作和统计科学水平，更好地为社会主义现代化建设服务。会议选举了49名理事组成的理事会，由理事会选出常务理事19人，并选举薛暮桥为会长；李成瑞、王一夫、陈应中、张维华、戴世光、刘叔鹤、钱伯海为副会长。中国统计学会成立后，各地相继成立地方统计学会，专业部门统计学会也先后成立。中国统计学会成立了九个专题学术研究组，学会会员约3000人。

中国统计学会成立后首先围绕统计制度方法改革组织了一场大讨论，推动国家统计制度方法改革方向更加清晰

★1983年5月，国家统计局局长李成瑞(前排右5)与中国统计学会第一届常务理事会第六次会议代表合影

明确。经过深入讨论，统计学者们认为改革就是健全以国民经济综合平衡为中心的科学统一的国民经济统计指标体系，以适应全面、系统地调查分析和预测国民经济发展效果；采用灵活多样的调查方法，在经济分析和经济预测上，要坚持马克思主义的立场、观点、方法，适当运用数理统计和其他数学方法；各部门、各地区的统计报表要严格执行“标准化、通用化、系统化”；统计数据的传输、整理、储存要逐步采用电子计算机，建立全国的统计信息系统。中国统计学会成立之初，还围绕“社会经济统计学和数理统计学是不是两门科学”“在社会主义社会的经济活动中随机现象和随机变量同在自然现象中一样普遍地存在还是只在一定的有限的范围内存在”“社会经济统计学研究的对象和性质是什么”“典型调查与社会经济统计学的关系”“用什么综合指标反映工业生产发展速度”等问题展开讨论，进一步理清了困

扰统计学者的研究范围、方向、方法等基本问题。

中国统计学会是我国统计领域最大的学术性社会组织，在各省（区、市）、重点城市和国务院有关部门都有单位会员，同时汇集了大批统计学界颇有建树的个人会员，成为我国政府统计联系广大统计实践工作者、统计科研与教育工作者的桥梁和纽带，成为中国统计学术交流和国际交往的渠道，成为推进统计科研事业发展和中国统计学科进步的力量。

建立以学术会议为主体的交流平台

始于 1979 年的全国统计科学讨论会是中国统计学会和统计科学研究所以学术会议形式搭建的学术交流平台。这个平台持续至今，为国内外统计学界架起了交流互鉴的桥梁。

1981 年 5—6 月，第二次全国统计科学讨论会在北戴河召开，这次到会的共有 110 人，收到 199 篇论文。这次会议对国民经济核算体系展开了热烈讨论。大体有三种意见：一是认为只有生产物质资料的劳动才是生产劳动，主张采用物质产品平衡表体系（MPS），或立足于物质产品平衡表体系，吸收国民经济账户体系（SNA）的某些长处，或为了同西方对比而另行计算。二是认为社会主义制度下的生产劳动不只限于物质生产部门，也包括各种劳务和生产精神产品的劳动，倾向于采用国民经济账户体系。三是认为生产劳动主要是生产物资产品的劳动，同时也包括一部分营利性的劳务活动,主张兼采物质产品平衡表体系和国民经济账户体系的长处。三种意见被称为"窄、宽、中"三派。这次会议为后来研究国民经济核算体系打下了初步基础。会议提出,今后要进一步加强理论与实际的结合,加强数理统计和社会经济统计的结合,继续贯彻百花齐放、百家争鸣方针,除了国民经济核算体系外,还要建立社会统计学,根据我国实际需要,参照国际经验,有必要把社会统计学从社会经济统计学中独立出来。

1983年11月22日,中国统计学会第二次代表会议在昆明召开,与会代表160多人。会上通过了《中国统计学会会章》修正案。会议还进行了第三次全国统计科学讨论会,讨论的问题包括改革统计制度、健全国民经济核算制度、经济效益统计、国民经济综合平衡统计、投入产出统计、人口普查及资料分析、社会统计、物价统计等10多个方面。

《统计研究》复刊

1984年,中国统计学会和国家统计局统计科学研究所恢复《统计研究》。《统计研究》以"交流科研成果、繁荣学术研究、创新理论知识、推动实际工作"为办刊宗旨,成为普及统计知识的重要窗口和探讨统计理论和实践问题的重要平台。

《统计研究》创刊初期为季刊,每年发表论文50余篇。1986年至1991年进入刊物发展期,改为双月刊,每年发表论文在100篇左右。1987年3月26日,中国统计学会在河南洛阳召开第二届理事会和第四届常务理事会。会议对学会的工作提出以下意见:同意《统计研究》改由中国统计学会与国家统计局统计科学研究所合办;为了鼓励和促进统计科研工作的开展,今后对优秀统计论文,原则上可以每两年进行一次评选。

据统计,《统计研究》创刊后的第一个10年共发文1028篇。按研究方向分类,这10年的发文主要集中在统计基本理论研究(占15.0%)、经济统计分析与预测(占14.9%)、国民经济核算体系研究(占13.0%)、统计工作与统计改革(占11.2%)方面,其他涉及基层企业统计、统计调查理论方法与应用、统计指标体系与社会统计、物价统计与物价指数、国际统计、投入产出研究等。这一时期,国家统计局通过《统计研究》提出统计改革的大政方针和改革思路。《统计研究》作为忠实记录统计改革理论发展和中国统计学科发展历程的标志性刊物,受到统计学者广泛推崇,展现了令人瞩目的学术影响力。

第十一节　中国统计逐渐在国际舞台崭露头角

1978年我国实行改革开放,中国统计自此翻开了对外交往的新篇章。中国统计人员在国际统计舞台上崭露头角,开始成为联合国统计委员会会议、国际统计学会会议以及联合国亚太经社会统计委员会会议等重大国际统计会议的常客。

中国统计恢复国际交流并首次派员参加国际统计会议

1979年4月21日，亚洲及太平洋地区经济社会委员会在新西兰召开统计组织研讨会，邀请中国代表参加。国家统计局派团于4月21日—5月8日出席会议。这是改革开放后我国统计机构第一次派员参加的国际统计会议。会议期间，亚太经社会统计司代理司长萨希布同中国代表团进行了两次会谈，并提出希望访问中国。11月4—15日，应中国国家统计局邀请，亚太经社会统计司司长萨希布访问我国，双方讨论了相互间合作问题。萨希布还访问了广东、上海，了解我国地方统计工作，就统计工作开展深入交流。1985年11月，国家统计局派团赴泰国曼谷出席亚太统计委员会第6次会议。1986年11月，亚太统计研修所顾问委员会在日本东京召开，国家统计局负责人应邀参加，并被委任为亚太统计研修所第四个五年阶段顾问委员会委员，任期从1985年10月1日—1990年9月30日。

国际统计学会是一个具有较高声望的国际学术组织，是联合国经社理事会和教科文组织的咨询机构之一，每两年召开一次大会。1979年12月，国际统计学会在马尼拉举行第42届会议。经过多次磋商，在国际统计学会正式明确了只有一个中国即中华人民共和国立场的前提下，中国统计学会派团出席会议。大会取消了中国台湾省的“团体会员”和“当然会员”资格，接收中国统计学会为团体会员，中国国家统计局负责人为当然会员。这是新中国成立后我国统计界第一次组团参加国际统计学会的会议。1987 年 9 月，国际统计学会在东京召开的第 46 届会议上，中国统计学会会长李成瑞当选为国际统计学会副主席，任期为 1987—1989 年，这是我国统计学家第一次进入该学会领导机构。1991 年 9 月，国家统计局派团参加在埃及开罗召开的国际统计学会第 48 届会议，会上我国驻埃及大使代表中国政府正式宣布，国际统计学会第 50 届会议于 1995 年在北京召开。

联合国统计委员会是联合国经济及社会委员会理事会下设的委员会之一，是联合国统计工作的最高决策机构，由 24 个成员国组成。1981 年 1 月，国家统计局派员列席在纽约召开的联合国统计委员会第 21 届会议。从 1984 年起，我国正式成为联合国统计委员会成员国。1985 年 2 月，国家统计局局长张塞作为代表，正式出席联合国统计委员会第 23 届会议。中国代表在会上阐述的统计工作要走一条具有中国特色的道路问题，引起与会代表的注意。通过参加联合国统计委员会会议，增进了国际社会对中国统计的了解和认识，也促进了中国对国际统计分类、国民经济统计核算制度、工业、能源等各类专业统计的国际先进经验做法的学习和吸纳。

中美、中日等双边国际合作取得发展

1979 年，国家统计局局长陈先率中国统计代表团访问

★1979 年 11 月,国家统计局局长陈先(右 5)率中国统计代表团访问联合国统计司

美国商务部普查局、经济分析局、劳工部劳工统计局和农业部经济统计合作局,拉开了与各国统计机构合作交流的序幕。

1979 年 11 月 25 日,美国商务部主管统计的部长助理、首席经济学家斯雷特率团 11 人访问中国国家统计局。1981 年 5 月,美国统计学会会长布拉德利率代表团访问中国国家统计局、中国统计学会,同年 7 月中国统计学会负责人率代表团回访。在双方多次互访交流的基础上,1984 年 7 月,中国国家统计局和美国商务部普查局,根据两国政府科学技术合作协定书,在北京签订《中华人民共和国国家统计局和美利坚合众国商务部普查局统计合作议定书》,并于 1985 年 11 月签订了合作议定书的 4 个附件,包括《统计信息的交换》《专业代表团的交换》《大学统计教学》《应用统计培训》。经国务院同意,1991 年 7 月,国家科委向国家统计局等 8 部门发出《关于完成换函延长有关中美科技合作议定书的函》。这次正式换函延长的共有10个中美科技合作议定书，其中包括《统计合作议定书》，延长有效期与中美科技合作总协定书同步，延长5年，中美统计合作朝着积极发展方向继续向前推进。

1980年6月3—19日，应中国国家统计局邀请，日本总理府统计局局长岛村史郎和行政管理厅统计主干工藤弘安平率日本代表团来华访问，双方议定以后每年进行互访，吸收一些地方官员参加。此后，东京都总务局统计部、神奈川县、长崎县、大阪府、福冈县、崎玉县、北海道等道、府、县统计处的统计官员访问过中国。同年9月底到10月15日，应日本总理府统计局邀请，中国统计代表团派团访问日本总理府统计局。1980年的互访活动拉开了中日统计定期互访交流的序幕，随后，中国统计代表团多次赴日访问，考察了日本总理府统计局统计资料加工整理和利用、国民经济核算方法、日本统计行政管理和计算机数据库建设管理等，日本统计代表团也先后来华考察中国人口普查数据处理工作和地方统计资料的使用，共同商讨中日统计机构开展国际统计项目的合作等事宜。

1983—1988年，中国国家统计局先后派团访问了法国、英国、加拿大、苏联、澳大利亚统计机构，就国民经济核算、统计机构机制、人口普查、统计服务、统计教育培训等各方关心关注的问题进行了实地考察，与加拿大统计局签订了谅解备忘录，发表了《中华人民共和国国家统计局代表团访问苏联公报》。此外，1980—1991年，国家统计局、中国统计学会还先后与南斯拉夫、罗马尼亚、欧洲经济共同体、匈牙利、芬兰、埃塞俄比亚、西班牙、古巴、朝鲜、德国等国家统计机构开展互访考察,商谈统计合作事宜。

在改革开放的大潮中,中国统计坚持“走出去、请进来”相结合,广泛与世界上其他国家统计机构建立合作关系,加强业务交流,开展技术交换,大力推动了我国国情国力普查、经济社会民生统计、制度方法改革等统计事业发展。

联合国国际合作项目扎根中国

国际合作项目是中国统计开放合作的重要成果体现。随着中国统计登上国际舞台,一些联合国机构将国际援助项目的视角投向中国。

1982 年下半年,联合国儿童基金会驻中国办事处向中国国家统计局提出,基金会愿意帮助中国提高儿童调查统计能力,资助我国 125 万元进行一次儿童基本情况抽样调查。经国家统计局、卫生部、公安部、民政部、全国妇联、共青团中央 6 部门共同协商,成立了九省(区)儿童情况抽样调查领导小组,办公室设在国家统计局,专门负责领导和组织这项工作。1983 年 7—9 月在北京市区、通县进行了试点,同年 10 月,确定在内蒙古、黑龙江、浙江、山东、湖北、广东、四川、云南、宁夏等 9 省、自治区进行儿童情况调查。1984 年 1 月份,抽中地区对 1983 年末儿童情况进行了调查。1987 年 10 月,中国儿童情况抽样调查领导小组、国家统计局联合发布《关于 1987 年中国儿童情况抽样调查主要数字的公报》。

1984 年 3 月 26—31 日,经国务院批准,国务院人口普查领导小组和国家统计局在北京联合召开了中国1982年人口普查国际讨论会。这次会议得到联合国人口活动基金的赞助。参加讨论的有19个国家的人口学家和统计学家以及联合国、世界人口学会及其他有关国际组织的代表80余人。大会开幕时和会议期间，国务院副总理姚依林接见了会议代表，国务委员、国务院第三次全国人口普查领导小组组长陈慕华致开幕词。这次会议在国际上引起了很大反响。

1987年5月，应国家统计局邀请，联合国粮农组织和意大利政府联合代表团阿龙佐一行4人来华进行友好访问，就建立一个永久性的粮食及农业统计中心合作项目事宜进行商谈，愿为我国的农业普查人员培训提供无偿援助。6月6日，国务院副总理田纪云接见联合国粮农组织和意大利政府联合代表团。1988年9月21日，人事部批复同意国家统

★1991年10月，国家统计局局长张塞(前排右5)出席农业普查国际专家咨询会

计局设立中国粮食及农业统计中心，专门执行联合国粮农组织和意大利政府援助的合作项目。1991 年，国家统计局先后在成都等 10 个城市建立了粮农分中心，这在我国第一次全国农业普查中发挥了重要作用。1991 年 10—11 月，联合国粮农组织国家示范中心培训班在中国国家统计局粮农中心举办，旨在为发展中国家培训农业普查方面人才，帮助发展中国家改善粮食和农业统计体系。

国际合作项目的实施促进了国际统计技术在中国的应用发展，使我国统计制度标准更加国际化，数据采集和分析手段更加现代化，有利于中国经济社会发展成就实现国际可比，同时也达到了通过统计的对外开放让世界更好地了解中国发展进程的目的。

第四章 | 统计体系全面转轨（1992—2002年）

邓小平南方谈话和党的十四大召开后，我国加快改革开放和现代化建设步伐，确立了社会主义市场经济体制的改革目标，统计工作环境和需求发生重大变化，迫切要求建立与基本国情和社会主义市场经济体制相适应的统计调查体系。这一时期，统计部门不断解放思想，坚决破除计划经济时期形成的统计思维定式，坚持“一靠科技、二靠法制、归根结底靠人才”的统计战略方针，加快统计改革和统计现代化建设步伐，奋力推进我国统计调查体系和方法制度改革，逐步确立了以周期性普查为基础、以经常性抽样调查为主体的统计调查方法体系，大力推进统计信息技术的应用，不断拓展和延伸统计服务的深度和广度，初步建立起适应社会主义市场经济体制的统计体系，为21世纪统计事业的更快发展奠定了坚实基础。

第一节　国民经济核算体系实现转变

国民经济核算是对国民经济发展整体情况的全面描述，系统反映国民经济运行过程中各个环节之间、部门之间的内在联系,是宏观经济决策和分析研究的重要依据。随着改革开放后经济体制和运行机制的变化,我国国民经济核算体系顺利实现了从计划经济下的物质产品平衡表体系向适应社会主义市场经济体制的新国民经济核算体系的全面转变。

建立国内生产总值核算

从新中国成立初期到改革开放前,为适应高度集中的计划管理体制需要,我国国民经济核算一直采用物质产品平衡表体系(Material Product Balance System,简称MPS),它以物质产品的生产、分配、交换和使用为主线来核算物质产品再生产过程,反映农业、工业、建筑业、货物运输及邮电业、商业等物质生产部门的生产活动成果,核心指标是国民收入。MPS体系在过去国民经济计划和管理工作中发挥了重要作用。

改革开放后,随着经济体制改革的深入推进和经济运行机制的变化,服务业得到迅速发展,并在国民经济中发挥着越来越重要的作用,MPS体系下的核算结果已不能全面反映我国经济发展的总体情况。同时,随着国际交往日益频繁,为了更好开展国际比较与交流,国民经济统计与核算工作也迫切需要加强与世界的接轨。

这时,国家在制定经济政策和发展规划时,开始更多利用国民生产总值来衡量发展目标。1979年3月30日,邓小平在党的理论工作务虚会上首先使用了“国民生产总值按人口平均数”这一概念。1979 年 12 月 6 日,邓小平会见日本首相大平正芳时谈到:“到本世纪末,中国的四个现代化即使达到了某种目标,我们的国民生产总值人均水平也还是很低的。要达到第三世界中比较富裕一点的国家的水平,比如国民生产总值人均一千美元,也还得付出很大的努力。”此后,邓小平多次在谈话和讲话中用国民生产总值衡量经济发展和经济发展战略目标。1985 年 9 月,中国共产党全国代表会议通过的《中共中央关于制定国民经济和社会发展第七个五年计划的建议》在提出“七五”时期经济和社会发展的主要目标时,提到“使一九九〇年的工农业总产值和国民生产总值比一九八〇年翻一番或者更多一些”,党的正式文件开始用国民生产总值来衡量经济发展战略目标。后来,根据联合国制定的国际标准,将“国民生产总值”指标调整为“国内生产总值”。

为满足宏观经济管理的需要,全面反映三次产业发展水平,国家统计局于 20 世纪 80 年代开始研究联合国国民账户体系(System of National Accounts,简称 SNA),逐步探索建立以国内生产总值为核心指标的国民经济核算体系。1984 年 1 月,《国务院关于加强统计工作的决定》印发,明确提出要建立统一的、科学的国民经济核算制度。同年 9 月召开的全国统计工作会议,开始将建立中国国民经济核算体系正式列入统计改革项目。1984 年和 1989 年,国务院先后成立了国民经济统一核算标准领导小组和全国国民经济核算协调委员会,组织和领导我国新国民经济核算体系的研究设计工作。

1985年4月,国务院办公厅转发国家统计局《关于建立第三产业统计的报告》,同意在继续做好社会总产值、工农业总产值和国民收入统计的同时,抓紧建立国民生产总值和第三产业产值统计。同年7月,国家统计局印发《国内生产总值计算方案(征求意见稿)》,我国国内生产总值(GDP)核算工作正式起步。1985年国民经济和社会发展统计公报中,首次发布了国内生产总值数据,并在其后的1986—1991各年国民经济和社会发展统计公报中,发布国民生产总值数据。

此后,国家统计局对SNA体系下的国民经济核算开展了进一步理论研究和实践探索,于1987年开始编制SNA体系的投入产出表。1989年建立了年度GDP使用核算,即支出法GDP核算。1992年建立了季度GDP生产核算,同年开始编制SNA体系的资金流量表。

GDP核算的建立标志着中国国民经济核算体系从MPS体系向SNA体系转换的开始,从此我国进入了MPS体系与SNA体系并存阶段。在这一阶段,我国国民经济核算仍以MPS体系为主,以国民收入作为宏观经济统计的主要总量指标,GDP作为次要指标,用于补充前者不能反映非物质生产活动成果的不足。GDP的核算方法并非使用原始资料进行计算,而是在国民收入生产核算基础上进行相应调整和补充得到的,在实际中更多使用的是国民生产总值(GNP),而不是GDP。这一阶段的研究、探索和实践,为我国建立新国民经济核算体系奠定了坚实的理论基础和实践基础。经过长期理论探讨、方案设计、试点试算和方案论证，具有中国特色的新国民经济核算体系逐渐形成。

国务院批准《中国国民经济核算体系（试行方案）》

20 世纪 90 年代初，国家统计局会同有关部门、大专院校、科研机构，在认真总结我国国民经济核算实践经验和理论研究成果的基础上，借鉴 SNA 体系的基本核算原则、内容和方法，制定了 MPS 与 SNA 相结合的《中国国民经济核算体系（试行方案）》，确定了核算的基本概念、基本核算原则、基本分类、基本核算框架和基本核算内容。这一核算体系同时包含 MPS 体系和 SNA 体系的内容，体现了中国国民经济核算体系从 MPS 体系向 SNA 体系的过渡性特点。

1992 年 1 月，国务院组织有关方面专家进行论证，通过了《中国国民经济核算体系（试行方案）》。同年 8 月，国务院正式印发《关于实施新国民经济核算体系方案的通知》，决定从 1992 年起在全国分两步实施新国民经济核算体系方案，即：第一步，在 1992—1993 年两年建立起国家和省两级新核算体系基本框架，实现初步过渡；第二步，到 1995 年，在国家和省两级基本完成向新国民经济核算体系的全面过渡。

《中国国民经济核算体系（试行方案）》基本核算表由国内生产总值及其使用表、投入产出表、资金流量表、国际收支平衡表和资产负债表五种基本核算表构成。根据《中国国民经济核算体系（试行方案）》的原则要求，1992 年，国家统计局首次建立起我国独立的、比较系统的国内生产总值

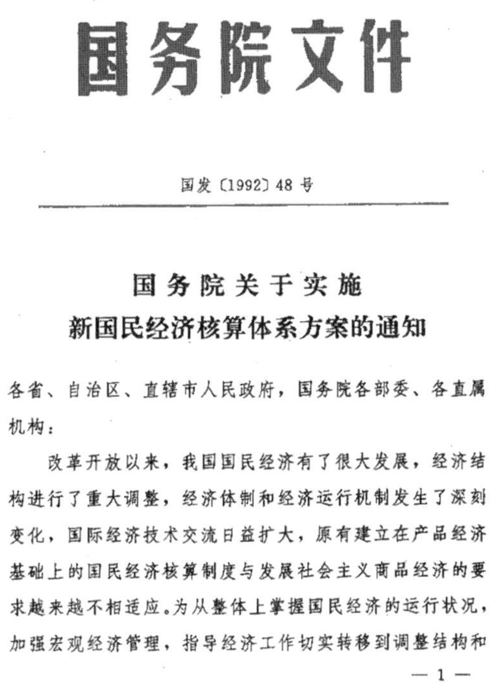

国务院文件

国发〔1992〕48号

国务院关于实施
新国民经济核算体系方案的通知

各省、自治区、直辖市人民政府，国务院各部委、各直属机构：

改革开放以来，我国国民经济有了很大发展，经济结构进行了重大调整，经济体制和经济运行机制发生了深刻变化，国际经济技术交流日益扩大，原有建立在产品经济基础上的国民经济核算制度与发展社会主义商品经济的要求越来越不相适应。为从整体上掌握国民经济的运行状况，加强宏观经济管理，指导经济工作切实转移到调整结构和

— 1 —

★1992年8月30日，国务院决定从1992年起在全国分两步实施新国民经济核算体系方案

测算方案，国内生产总值成为国民经济核心指标。

1993年，国家统计局及有关部门完成国内生产总值及其使用表、投入产出表、资金流量表、国际收支平衡表等基本核算表的编制工作，初步建立起国家和省两级核算体系的基本框架。至此，我国基本完成“国民经济核算体系分两

步过渡”的第一步——1993年实现初步过渡的任务。

1995年10月，全国国民经济核算会议在成都市召开。会议主要布置了新国民经济核算体系全面过渡的内容及其实施步骤，对初步过渡工作进行了全面总结，明确了实现全面过渡要完成的任务以及实现全面过渡存在的困难和应采取的对策。向新核算体系全面过渡开始进入实施阶段。

与此同时，国内生产总值也开始成为我国的经济评价考核指标。1992年2月，国务院批转国家计划委员会、国务院生产办公室、国家统计局《关于改进工业生产评价考核指标的报告》，要求建立按季测算全国和分省、区、市的国内生产总值制度，将国内生产总值作为全国和各地区的季度考核指标，以发挥统计对国民经济运行的导向作用，促进经济工作真正转到调整结构和提高效益的轨道上来。2月下旬，国家统计局印发《季度国内生产总值试算方案》和《改进工业经济评价考核指标实施方案》，从1992年第一季度开始正式执行。

《中国国民经济核算体系(试行方案)》(1992)从我国社会经济发展的实际出发，以马克思再生产理论为指导，是在总结我国实践经验基础上，吸取国际上科学核算方法和有益经验，建立起的一套适合中国国情的新国民经济核算体系。这一体系扩大了核算范围，充实了核算内容，改进了核算方法，吸收了国际上不同核算方法的长处，并采用了板块式的转换结构，既能和我国原有的核算方法相衔接，又适应对外开放和进行国际对比的需要，具有很强的科学性和实用性。它协调了统计、会计、业务等核算制度、核算方法和分类标准，逐步实现宏观经济核算的规范化和系统化。它实现了从产品经济的生产统计观念到商品经济的供产销统计观念的转变，从只强调反映物质生产转变到全面反映整个国民经济运行的过程、联系和规律性，为宏观经济决策和管理提供了科学依据。

中国国民经济核算体系取得进一步发展

1993年，《国内生产总值指标解释及测算方案》发布，我国正式建立了GDP核算制度。以此为标志，中国国民经济核算完成从MPS体系向SNA体系的转换过程，进入了SNA体系的发展时期。在这一阶段，我国开始编制SNA体系下的资产负债表和国民经济账户，并且对整个国民经济核算制度方法进行不断改革。

1994年中国发布第二部国民经济行业分类标准。根据新标准，国家统计局对GDP生产核算的产业部门分类，特别是服务业的产业部门分类进行了调整和细化。1995年，根据首次全国第三产业普查资料，国家统计局对1991年和1992年GDP数据进行了修订。为了保持历史资料可比性，1995—1996年，国家统计局还根据首次全国第三产业普查资料对1978—1990年GDP生产核算历史数据进行了系统修订。

中国国民经济核算体系在实践与发展中积累了丰富经验，也为进一步修订完善奠定了良好基础。从1999年开始，在充分总结1992年以来国民经济核算制度方法改革成果和实践经验、深入研究国际标准的基础上，国家统计局对《中国国民经济核算体系（试行方案）》进行系统修订，形成了《中国国民经济核算体系（2002）》。《中国国民经济核算体系（2002）》对我国国民经济核算的基本概念、基本核算原则、基本分类、基本核算框架和基本核算内容进行了新的规范。同时，该体系取消了 MPS 体系核算内容，保持与 SNA（1993）在核算原则、内容和方法上的基本衔接。2002 年 12 月，国家统计局、国家发展计划委员会、国家经济贸易委员会、财政部、中国人民银行、国家外汇管理局、国家税务总局、国家工商行政管理总局联合发文，在全国组织实施《中国国民经济核算体系（2002）》。

中国国民经济核算体系由 MPS 体系转向基于 SNA 的国民经济核算体系，是我国统计制度方法改革迈出的重要一步。以 2002 年国民经济核算体系的实施为龙头，统计改革向着建立适应社会主义市场经济的、符合中国国情的现代化统计体系全面迈进。统计制度的覆盖范围，从偏重物质生产领域向服务领域延伸，涵盖国民经济全部行业，以及投资、能源、社会、科技、文化等专业领域，统计内容从计划经济时代的以实物量指标为主发展为实物量指标和价值量指标并重，充实了反映经济结构、质量效益的指标，社会主义市场经济体制下的统计调查方法制度体系逐步建立和完善起来。

第二节　组建国家统计局直属的企业调查队

20世纪90年代初期，为直接、快速、准确采集企业经济信息，探索一套全新的统计调查方法，我国决定成立一支以采用抽样调查方法为主、机动灵活、精干高效的企业调查队伍。全国企业调查队在改革中探索，在探索中前进，为统计改革与发展作出了重要贡献。

成立企业调查队

1994年2月，国务院批准国家统计局“三定”方案。根据方案，国家统计局将建立和管理企业事业名录库、组织实施全国企业抽样调查的工作转移给企业调查队。同年3月，中央编办正式批复同意设立国家统计局企业调查队(1996年定名为国家统计局企业调查总队)。1995年8月，中央编办批复同意成立30个省(自治区、直辖市)和210个中心城市企业调查队。1996年3月，国家统计局、中央编办、国家计委、财政部、人事部联合印发《关于企业调查队组建工作的通知》，正式组建国家统计局直属的全国企业调查队。后经人事部同意，农村社会经济调查总队、城市社会经济调查总队、企业调查总队及其派驻地方的调查队依照国家公务员制度进行管理。

★1996 年 6 月 3—5 日，全国企业调查队成立大会在北京召开

1996 年 6 月 3 日，全国企业调查队成立大会在北京召开，人大常委会副委员长王光英、国务院有关部门负责人、著名经济学家、各省（自治区、直辖市）统计局局长、企业调查队负责人以及特邀地（市）政府负责人和部分企业家参加了大会。国务院副总理邹家华和人大常委会副委员长王丙轮分别为全国企业调查队题词：“科学准确、高效灵活”“艰苦创业，奋力进取，搞好企业调查工作”。

大会召开之后，国家统计局、中央编办于 1996 年 11 月联合印发《关于企业调查队机构编制分配方案的通知》，随后国家统计局又印发《关于组建中心城市企业调查队有关问题的通知》。两个通知分别就企业调查队编制分配、建立中心城市企业调查队的原则、企业调查队配备人员的原则、各省级企业调查队处级机构的设置等问题作出规定。按照两个通知的要求，各地企业调查队陆续组建起来，逐渐形成了一个面向全国、面向二三产业，遍布全国城乡的“国家—省—市”三级企业调查网络。

全国企业调查队的主要任务有5项：一是对全国二、三产业中各种经济类型、各种经济规模的企业进行抽样调查；二是开展与建立现代企业制度和发展市场经济体系密切相关的快速专项调查和跟踪监测调查；三是进行企事业单位的统计登记工作，建立和管理企事业单位名录库；四是大力开展分析研究，特别是与企业和市场密切相关的宏观经济决策及微观经济管理问题的分析研究；五是承接社会各界委托的与企业和市场有关的各类调查、咨询和研究项目。

企业调查队成立后，对统计调查方法、统计调查内容、统计调查领域等诸多方面进行了开拓和积极探索，并采用抽样调查方法先后开展了规模以下工业抽样调查、部分服务业抽样调查、工业企业数据质量核查、小型批发零售贸易业和餐饮业抽样调查以及一系列快速专项调查，为各级党政领导和社会各界提供了大量统计调查信息和咨询研究建议。此外，企业调查队还积极开展国际合作，包括与亚洲开发银行合作建立中国工商企业抽样调查体系，与德国大众基金会、IFO经济研究所合作进行企业景气调查研究，与世界银行合作开展投资环境调查等，均取得了较好的社会效果，为相关领域统计改革和发展奠定了良好基础。

建立规模以下工业抽样调查制度

作为一支新组建的队伍，企业调查队从成立开始，就担负着统计改革的重任。其中,研究建立规模以下工业抽样调查是企业调查队承担的一项重大改革任务。

为研究探索和制定工业抽样调查方案,国家统计局决定于 1996 年 12 月—1997 年 4 月在全国进行抽样调查试点工作,在试点工作的基础上进一步研究建立工业抽样调查制度,这项工作被交给了新成立的全国企业调查队。1996 年 11 月,国家统计局印发通知,就抽样调查的组织协调、样本设计、抽样框建立等问题作了规定。调查范围分为两部分,第一部分是工业总产值 500 万元以下的乡及乡以上独立核算工业企业,第二部分是村及村以下和城镇联营(合作经营)、个体工业。经过半年多探索与总结,1997 年 7 月全国工业企业抽样调查试点总结会议在太原召开,会议指出,全国工业企业抽样调查试点工作取得了阶段性成果,实践证明,在工业领域推行抽样调查方法是非常必要的,也是可行的。

在认真总结试点工作的基础上,国家统计局对工业年度抽样调查方案进行了修订。1998 年,工业统计范围由按隶属关系划分调整为按企业规模划分,分规模以上和规模以下两个部分。其中,对年产品销售收入 500 万元以下的工业企业实行抽样调查。

经过两年多的试点与研究,1999 年 3 月,国家统计局发出通知,决定正式在全国开展规模以下工业年度抽样调查,以反映规模以下工业总量,满足国民经济核算的基本需要。调查总体为全部年销售收入 500 万元以下的非国有工业企业、合作经营和个体经营工业企业,调查内容包括企业单位数、工业总产值、应交税金、营业利润、应付工资、折旧等。这是我国首次在工业统计领域大规模运用抽样调查技术，为全面推进我国统计调查方法体系改革作出了重要贡献。

2000年，规模以下工业抽样调查工作正式纳入国家统计调查制度。此后，随着规模以上企业数量的不断增多，为减轻基层统计负担，保证数据质量，国家统计局又分别于2007年和2011年两次对统计范围作出修订。其中，2007年规模以下工业企业统计范围调整为年主营业务收入500万元以下的工业企业，2011年调整为年主营业务收入2000万元以下的工业企业。

第三节　逐步形成统计调查体系

随着改革开放的深化，各类市场主体纷纷涌现，社会主义市场经济的活力不断激发。面对新形势，统计工作坚持"一靠科技、二靠法制、归根结底靠人才"的战略方针，加快现代化建设步伐，逐步确立了以周期性普查为基础、以经常性抽样调查为主体的统计调查方法体系，积极推进各领域统计方法制度改革。

制定印发《全国统计改革和统计现代化建设规划纲要(1996—2000)》

随着党的十四大正式确立建立社会主义市场经济体制

的改革目标，改革开放进入新的阶段。我国统计工作面临的主要矛盾逐渐转变为日益增长的统计需求与传统的落后的统计工作方式之间的矛盾。针对这一矛盾，统计部门提出了“一靠科技、二靠法制、归根结底靠人才”的工作思路。在1996年12月召开的全国统计工作会议上，这一工作思路被确立为统计工作的战略方针。

1996年12月，国家统计局印发《全国统计改革和现代化建设规划纲要（1996—2000）》，提出统计改革和统计现代化建设的指导思想和战略目标，即以邓小平建设有中国特色的社会主义理论为指导，适应经济体制和经济增长方式转变的要求，坚持“一靠科技、二靠法制、归根结底靠人才”的战略方针，抓住一切有利时机，加快统计改革和统计现代化建设步伐，大力推进统计的社会化、国际化、产业化、商品化，到20世纪末初步建立起适应社会主义市场经济的、符合中国国情的现代化统计体系，更好地发挥统计在促进改革、推动发展和维护稳定中的信息、咨询、监督职能。明确统计改革和统计现代化建设的重点是“改革统计调查体系，加快统计信息工程建设，加强统计法制”。

确立统计调查方法改革和抽样调查主体地位

改革开放后，抽样调查技术在我国得到成功运用，特别是农产量调查和人口、住户调查取得大量信息成果，显示了重要的科学价值。但到90年代初期，我国统计调查的方法体系仍是以全面统计报表为主，抽样调查等其他手段为辅。

面对经济体制变革,调查对象日益复杂多样,过于依赖全面报表的统计调查方法,难以适应多种经济成分、多种经营方式的调查对象的需要,也难以灵敏反映瞬息万变的市场发展情况,必须进行改革。

1993年全国省(区、市)统计局长会议首次明确提出了统计调查方法改革的目标模式,即"建立以必要的周期性普查为基础、以经常性的抽样调查为主体,同时辅之以重点调查、科学估算和有限的全面统计报表综合运用的统计调查方法体系"。1994年7月,国务院批转国家统计局《关于建立国家普查制度改革统计调查体系的请示》,明确了普查在整个统计调查体系中的基础地位,要求实行周期性的普查制度,大力推广应用抽样调查技术,逐步确立抽样调查在统计调查方法体系中的主体地位。我国的周期性普查至此有了较为明确的制度规定,抽样调查方法此后也在农产量、规模和限额以下企业、价格、城乡住户、人口和劳动力等统计工作中得到广泛应用。

随着1996年《中华人民共和国统计法》的修改颁布,"以周期性普查为基础,以经常性抽样调查为主体,以必要的统计报表、重点调查、综合分析等为补充"的统计调查方法体系在法律层面得到进一步确立。

发挥周期性普查的基础作用

根据1994年《国务院批转国家统计局关于建立国家普查制度改革统计调查体系请示的通知》,人口普查、第三产业普查、工业普查、农业普查每10年一次，分别在尾数逢0、3、5、7的年份实施；基本统计单位普查每5年一次，逢1、6的年份实施。

1998年6月，国务院发出《关于进行第五次全国人口普查的通知》，决定于2000年进行第五次全国人口普查。2000年11月1日，第五次全国人口普查登记工作在全国31个省、自治区、直辖市展开，江泽民、李鹏、朱镕基、李瑞环、胡锦涛、尉健行、李岚清等党和国家领导人以普通公民身份参加了普查登记。普查结果显示，大陆31个省、自治区、直辖市和现役军人共126583万人，同第四次全国人口普查相比，共增加了13215万人，增长11.66%。平均每年增加1279万人，年平均增长率为1.07%。

我国开展的唯一一次第三产业普查在1993年，主要目的是摸清第三产业底数，支撑第三产业发展规划和政策制定，同时进一步完善和规范经常性的第三产业统计，推进实施新的国民经济核算体系。此后，我国于1995年开展了第三次全国工业普查，为党和国家制定完善相关领域政策、编制中长期规划提供了扎实的数据信息。1996年，我国开展了首次全国农业普查，基本摸清了我国农业和农村的家底，为加快农业农村发展发挥了重要作用。1996年和2001年，我国先后开展过两次全国基本单位普查，获得了各类单位的数量及其地区分布、行业分布、规模结构与发展变化情况等基本信息，为调整经济结构、优化产业政策、规划城乡建设等提供了基础资料，同时也为逐步建立和完善部门间相互衔接、互为补充、信息共享且能适时更新的基本单位名录库奠定了基础。

★2001年9月,国家统计局局长朱之鑫(右4)出席第二次全国基本单位普查工作电视电话会议

周期性普查制度实施后开展的一系列普查,深化了对我国基本国情国力的认识,为科学决策和改进宏观调控提供了重要依据,但实践中也暴露出项目设置过多、时间安排分散、项目涵盖不全等问题。为解决这些问题,2003年,普查项目和周期作出调整,第三产业普查、工业普查、基本单位普查合并,并将建筑业包括进来,统称为经济普查。调整后的普查项目包括人口普查、农业普查和经济普查三项,经济普查每5年一次,逢3、8的年份实施;人口普查、农业普查每10年一次,分别在逢0、6的年份实施。

健全完善统计项目管理和统计标准体系

加强国家统计调查项目审批管理。1997年,国家统计局印发《统计调查项目审批管理规定》,设立统计调查项目审议小组，对统计调查项目进行了全面清理和审核确认。此后国家统计局所有新建或拟作重大修改的统计调查项目均须严格按规定审议和报批。1998 年 10 月，国家统计局对《规定》作出修订，进一步重申了管理范围，对统计调查项目的审批原则、审批权限、审批程序、监督管理等作了具体说明。

建立部门统计调查项目管理体系。作为政府统计的组成部分，国务院各部门制定和实施的统计调查项目发挥着重要作用。到 20 世纪 90 年代，相对独立的部门统计调查体系已基本形成，但对部门统计的管理仍处于边缘化、分散化的状态。1998 年，国家统计局对国务院各部门以及具有行政管理职能的国家级公司的统计工作基本情况开展了调查。1999 年 10 月，国家统计局局长刘洪签发国家统计局令，公布《部门统计调查项目管理暂行办法》。这是我国第一部对部门统计调查进行规范化管理的法规性文件，部门统计调查管理从此开始步入法治化、科学化轨道。

加快健全完善统计标准体系。随着我国经济体制改革的深入推进，新兴行业不断出现，产业结构发生重大变化。1994 年，国家统计局对《国民经济行业分类和代码》进行了第一次修订，之后又制定和修订了一系列统计标准。1996 年，《关于划分基本单位的规定》及其实施细则出台，首次提出基本单位、法人单位和产业活动单位的概念和认定办法。1998 年，对原有经济成分分类进行修订，制发了《关于统计上划分经济成分的规定》以及与其配套的《关于统计上经济成分的推算办法》《关于统计上国有经济控股情况的分类办法》等一系列文件，以便更加准确地反映我国经济中所有制成分的构成。此外，为准确反映城乡发展变化情况，在 1955 年《关于城乡划分标准的规定》基础上，于 1999 年制定了《关于统计上划分城乡规定(试行)》，明确了统计上城乡划分的基本原则和有关概念解释，成为首个统计上划分城乡的标准。

推动各领域统计方法制度改革

工业统计领域实施重大改革，抽样调查技术开始在工业统计领域大规模运用。1998 年 12 月，国务院办公厅转发国家统计局、国家经济贸易委员会《关于做好工业统计改革的意见》，同意从 1999 年起对全国工业统计进行两项重大改革：一是改变工业企业主要经济指标月报的报送方式，由上报综合汇总表改为上报分企业资料，数据汇总方式也由逐级汇总上报改为由国家统计局实行超级汇总；二是建立 5000 家工业企业信息联网直报制度，直接从企业快速、便捷地搜集各种信息资料，同时为企业提供信息服务。1999 年 3 月，规模以上工业企业财务月报首次试报工作顺利完成，开始正式实行超级汇总，工业效益统计不断加强。

建立全国农村贫困监测制度。为了客观、准确、及时地反映全国反贫困进程，1997 年 8 月，根据中央扶贫开发工作会议精神并经国务院批准，国家统计局建立全国农村贫困监测制度，在农村住户抽样调查的基础上，加强了对 592 个国定贫困县的监测，致力于全面了解和掌握全国贫困地区和贫困人口的分布、变动情况，反映扶贫成效，为宏观决策提供客观可信的依据。1997 年 11 月，国家统计局与国家计委、国务院扶贫开发领导小组联合印发《关于开展农村贫困监测的通知》，决定在 1997 年底开展一次性调查，并从 1998 年起开始实施经常性调查。同月，国家统计局制发《中国农村贫困监测调查方案》。

农业统计加强超级汇总和抽样调查技术运用。从 1999 年夏粮调查起，粮食产量抽样调查数据开始实行超级汇总，全国粮食产量分季及全年实测数据由国家统计局统一对外发布。2001 年 7 月，为了全面反映农作物播种面积总量水平和作物结构，提高农作物生产统计数据质量，国家统计局印发《关于开展农作物总播种面积抽样调查工作的通知》，决定在小麦、玉米、稻谷、棉花等主要农作物面积抽样调查的基础上，从当年 8 月起，开展农作物总播种面积抽样调查工作。

国内贸易统计组织实施方式进行重大改革并不断发展完善。1993 年，国家统计局将计划经济体制下形成的国内商业、对外贸易业和物资供销业三项专业统计合并为批发零售贸易业商品流转统计，由原来通过商业行政主管部门获取统计基础资料转变为直接面向市场经营主体开展调查。经过改革，统一了统计指标、统计口径、统计范围和计算方法，改变了以往几项统计各成体系、互不衔接，不能反映全社会商品流通全貌的情况。此后，国内贸易统计体系不断发展完善，并逐步开展抽样调查。1998 年，建立贸易统计限额标准，对限额以下企业和个体经营户进行抽样调查，小型批发零售贸易业、餐饮业企业统计用抽样调查数据替代全面调查数据，各地不再进行全面调查。1999 年 9 月印发《重点批发零售贸易企业主要经济指标》月报表式，开始实施重点商业企业主要经济指标月报直报工作。

探索开展劳动力调查。为了适应市场经济体制下劳动力市场的变化，1994 年全国人口变动情况抽样调查中首次加入了反映劳动力就业状况的调查项目周工作时间、未工作状况，推出调查失业率指标。1995 年在全国 1%人口抽样调查中，又增加了行业、职业，细化了不在业情况调查项目。自 1996 年第三季度开始，国家统计局在全国初步建立城镇劳动力调查制度，每年二、三、四季度进行 3 次调查，二、四季度在城镇范围进行，三季度结合全国人口变动情况抽样调查在全国范围进行。从 1996 年开始在全国实施的城镇劳动力调查，是我国就业失业统计工作的一项改革，为了解和把握就业形势、改善宏观调控、加强就业服务提供了重要依据，也为 2005 年正式建立劳动力调查制度打下了基础。

完善城乡住户调查指标体系。为了适应新形势的需要，并与国民经济核算体系相适应，与国际住户调查相接轨，分别对城市、农村住户调查指标体系进行修订。城市住户调查开始设立“可支配收入”指标，并与“生活费收入”指标一同作为衡量居民生活水平的核心指标。2000 年以后，将住房、医疗、养老、失业等社会保障项目纳入城市居民生活调查。农村住户调查适时增加了农村劳动力就业、农业结构调整、土地流转、社会保障、农村教育与医疗、农民居住环境与生活质量、农业技术与服务等内容，加强了对农村税费改革等重大政策方针落实情况的监测。

开展商品交易市场快速调查。1999年3月，国家统计局、国家经济贸易委员会联合发出通知，决定于6月30日—7月31日开展全国商品交易市场快速调查。调查目的是落实国家“积极培育市场，加大国内市场开拓力度”的战略部署，为国家实施对商品交易市场的宏观调控提供决策依据。调查对象为全国经乡镇以上各级政府主管部门批准，有固定交易场所，进行经常性常年交易，并设有专职管理人员的现货商品交易市场（不含农村集市）。调查内容包括市场基本标识和经济指标，采取全面调查方式进行。这是我国首次开展全国商品交易市场调查。12月，《关于商品交易市场快速调查结果的公报》发布。

固定资产投资统计的范围和内容不断调整和优化。1986年，国家计委、国家经委、国家统计局、财政部联合发出《关于加强固定资产投资统计工作的通知》，明确提出切实加强固定资产投资统计工作。当时的固定资产投资统计范围包括基本建设、更新改造、车船购置和其他投资活动。1993年，固定资产的统计对象，新增“各种经济类型投资”的分组，即联营经济、股份制经济、外商投资经济、港澳台投资经济及其他经济类型单位固定资产投资。1997年，根据邹家华副总理指示要求，将日常固定资产投资统计的起点由5万元提高到50万元，此次统计起点的调整范围包括基本建设、更新改造、其他项目投资。1999年，城镇私营和个体固定资产投资纳入投资统计范围，固定资产投资统计制度逐步健全和完善。

改革完善建筑业统计报表制度。2001 年 4 月,建设部颁布《建筑业企业资质管理规定》,对建筑业企业的组织方式、生产经营方式、企业经营活动等产生重大影响。为适应这一改革,2002 年国家统计局对建筑业统计制度进行了重大改革,将统计范围由资质等级四级及以上的建筑业企业改为所有具有建筑业资质的独立核算建筑业企业,具体包括总承包、专业承包和劳务分包三个序列的建筑业法人企业,调查频率为半年报和年报。2004 年,为了加强建筑业统计,进一步满足增加值核算和部门行业管理需要,建筑业统计频率由半年报调整为季报。

建立房地产开发统计监测制度。1987 年,国家统计局在基建、更改和其他投资统计制度中增加"商品房购置"指标。1990 年,开始实施商品房统计年报基层表和单独布置的综合报表制度,由基层统计部门组织房地产开发企业(单位)填报,统计系统商品房统计制度正式建立。从 1993 年报开始,在商品房统计报表中增加"土地开发投资额"指标,标志着土地正式列入统计范畴。1994 年,商品房建设投资统计改为房地产投资统计。1995 年,房地产开发统计进行重大改革,从固定资产统计报表制度中独立出来。同年 7 月,国家统计局、国家计委、建设部、国家工商行政管理局联合发出通知,决定进行一次全国房地产开发建设及经营情况快速调查,调查对象为各经济类型房地产开发企业单位。1997 年 12 月,国家统计局首次对外公布全国房地产开发业景气指数(简称"国房景气指数"),该指数是根据经济周期波动理论和景气指数原理,选择 8 个具有代表性的统计指标进行分类指数测算得出的，是反映全国房地产业发展景气状况的综合指数。部分地区和重点城市在国家统计局的指导下，建立了地方房地产景气指数计算与发布体系。

科技统计逐步走上正轨。1994 年，国家统计局开始组织实施科技综合统计年报制度，为综合反映全社会科技和 R&D 投入情况提供了制度保障；同时建立五年为周期的科技滚动调查制度，以更好满足全社会口径科技统计的需要。同年，大中型工业企业科技活动情况统计报表基本架构确立，形成企业研发统计报表制度的雏形。1996 年起，国家统计局、科技部联合发布全国科技经费投入统计公报，后加入财政部，三部门联合按年度发布并延续至今。2000 年和 2002 年，国家统计局分别制订并发布《科技投入统计规程（试行）》《高技术产业统计分类目录》，对科技统计相关工作进行规范，为全面监测我国科技状况、开展国际比较奠定了基础。

建立妇女儿童统计。20 世纪 90 年代初，我国先后发布《九十年代中国儿童发展规划纲要》《中国妇女发展纲要（1995—2000 年）》。在联合国儿童基金会合作项目支持下，国家统计局于 1992 年组织开展中国儿童基本情况抽样调查，获取儿童在生长发育、教育、生存环境等方面数据资料，反映中国儿童事业发展情况。为推进妇女儿童统计工作，1997 年国家统计局成立妇女、儿童纲要统计监测领导小组和工作小组。随后，相继编辑出版《中国社会中的女人和男人——事实与数据（1995）》和《中国社会中的女人和男人——事实与数据（1999）》。进入新世纪，国务院颁布实施

《中国妇女发展纲要(2001—2010 年)》和《中国儿童发展纲要(2001—2010 年)》,明确国家统计局在“两纲”统计监测组的牵头职责,国家统计局研究制定了监测指标体系并开展统计监测相关工作。

首次编制居民消费定基价格指数。为了更加全面地反映经济发展和居民支出变动情况并与国际惯例接轨,从 2000 年开始,我国价格统计指数从商品零售指数改成以居民消费价格指数(CPI)为主。2000 年 2 月,国家统计局、国家发展计划委员会、国家国内贸易局联合印发《关于开展居民消费定基价格指数编制工作的通知》,决定从 2001 年 1 月起,在各省(区、市)开始编制以 2000 年为固定基期的居民消费价格指数。

委托调查项目顺利开展。2000 年,受中央组织部委托,国家统计局在全国范围内组织开展了 30 万党员思想状况问卷抽样调查,高质量完成了新中国成立以来最大范围的党员思想状况调查。2000 年,国家统计局首次开展党风廉政建设民意调查,此后一直承担此项重大调查任务,2018 年起该项调查调整为全面从严治党民意调查,为党中央研究党风廉政建设和全面从严治党提供了重要依据。这一时期,根据建立社会主义市场经济体制的要求,在清理和精简原有各专业统计报表制度及统计指标体系的基础上,制定了新的统计报表制度,在改革统计指标体系、统一统计标准和理顺专业之间关系等方面进行了较大改革,初步克服了长期以来在计划经济体制下形成的各专业统计彼此分割、自成体系、互不衔接配套的弊端,从整体上提高了统计制度的标准化和规范化程度。同时,抽样调查方法越来越广泛地应用到各专业统计领域,抽样调查在统计调查方法体系中的主体地位在实践层面逐渐得到确立,一套适应社会主义市场经济体制的统计制度方法体系基本形成。

第四节　中办、国办印发《关于坚决反对和制止在统计上弄虚作假的通知》

党的十五大提出依法治国基本方略。实行依法统计,既要依法办统计,也要依法管统计,将保障统计数据质量作为根本任务。针对一些地方和基层单位在统计数据上弄虚作假现象比较严重的问题,1998 年 2 月 16 日,中共中央办公厅、国务院办公厅印发《关于坚决反对和制止在统计上弄虚作假的通知》。

《通知》主要内容

1996 年《统计法》的修改以制止弄虚作假为宗旨,突出规范社会主义市场经济条件下统计活动、保障统计资料准确性和及时性这一重点。继《统计法》修改之后,两办印发《关于坚决反对和制止在统计上弄虚作假的通知》。这是贯彻落实党的十五大依法治国方略的实际行动,是执行新修改《统计法》的具体体现,是党和国家为加强党风政风建设,坚决反对和制止在统计上弄虚作假所采取的又一重大举措，对提高统计数据质量，推进统计改革和法治建设，具有十分重要的作用，充分表明党中央、国务院坚持实事求是、反对弄虚作假的鲜明态度和坚定决心。

《通知》明确指出一些地方和部门违反《统计法》，在统计上虚报瞒报，弄虚作假，致使有些统计数据与实际情况相差甚远的情况；要求各级领导干部要清醒认识到，在统计上弄虚作假是一个严重的政治问题，是一种危害性极大的腐败行为，这种行为严重违背党的思想路线，败坏党的优良传统和作风，损害党和政府的形象，助长地方、部门保护主义和极端利己主义，影响国家决策的科学性和中央权威，妨碍国民经济健康发展，引起了人民群众的强烈不满，必须坚决纠正。《通知》要求：一、坚持实事求是，确保统计数据准确性和科学性。绝不允许编造虚假数据，或者强令统计机构、统计人员篡改统计数据。统计机构、统计人员必须坚持实事求是，不得以任何理由在统计上弄虚作假。二、进一步健全统计机构，努力提高统计人员素质。各级地方政府要切实加强对本行政区域内统计工作的组织领导和综合协调。要加强对统计人员的思想政治教育、职业道德教育和业务技术教育，实行持证上岗制度。三、严格执行《统计法》，严肃处理在统计上弄虚作假行为。要把反对和制止在统计上弄虚作假作为党员领导干部民主生活会的一项重要内容。各级统计机构和广大统计人员要增强责任感，坚决同弄虚作假行为作斗争。四、全面客观地考察干部工作实绩，不能单凭统计数据决定干部任用。对靠弄虚作假骗取地位的一经发现要坚决从领导岗位上调整下来，对所骗取的各种荣誉和奖励要坚决予以取消。五、加强对统计工作领导，加大监督检查工作力度。要以查处在统计上弄虚作假为重点，认真组织统计执法检查，做到经常化制度化。

国务院领导同志对贯彻落实《通知》提出明确要求

1998年5月，在听取国家统计局工作汇报时，国务院副总理温家宝指出，在发展社会主义市场经济的条件下，统计具有特别重要的地位，应当予以加强。改革和发展的新形势要求统计做到“科学、准确、及时、全面”，首先要确保数据的真实。他强调，要坚持实事求是，反对弄虚作假。会议同意召开全国宣传贯彻《关于坚决反对和制止在统计上弄虚作假的通知》精神电视电话会议。

1998年6月，宣传贯彻《关于坚决反对和制止在统计上弄虚作假的通知》精神电视电话会议召开，由国家统计局、中央纪委、中组部联合举办。温家宝出席会议并讲话，他指出，多年来各级统计机构和广大统计工作人员坚持实事求是，推进统计改革，从总体上保障了统计数据的科学性和准确性，在党和国家科学决策和宏观管理中发挥了重要作用。但一些地方和部门在统计上存在着弄虚作假问题，有的虚报夸大成绩，有的瞒报掩盖问题。这种行为严重影响统计数据质量和宏观决策的科学性，妨碍国民经济健康发展，损害党和政府形象，败坏党的优良传统和作风。温家宝强调，各级党委和政府要按照《通知》精神，采取切实措施坚决制止在统计上弄虚作假,把它作为端正党风政风、反对腐败的重要工作来抓,加强思想教育、制度建设、干部考核、法纪监督,充分发挥统计在国民经济和社会发展中的作用。温家宝要求:第一,统计工作必须确保数据真实。第二,各级统计机构和统计人员必须遵守"约法三章",一是讲真话报实数、如实地提供统计资料,二是遵守职业道德、不编造虚假数据,三是坚持原则、敢于抵制和大胆揭发在统计上的弄虚作假行为。第三,各级领导干部必须做"说实话、鼓实劲、办实事"的表率。第四,各级纪检、组织、监察、统计机关必须加大监督检查力度。

统计系统认真贯彻落实《通知》要求

1998年3月,国家统计局发出通知,要求全国统计系统认真贯彻落实《通知》精神。一是要认真组织传达学习,深刻认识反对和制止在统计上弄虚作假的重要性,提高反对和制止在统计上弄虚作假的自觉性和坚定性,增强搞准统计数据的使命感和紧迫感;二是要加大统计执法检查力度,严肃查处在统计上弄虚作假的案件;三是进一步健全统计机构,切实加强各级统计部门领导班子建设;四是要加强对统计人员的思想政治教育、职业道德教育和业务技术教育,提高素质,实行持证上岗制度;五是要坚持标本兼治,综合治理,从源头上预防和制止弄虚作假,确保统计数据的准确性科学性;六是要加强对贯彻落实情况的督促检查工作。

1998年10月,为贯彻落实国务院领导同志指示精神和

《通知》要求，国家统计局通知要求各级统计机构加强统计数据质量审核检查工作。通知提出一定要以对党负责、对人民负责、对历史负责的高度责任感，坚持实事求是，如实反映经济和社会发展的实际情况，坚决反对和制止在统计上弄虚作假的行为。任何单位和个人都不能因为实际执行结果达不到上级下达或自身制定的目标而篡改统计数据、虚报浮夸。广大统计人员要切实做到讲真话，报实数，如实提供统计资料；遵守职业道德，不编造虚假数据；坚持原则，敢于抵制和大胆揭发在统计上的弄虚作假行为。通知强调：要严格按照国家统计制度规定的计算方法和技术规范，实事求是核算国内生产总值，准确计算经济增长速度。对重要数据要严格把关认真核实，不能简单照汇照转。发现数据有“水分”的，必须坚决挤掉。同月，中央纪委、中央组织部、国家统计局三部门组织联合调查组，分赴浙江、江西、四川、陕西等地，就《通知》贯彻落实情况开展检查。

贯彻落实《通知》要求取得成效

1999 年 3 月，中央纪委、中组部、国家统计局联合就《通知》贯彻落实情况向党中央、国务院进行报告，汇报了贯彻落实《通知》要求采取的主要措施，包括召开电视电话会议部署，深入学习领会《通知》精神，组织统计执法检查，搞好督促检查工作等。报告还汇报了贯彻落实《通知》要求取得的初步成效，一是加强了党的实事求是思想路线的教育，二是进一步推动了《统计法》的贯彻执行，三是统计工作得到进一步加强。报告还指出了仍然存在的主要问题,提出进一步落实《通知》要求的几点建议,要加强思想教育,改进和完善干部目标管理责任制,健全统计执法队伍,强化统计执法监督,进一步加强基层统计力量。

第五节　统计法治为统计工作保驾护航

我国的统计法治工作,是和着新中国社会主义法治建设步伐,在维护统计事业持续健康发展的过程中,逐步健全完善的。进入20世纪90年代以后,随着统计工作规范化程度的不断提高,实现法治化成为统计事业发展的必然要求。这一时期,统计立法不断夯实,统计执法不断规范,统计普法卓有成效,统计工作法治化水平显著提高,统计工作走上了依法办统计、依法治统计、依法兴统计的光辉道路。

修改后的《统计法》颁布实施

1983年,《统计法》的颁布实施,结束了我国统计工作无法可依的局面,统计工作开始步入法制轨道。20世纪90年代,随着我国经济体制改革的深化和社会经济的发展,统计调查对象发生了深刻变化,多种经济成分、多种经营方式和分配方式同时存在,经济构成日趋复杂,对统计工作提出更高要求,原《统计法》的有些规定已越来越不能适应统计工作发展实际,结合实际科学修改势在必行。

关于修改《统计法》的问题，最早是在1989年11月，国家统计局、国务院法制局、监察部就1989年全国统计执法大检查的情况向全国人大财经委进行专题汇报时提出来的。国务院对这项工作很重视，把《统计法》的修订列入了1990年的立法计划。国家统计局于1990年3月成立《统计法》修订领导小组，制定修订计划和工作步骤，并多次向全国人大常委会、国务院汇报《统计法》主要条款修订意见，补充完善相关条款。

1996年5月15日，第八届全国人民代表大会常务委员会第十九次会议表决通过《关于修改〈中华人民共和国统计法〉的决定》，并由国家主席江泽民签署第65号主席令公布，《决定》自公布之日起施行。《决定》详细列出了《统计法》修改的具体内容，规定各级领导、统计机构和统计人员以及统计调查对象在统计调查活动中的权利、义务和责任，明确各地方、各部门、各单位的领导不得强令或者授意统计机构、统计人员篡改统计资料或者编造虚假数据。《决定》对统计调查活动及统计资料的管理作出更加明确的规定，加大了对企事业单位统计违法行为的处罚力度，增强了处罚的可操作性。同日，国家统计局印发《关于认真贯彻实施〈中华人民共和国统计法〉的通知》。

制止弄虚作假，是这次修改《统计法》的宗旨。此次修改认真总结了改革开放以来我国统计改革和建设的成功经验，同时也参照国际惯例，进一步规范社会主义市场经济条件下统计活动的准则，建立预防、制止和惩处弄虚作假、虚报浮夸行为的法律规范，是我国加强统计法治、发展统计事业的一项重大措施，为保障统计资料的准确性和及时性，发挥统计信息、咨询、监督作用，更好地为发展社会主义市场经济服务，提供法律依据。

修改后的《统计法》共6章34条，分为总则、统计调查计划和统计制度、统计资料的管理和公布、统计机构和统计人员、法律责任和附则，新增了统计整体功能、调查对象商业秘密保护、民间统计调查管理等方面的规定，明确了各地方、各部门、各单位领导人在统计活动中的行为规范，强化了法律责任条款。

1996年5月29日，国务院副总理邹家华在全国宣传贯彻《统计法》电话会议上发表了题为《加强统计法制促进依法治国》的讲话。邹家华指出，各地区、各部门要从依法治国、建设社会主义法制国家的高度认识依法统计的重要意义。同时，要深入贯彻落实《统计法》，增强统计法制观念，强化执法监督，坚决依法办事。

修订施行《统计法实施细则》

2000年6月2日，国务院批准《中华人民共和国统计法实施细则》修订。6月15日，经国务院批准，国家统计局令第5号正式发布修订后的《中华人民共和国统计法实施细则》。

这是《统计法实施细则》自1987年颁布以来的第一次修改。修改后的《统计法实施细则》分总则、统计调查计划和统计制度、统计资料的管理和公布、统计机构和统计人员、奖励和惩罚、附则等6章，共36条。此次《统计法实施细则》修订，增加了保障统计资料准确性方面的条款，完善了法律责任，对统计部门加强党风政风建设，坚持实事求是，反对弄虚作假提出了具体要求，为加大统计执法检查力度创造了更好条件，并且进一步明确了统计资料管理制度，有利于促进资料共享。6月16日，国家统计局发出认真做好《统计法实施细则》宣传贯彻工作的通知。6月26日，国家统计局召开电视电话会议，广泛宣传贯彻《统计法实施细则》。

全国人大财经委开展统计执法检查

1994年4月，全国人大财经委员会发出通知，决定进行《统计法》执法检查。随后，派出3个检查组，对天津、河北、江苏、浙江、江西、广东等6省（市）进行检查。

6月，全国人大财经委员会向全国人大常委会报告《统计法》执行情况。执法检查指出，各地区在宣传普及统计法律知识、地方性统计法规建设、统计执法工作等方面取得成效，贯彻执行《统计法》取得了一定成绩，对统计事业发展起了积极作用。执法检查发现的主要问题是统计法制观念淡薄，有法不依、弄虚作假现象依然存在；同时存在源头数据不准确的问题，这是统计基础工作薄弱的突出表现。执法检查提出加快修订《统计法》、加快统计体制改革、加快统计调查制度方法改革、端正工作作风等建议。

此外，1995年6月，国家统计局局长张塞受国务院委托，向八届全国人大常委会第十四次会议报告统计工作。

其中提到了完善统计法律、加强执法监督,以遏制弄虚作假等问题。

三部门联合开展统计执法大检查

为提高《统计法》的权威性和威慑力,制止和纠正统计违法行为,提高统计数据质量,更好地发挥统计在国家科学决策和管理中的作用,国家统计局会同有关部门先后在1994年、1997年、2001年3次联合开展统计法规执行情况大检查,这些活动对提高《统计法》的权威性和威慑力、提高统计数据真实性发挥了重要作用。

根据八届全国人大二次会议关于坚决反对弄虚作假和浮夸作风,大力加强统计、行政监察和审计监督工作的精神,1994年4月9日,国家统计局、监察部、国务院法制局联合发出《关于开展全国统计法执行情况大检查的通知》。从5月6日召开全国电话会议动员部署开始,到10月底结束,历时5个月,共查出统计违法行为7万多件,其中立案8000多件。此次统计法执行情况大检查,初步摸清了主要统计数据质量情况,在全社会开展了一次统计普法宣传教育,提高了社会各界的统计法治观念。同时,进一步弄清了统计工作发展与社会主义市场经济不相适应的突出问题,为今后搞好统计改革和建设提供了重要依据。

为进一步贯彻落实新修订的《统计法》和十四届中央纪委第八次全会精神,1997年5月,国家统计局、监察部、国务院法制局联合发出通知,决定在6、7、8月份联合开展全国统计法执行情况大检查。6 月 5 日，召开全国统计执法大检查电视电话会议，对此项工作进行动员和部署。国务院副总理邹家华出席会议并讲话，对这次全国统计执法大检查工作提出具体要求，要求通过此次大检查，进一步加强和促进统计普法教育，制止和纠正统计违法行为，深入研究统计改革和建设中的经验和问题及贯彻实施《统计法》过程中出现的新情况，尽快完善统计法律体系。此次统计执法大检查于 8 月结束，共查出统计违法行为 6 万多起，全国立案查处的统计违法案件 1.5 万件。

2001 年 5 月，国家统计局、监察部、司法部联合印发《关于开展〈统计法〉和“两办通知”执行情况大检查的通知》，对组织实施政府统计调查的单位，包括各级政府统计机构、各有关部门的统计机构；依法负有提供统计资料义务的被调查单位和民间统计调查组织开展大检查。这次执法大检查于 9 月底结束，共查出统计违法行为 6.2 万多起，立案查处统计违法案件 1.9 万多件。

2001 年 6 月 20 日，国家统计局局长朱之鑫签发国家统计局令第 6 号，公布实施《统计执法检查规定》。《规定》分总则、统计检查机构和统计检查员、统计执法检查的一般规定、统计违法案件的查处、备案与报告、法律责任、附则等 7 章 38 条。6 月 22 日，国家统计局发出《关于认真贯彻执行〈统计执法检查规定〉的通知》，逐步建立完善统计执法流程，推进统计执法工作制度化、规范化。

统计普法活动广泛开展

自1986年《统计法》颁布以来,统计领域陆续组织开展了形式多样、内容丰富的普法宣传教育活动。

1990年12月,党中央、国务院同意《中央宣传部、司法部关于在公民中开展法制宣传教育的第二个五年规划》。结合这一精神,国家统计局制定了《关于统计部门认真贯彻中央关于在公民中开展法制宣传教育第二个五年规划的实施意见》,并经中宣部、司法部批准,于1991年5月下发全国各地统计部门,要求通过五年的统计法治宣传教育,使有关人员比较全面熟悉统计法规及与统计工作有关的法律知识。

1993年5—11月,为纪念《统计法》颁布实施10周年,推动"二五"统计法制宣传教育,国家统计局举办全国统计法知识竞赛,参加人数达到28万人。结合纪念《统计法》颁布十周年活动和开展全国统计执法大检查,推动统计普法活动高潮迭起,收到良好社会效果。

"二五"统计普法在全国产生了很大影响,有力推进了统计法治建设。之后,国家统计局定期制定实施统计法制宣传五年规划,广泛宣传统计工作,传播统计法律知识,增强全社会统计法律意识。

1996年《统计法》修订颁布后,为进一步加强宣传贯彻,《人民日报》刊登评论员文章《依法统计,保障真实》,指出八届全国人大常委会第十九次会议通过《全国人民代表大会常务委员会关于修改〈中华人民共和国统计法〉的决定》是我国统计工作一件大事。5 月 29 日，国家统计局与司法部、监察部、国务院法制局联合在北京召开宣传贯彻《统计法》电话会议，会议强调要充分认识修改《统计法》的重大意义，坚持和实行依法统计，推进统计工作法治化水平；要广泛宣传《统计法》，增强统计法制观念，严格执行《统计法》，坚决依法办事，加强执法监督，抓紧制定配套法规，完善统计法律体系。

1996 年 9 月，国家统计局印发《统计法制宣传教育第三个五年规划》，明确要求各级统计机构将修改后《统计法》的宣传教育与深入学习宪法及其他有关基础法律结合起来，广泛深入开展统计法律知识的宣传普及活动，进一步增强全体公民的统计法制观念，为依法统计创造良好的社会环境。2001 年 7 月，国家统计局印发《统计法制宣传教育第四个五年规划》(2001—2005 年)，旨在努力实现由提高统计人员的法律意识向提高统计人员的法律素质的转变，统计工作管理由注重依靠行政手段向运用法律手段的转变。

广泛深入的统计普法宣传，不仅提高了统计人员的法律素养，提高了统计系统依法决策、依法管理和依法办事的能力水平，也极大地增强了全社会的统计法制观念和法律意识，形成自觉学法守法用法、重视支持配合统计工作的良好社会环境。

第六节　拓展和延伸统计服务的深度和广度

新中国统计事业开创以来,国家统计局一直坚持为党政决策部门和社会公众提供优质高效的统计服务。进入 20 世纪 90 年代,统计部门进一步丰富统计服务内容、扩充统计服务渠道、提高统计服务质量,统计服务的深度和广度进一步拓展和延伸。

加强经济形势分析和专项调查研究

随着市场经济的发展和政府职能的转变,各级党政领导为适时适度地进行宏观调控,迫切需要准确、及时地把握经济发展态势。为适应这一要求,各级统计机构加强了对国民经济运行的监测预警,及时反馈新情况、新问题。1992 年 2 月召开的全国统计工作会议即提出,要搞好综合平衡分析,加强对国民经济形势的综合性、整体性研究,进一步提高经济形势分析的准确性、科学性,进一步利用各种宏观经济模型开展统计分析,建立宏观经济动态监测制度。1997 年,国家统计局为十五大召开整理提供的《关于我国国民经济中公有制经济比重的情况》《关于我国在社会主义初级阶段的基本国情》等专题材料,分析了所有制结构变化和我国的基本国情,受到中央领导同志的充分肯定。

这一时期围绕亚洲金融危机可能对我国造成的影响，统计部门进行了有针对性的研究分析。1998年1月召开的全国统计工作会议提出，要充分注意东南亚金融危机对我国经济可能造成的影响，更加缜密地监测我国国民经济的运行，准确把握经济走势，及时反映新情况、新问题，提出政策建议。1999年1月召开的全国统计工作会议提出，要重点研究亚洲金融危机和国际金融动荡对我国经济发展的影响、农村发展和农民收入增长问题、经济结构调整和经济效益提高的途径和对策、国有企业改革问题等重大问题，继续发挥统计部门定量分析的优势，把定量分析和定性分析很好地结合起来，透过经济现象寻找多方面的、深层次的矛盾，提出解决矛盾的对策建议。

在搞好宏观经济监测的同时，各级统计机构紧密围绕制定经济发展战略、发展第三产业、优化产业结构、提高经济效益、控制通货膨胀等重大课题，以及股票热、房地产热、开发区热等热点问题，开展专项调查研究，搞好专题分析研究，进行定量分析，提出对策建议，为党政领导提供了一批选题准确、观点鲜明、分析深刻的统计分析报告。

首次提供“两会”统计信息咨询服务

“两会”咨询服务是统计服务的重要品牌。1992年3月18日—4月3日，国家统计局首次为全国人大、全国政协会议提供统计信息咨询服务。“两会”期间，国家统计局在会议现场设立信息咨询台（站），利用“国民经济综合统计数据库”和“中国县(市)农村社会经济数据库”为全国“两会”代表、委员开展统计信息咨询服务，受到与会代表和工作人员的欢迎。国家统计局《关于1991年国民经济和社会发展的统计公报》被列为全国人大“会议参阅资料”第一件。西藏自治区党委书记胡锦涛等省(区、市)领导亲自到咨询现场查询有关统计数据。海内外许多新闻媒体对统计信息咨询服务进行了报道。会议结束后，全国人大常委会副委员长彭冲，国务委员、国务院秘书长罗干接见参加咨询服务的国家统计局工作人员。全国人大常委会秘书局致函国家统计局，感谢为大会提供的统计信息咨询服务，对这项工作给予充分肯定。

1997年3月14日，全国人大常委会委员长乔石、副委员长田纪云等接见国家统计局参加“两会”咨询服务的工作人员并合影留念。此后，每年“两会”，国家统计局都为全国人大和政协会议提供统计服务，深受“两会”代表和委员欢迎。

建立重要信息报告制度

为进一步服务党中央、国务院科学决策，按照1992年3月中共中央办公厅召开的部门办公厅主任会议精神，国家统计局、国家经贸委、国家计委等10个部门联合建立重要信息报告制度。同年5月，中办确定国家统计局定期报送的主要指标，并将国家统计局作为首批联网单位。国家统计局上报的大量重要信息被中央办公厅内部信息刊物采用，信息采用率位居各部门前列，有的信息受到中央领导同志重视并作批示。

1994 年 4 月，国家统计局印发《关于建立国家统计系统重要社会经济信息快报制度的通知》及其实施办法。《通知》指出，各省（区、市）统计局及计划单列市统计局应直接向国家统计局报告重要信息；各地、市、县统计局在向上一级统计局报告的同时，可直接上报国家统计局。国家统计局在分析全国经济形势时将充分利用通过重要信息快报制度提供的信息，对于其中比较好的，将通过内部刊物直接向中央及国务院有关部门报告。

此后，国家统计局组织各级统计机构积极向中共中央办公厅、国务院办公厅报送统计信息，充分发挥统计信息“千里眼”“顺风耳”作用，成为统计服务党中央、国务院了解实情、科学决策的重要方式。

统计宣传阵地不断扩展

这一时期，《中国国情国力》杂志、《中国经济景气月报》相继在 1992 年 1 月和 2000 年 4 月创刊，年鉴资料、科普读物等图书也是种类繁多，为社会和公众提供了丰富多彩、实用方便的统计服务。各类统计资料图书用事实、用数据说话，宣传解读中国经济社会的巨大发展和成就，以统计思维树立人民的统计意识，生动科普统计知识，提高了公众对统计数字的理解，对统计工作的重视，为宣传统计文化、营造更好的统计工作环境和赢得公众支持，作出了有益贡献。

1993 年 1 月,《中国统计信息报》正式更名为《中国信息报》,秉持着“立足统计,服务社会”理念,致力于统计系统丰富权威信息的资源开发,为各级政府部门、各类市场经济主体和社会公众提供信息服务,持续刊发国家统计局发布的月度、季度、年度经济数据及年度统计公报等重要统计报告,跟踪经济社会热点,刊发系列经济述评、系列社会评论和深度专题报道,向社会传播统计知识,为公众解读统计数据,成为提供统计服务的重要窗口。

统计咨询服务不断拓展

国家统计局门户网站开通。1999 年 2 月,国家统计局官方网站正式开通,成为国家统计局发布解读统计数据、公开政府信息的第一平台,也成为宣传统计工作、普及统计知识的重要阵地和服务社会公众的重要网络窗口。2001 年以后,每年在国家统计局的官方网站上提前向全社会公示统计信息发布日程,据此定期发布统计数据。

为进一步拓宽统计信息咨询服务渠道,中国统计教育学会、中国国民经济核算研究会先后于 1992 年 11 月、1995 年 12 月成立。1993 年 3 月 31 日,中国统计师事务所正式挂牌,全方位开展各种形式的服务合作,统计服务领域不断拓宽。

根据社会公众需求,1999 年 12 月,经中央编办批复,中国统计信息咨询中心更名为中国统计信息服务中心,逐步增加统计经济信息的服务内容,集中力量搞好国家统计局统计信息的窗口服务，进一步加强统计信息的开发与服务功能，畅通统计信息渠道，满足社会公众经济活动需求。

在此期间，为规范统计信息咨询服务，1995 年 1 月，国家统计局、国家工商行政管理局联合颁布《统计信息咨询服务管理暂行规定》，专门对统计信息咨询服务活动管理机构的职责和权限、统计师事务所及相类似的统计信息服务机构的设立及经营范围、涉外统计信息咨询服务活动的管理问题、法律责任问题等进行了明确规定。

第七节　统计信息技术应用走向网络化

统计信息化建设肇始于 20 世纪 80 年代中期，进入 90 年代以后，全国统计系统按照“顶层设计、因地制宜”的发展原则，在基础设施、网络环境、数据处理、数据库等方面取得丰硕成果，统计信息化体系初具规模，为统计事业发展提供坚实技术支撑。

统计信息工程立项建设

90 年代初，国家统计局逐步加大统计信息自动化系统建设工作力度，大力加强计算机开发利用，逐步探索出信息化建设与统计业务相互融合、相互促进的发展方向。1993 年，为确保新的国家统计报表制度顺利实施，国家统计局决定对统计数据处理模式进行重大改革，由按专业分散处理转变为由计算中心集中统一处理,实现统计专业人员与信息技术人员首次融合。

为推进统计信息处理和管理的现代化,1996年11月,国家发展计划委员会同意国家统计信息工程项目立项。国家统计信息工程项目是一个以国家统计局为主体的国家、省、地(市)、县4级统计部门以及国家统计局直属3支调查队的统计信息系统。工程建设内容包括国家统计信息网络工程、国家直属调查队统计信息工程和光电录入系统工程。1997年3月,《国家统计信息工程可行性研究报告》通过由国家发展计划委员会委托、中国国际工程咨询公司组织的专家评估。次年6月,国家发展计划委员会批复国家统计局,原则同意《国家统计信息系统工程可行性研究报告》,将国家统计信息工程正式列入国家"九五"基本建设投资计划,确定工程总投资为2亿元。

国家发展计划委员会要求国家统计局根据可行性研究报告开展下一步的初步设计工作,待建设条件具备后自行组织建设。1998年7月,国家统计局、国家发展计划委员会联合发出通知,要求各地方政府及计委等有关部门抓紧做好各地统计信息工程同步协调建设,确保整个工程项目按期建成投入使用。同年8月,国家统计局召开电视电话会议,动员和部署国家统计信息工程建设工作。

1999年1月,国家统计局印发《国家统计信息工程实施方案》,深入分析国家统计信息系统现状,明确工程建设目标与建设内容,对贯彻建设方针与原则、工程技术方案、人员培训、工程建设的组织与管理、工程实施进度安排等进行了详细规定,确定以科学、规范的统计指标体系和统计标准体系为基础,充分利用电子计算机、网络通信及数据库等现代信息技术,全面实现统计信息处理和管理的现代化,将统计信息工程建设成为国家宏观管理提供高效支持、为社会公众提供优质服务的国家统计信息系统。实施方案将国家统计信息工程分为两个阶段:第一阶段(1998—2001 年),建成国家统计信息工程的基本框架,初步建成国家至省、地(市)的信息网络系统;第二阶段(2001—2005 年),全面实现工程目标,建成现代化的统计信息网络系统。

为进一步统筹推进国家和地方统计信息工程,1999 年 4 月,国家统计局印发《国家统计信息工程 1999 年度实施工作安排》,明确地方统计信息工程作为国家统计信息工程的配套工程和重要组成部分,应与国家统计信息工程同步建设、同步实施。9 月 12 日,国家统计信息工程主干网络开通。网络采

★1999 年 2 月,国家统计局局长刘洪出席中国统计信息网开通仪式

用帧中继(CHINAFRN)和数字数据网(CHINADDN)技术,共包括65个节点(国家、省、33个重点城市统计局),实现了"国家—省—省会城市和重点城市"互联。

统计信息化建设深入推进

2001年6月,国家统计局成立网络信息管理协调办公室(简称信息办),负责网站规划和管理,统筹协调国家统计局机关办公网、国家统计局统计系统网、中国统计信息网的关系和分工,承担外网和内网的网站建设。国家统计局成立信息办后,全国统计网站工作进入制度化管理和运行新阶段。同月,国家统计局决定将甘肃省兰州作为全国市县统计信息化建设试点单位,其试点计划纳入国家统计信息化"十五"建设实施方案。2002年4月,国家统计局将广东省南海市纳入统计电子报表试点项目。试点单位对市场经济和互联网条件下县级统计工作的调查制度及实施模式进行了积极探索,为全国统计信息化建设提供可借鉴的经验。

2004年10月,国家统计局办公室发出《关于启动国家统计信息主干网提速工程的通知》。提速工程涉及范围是各省(区、市)统计局和新疆生产建设兵团统计局的主干网节点,不包括重点城市统计局节点。对各节点的接入电路采取"1+2"方案,即各地新开通一条到国家统计局的2M SDH电路和一条CIR速率为1M的帧中继电路。原则上采用光纤接入方式来一次性解决接入资源问题。

工业、房地产等领域重点企业联网直报系统逐步建立

为加强全国房地产行业统计工作，更好反映全国房地产行业发展趋势，1999 年 8 月，国家统计局、国家发展计划委员会、建设部联合发出通知，决定建立全国重点房地产开发企业统计月报主要指标联网上报制度，并印发《全国重点房地产企业联网上报制度实施方案》，2000 年一季度开始实现资料报送。

2001 年 6 月，全国重点房地产企业联网直报工作经过试点和试运行，开始正式上报。实施重点房地产企业联网上报制度的主要目的是及时反映房地产开发贷款和个人购房贷款等信息，是对房地产企业统计报表报送方式的改革。此项工作由国家统计局和国家计委、建设部共同负责，并与中国建设银行总行建立协作关系。

在大型工业企业统计信息报送方面，1999 年 12 月，国家统计局、国家经济贸易委员会联合发出通知，决定自 12 月 30 日起，全国 5000 家大型工业企业信息联网直报系统开通试运行。2001 年 3 月 31 日，5000 家大型工业企业联网直报系统正式开通，国家统计局从 4 月 1 日开始正式接收入选企业的直报表，同时进行信息发布和服务工作。

第八节　实施国家统计局人才工程

20 世纪 90 年代,随着社会主义市场经济活力不断释放,经济和社会领域对统计分析的科学运用更加依赖,统计学科在国民经济发展中的重要作用愈益明显,党和国家对统计教育和统计事业发展也更加重视。同时,面对新旧经济体制转换,中国统计事业也面临着更多新需求、新困难和新挑战,加强统计人才队伍建设成为统计改革发展的必由之路。

印发《统计教育发展纲要(1996—2000 年)》

为了适应经济体制和经济增长方式转变的需要,加快统计改革和统计现代化建设步伐,国家统计局提出"一靠科技、二靠法制、归根结底靠人才"的战略方针。《全国统计改革和统计现代化建设规划纲要(1996—2000 年)》提出发展统计教育的目标是,到 20 世纪末,在职统计人员的知识结构和政治业务素质明显改善,统计后备人才的培养质量有较大提高,涌现出一大批高素质的复合型统计人才,基本形成适应社会主义市场经济、具有中国特色、面向 21 世纪的统计教育体系。这一目标也体现在了国家统计局 1995 年印发的《加强统计教育工作的决定》和《统计教育发展纲要(1996—2000 年)》中。

《统计教育发展纲要(1996—2000年)》深入分析了统计教育面临的新形势，指出围绕实施新的国民经济核算体系、确立新的统计调查体系和大力推进统计信息化自动化建设而进行的各项改革措施，将使我国统计工作发生历史性变化，我国统计事业发展比以往任何时候都更加迫切需要提高统计教育质量，提供有效的智力支持和人才保障。《纲要》从加强统计知识宣传普及、深化院校统计教育改革、加强统计干部培训、继续推动成人学历教育发展、提高统计教材质量、做好国外智力引进等6个方面明确了统计教育工作的主要任务，并对组织领导、机构建设、经费投入、设备设施、教育科研等保障条件提出要求。

设立国家统计局培训学院

随着《国家统计局局长奖学金制度实施办法》的实施，统计教育事业有了一派欣欣向荣的景象。但在统计教育事业发展过程中，出现了两极分化的现象，即高等统计教育越来越攀高而中等统计教育又向职高倾斜。特别是受人才市场上统计中专毕业生找工作难情况的影响，培养初层次统计人才的统计教育与高等统计教育的发展不太平衡，甚至出现了专科层次统计人才快要断层的情形。而专科层次高等职业技术型的统计人才，却正是我国统计教育事业发展急需的统计人才。所以建立统计高等职业技术学校或依托高校或有条件的中专开办统计高职班，是当时完善我国培养多层次统计人才的统计教育体系，促进统计教育事业进一步发展所必须解决的问题。

为了解决这个问题,加强对全国统计人员的教育培训力度,国家统计局于 1997 年 12 月 5 日向中央编办请示将 1984 年成立的中国统计干部电视函授学院更名为国家统计局培训学院。同年 12 月 26 日,中央编办批复同意设立国家统计局培训学院。1999 年 5 月 28 日,国家统计局培训学院正式组建,与统计教育中心合署办公,以对全国统计人员开展各种层次的学历教育。

参照国家统计局成立统计干部培训中心(1996 年更名为统计教育中心),各省(区、市)和计划单列市统计局也相继成立统计教育培训机构,全国形成了较为完善的统计教育工作系统。

同时,为了不断加强统计专业技术队伍建设,人事部、国家统计局于 1997 年联合印发《统计专业技术人员继续教育暂行规定》,将参加和接受统计继续教育作为统计专业技术人员的权利和义务,并明确了统计继续教育的内容和开展方式等。这是人事部第一次就继续教育培训联合有关部门发文。统计继续教育通过对统计专业技术人员进行与统计工作相关的新理论、新技术、新知识、新方法的教育培训,完善了统计专业技术队伍的知识结构,提高了队伍整体专业知识水平和创造能力,为优秀统计人才进一步成长拓宽了渠道。

院校统计教育在这一时期也得到迅速发展。通过国家统计局和教育部等部门密切配合,逐步建立和形成了从职业高中、中专、大专、本科到硕士、博士的统计后备人才培养体系。2000 年，全国设有统计专业的高等院校已有 130 所，设有统计专业的中等职业学校也有 510 多所，输送各种层次毕业生共 23400 多人。国家统计局还委托中国科学院、中国人民大学、北京大学、南开大学、复旦大学、上海财经大学等单位代培了本科生 743 人，研究生 297 人，充实到各级统计部门，加快了统计事业发展。

自 1999 年起，国家统计局组织全国各级统计部门和有关院校，认真贯彻落实《中共中央、国务院关于深化教育改革全面推进素质教育的决定》和国务院批转教育部《面向二十一世纪教育振兴行动计划》等文件精神，坚持把统计教育摆在优先发展的战略地位，进一步推动和促进了统计教育事业的发展。

实施统计职称改革

统计教育事业的长足发展，有效促进了统计专业人才队伍的壮大。同时，统计专业技术职称的评定也越来越受到广大统计从业人员的重视和关注。虽然我国在 20 世纪 80 年代已经实施了统计职称评定和聘任，在一定程度上提高了统计人员的社会地位，调动了专业技术干部积极性，促进了统计队伍的稳定发展，但也存在一些诸如评审缺乏硬性标准、受人为因素影响较大、评审方法不够科学等问题。

同时，为了进一步规范统计职称评定工作，国家统计局、人事部在 1990 年 1 月和 1991 年 10 月先后联合印发了《统计员资格考试暂行规定》和《助理统计师资格考试暂行规定》。随着两个规定的实施，统计专业人才评价实现了以考代评，充分体现了公开、平等、竞争的原则，也标志着国家统计局正式对专业技术人才评价体系进行改革。

1992 年 11 月，国家统计局组织了首次全国助理统计师资格考试。全国近 22 万报名参考的统计人员，在 8300 多个考场参加国家统一进行的统计员、助理统计师资格考试。其中，报考助理统计师的有 15.6 万人，报考统计员的有近 6 万人。资格考试的合格率达 40%。

为深化统计职称改革，完善统计专业技术职务晋升制度，加强统计专业队伍建设，根据国家深化职称改革、建立和推行专业技术资格考试制度的精神，国家统计局、人事部在 1995 年 1 月联合颁发《统计专业技术资格考试暂行规定》，明确从 1995 年开始实施统计专业初级资格考试和中级资格甲种考试，从 1997 年开始实施中级资格乙种考试。

印发《国家统计局人才工程实施方案》

为适应和推动统计改革和统计现代化建设的发展，积极有效提高统计干部业务素质，培养一大批高水平、复合型统计专门人才，国家统计局于 1997 年 11 月印发了《国家统计局人才工程实施方案》。这是国家统计局在新形势下贯彻发展统计事业"一靠科技、二靠法制、归根结底靠人才"战略方针的具体措施，是贯彻实施"科教兴国"战略的重要组成部分。按照《方案》，计划用 8—10 年时间，使国家统计局的统计业务人员和统计系统的领导骨干在经济理论、统计专业知识、相关领域知识以及业务技能方面有比较显著的提高，业务综合水平基本上达到发达国家相同层次统计人员水平；同时，在统计工作领域，包括统计专业、经济分析、计算机应用等方面，培养一百名左右专业技术带头人（即“百人工程”），使他们成为专家水准的高级人才。

此后，国家统计局又相继制定了《专业技术职务评聘工作的实施意见》《干部交流工作实施办法（试行）》《竞争上岗暂行规定》《统计专家信息库管理办法》《国家统计局首席统计师管理办法（试行）》等，以进一步推动人才建设，增强统计人员职业道德意识，强化高层次人才的管理和有效利用。

多年来，国家统计局还坚持“走出去，请进来”的人才培养模式，积极选派业务骨干到境外学习深造，先后派遣多名高层次专业技术人员赴联合国统计机构工作，邀请或聘请国外优秀专家来局访问、合作、讲学。这些举措，加深了政府统计的国际交往，扩大了统计人员视野，提高了他们的业务素质。

通过坚持不懈的努力，全国统计队伍不断壮大，人员素质不断提升，专业技术水平明显提高，有力地促进了统计工作的改革与发展。

第九节　统计学升级为一级学科

20 世纪 90 年代，通过实施多种激励措施、优化职称评定、开展学术交流、丰富统计教材等，中国统计学科发展有了质的飞跃,成为人文与社会科学门类下的一级学科,并逐渐在高等教育的人才培养和学科建设中得到落实。

统计学术组织的建立和交流平台的搭建

1979 年中国统计学会正式成立后,又相继成立了中国数学会概率统计学会、中国现场统计研究会、中国统计教育学会及中国商业统计学会等统计学术组织。

统计学术组织自成立以来,与政府统计部门、统计科研机构、高等院校统计院系以及境外统计学术组织建立了广泛联系,并始终致力于推动学术交流,通过主办和协办各类学术会议,为中国统计学界搭建起沟通和学习的桥梁。在各学会共同努力下,打造了全国统计科学讨论会、海峡两岸统计与概率学术研讨会、全国中青年统计科学研讨会、中国统计学年会、全国概率统计年会、中国现场统计研究会年会等多个学术会议品牌。

20 世纪 90 年代之前,中国统计学会、中国数学会概率统计学会、中国现场统计研究会三大学会之间基本没有联系,仅限于个别人员往来。90 年代以后,随着“大统计”学科建设思想的产生,三大统计学会开始加强联系,并在 1994 年共同成立了中国统计科学联合会,先后组织举办了 1994 年中日统计研讨会、1995 年第三届泛华统计国际学术会议、1995 年国际统计学会第 50 届会议、1996 年全国统计科学讨论会等学术会议。

高质量和形式丰富的学术交流活动,不仅增强了学术观点的碰撞，催生了新思想的产生，更为重要的是，一大批青年统计科研骨干通过学术交流开始崭露头角，成为未来统计学科建设的中坚力量。

加强统计教材建设

1988年8月，全国统计教材编审委员会在北京成立，作为全国统计教材建设的业务指导机构和咨询机构，主要任务是调查研究国内外统计教材状况，制定统计教材建设规划，推荐出版优秀统计教材，开展统计教材评估和优秀统计教材评选工作。20世纪90年代初期，为全面检查高等学校统计专业教材质量，促进统计教材建设工作蓬勃发展，国家统计局在1991年7月发出通知，决定进行第一届全国高等学校优秀统计教材评奖活动。此次评奖在各有关院校和出版社的大力支持下，共评选出优秀统计教材7本。全国高等学校优秀统计教材评奖活动的开展，让越来越多的高等院校和统计专业人才更加重视统计学科，有力推动了学科发展。

此后，为加强统计教材建设工作的计划性，国家统计局先后组织制定了“七五”“八五”“九五”和“十五”期间全国统计教材建设规划。在“七五”到“九五”期间，全国共编写出版高校统计教材528种，中专统计教材163种，统计人员培训教材84种。“九五”前后，国家统计局统计教育部门先后组织编写出版了全国院校统计专业规划教材43种，其中国家级重点教材5种；组织引进、翻译和出版了现代外国统计学优秀著作17种;推荐给全国院校使用的教材63种,评出国家统计局优秀统计教材42种。此外,根据开展统计教育培训工作的需要,还组织编写出版了在职干部培训教材49种,统计人员学历教育教材31种。

统计学升级为一级学科

1992年11月,《学科分类与代码》(GB/T13745—1992)国家标准发布,统计学单列为人文与社会科学门类下的一级学科,代码为910。下设统计学史、理论统计学、统计法学、描述统计学、经济统计学、科学技术统计学、社会统计学、人口统计学、环境与生态统计学、国际统计学、统计学其他学科等11个二级学科以及24个三级学科。

自此,统计学从数学、经济学中分离出来,上升为一级学科,这是中国统计学发展道路上的一个重要里程碑。这一变化不仅对统计学科发展和统计科学研究产生重大影响,使得“一门”还是“两门”统计学这场旷日持久的争论开始发生转折,对统计教育也产生了重大影响,引发了有关统计科学发展和统计学科体系完善等方面的大讨论。其中,产生较大社会影响的学术研究成果,是国家统计局课题组在1997年度完成的《统计学学科体系的构造与完善研究》。同时,统计学在科研项目申请、经费获取、科研成果转化、科研评奖方面也有了极大改观。从1997年开始,国家社会科学基金为统计学科设置了独立评审程序,大幅增加统计学科资助项目数量,极大地促进了全国统计科研工作的发展。

在统计学一级学科地位的确立过程中，统计科研机构和学术组织起到了积极推动作用。20世纪90年代初，统计科学研究所就将统计学从经济学中独立出来成为一级学科向国家科学技术委员会提交了报告，并且积极参加了1992年《学科分类与代码》制定工作。

统计学走向教育层面

统计学上升为一级学科后，又经历了几次调整，统计学一级学科的地位也从科研层面延伸到了教育层面。1995年1月，国务院副总理邹家华为国家统计局统计干部教育开展10周年题词："辛勤耕耘硕果累累为国育才贡献多"。4月，全国人大常委会副委员长雷洁琼题词："加强统计教育，培养统计人才"。

1992年11月，中国统计教育学会经民政部批准注册登记。该学会是国家统计局指导下的进行全国统计教育研究的学术性社会团体。中国统计教育学会成立以来，紧密围绕统计专业人才培养、促进统计教育改革发展的中心工作，广泛开展统计教学研究交流、统计教育资源建设及统计科普活动，为提高统计队伍专业素养、促进统计教育水平提升做了大量卓有成效的工作，为统计事业改革发展作出了积极贡献。

1998年，教育部颁布《普通高等学校本科专业目录》，将经济类的"统计学"专业与数学类的"数理统计"合并成"统计学类"，列为理学类一级学科，上升为与数学、经济学等并列的学科类,可授理学或经济学学士学位。

2002 年,教育部颁布全日制义务教育 16 门课程的国家课程标准,其中在《数学课程标准》中将“统计与概率”列为必修内容,大幅增加了统计知识教学内容和课时。

此后,2011 年,国务院学位委员会、教育部颁发《学位授予和人才培养学科目录》,统计学在研究生专业目录中被列入理学门类中的一级学科,可授理学或经济学学位。但是,在经济统计学界强烈要求下,2012 年教育部再次调整《普通高等学校本科专业目录》,将经济统计专业重新调回经济学类,统计学作为理学门类下的一级学科不再授予经济学学位。

学科的发展是以学科的专业教育和课程体系为主要内容的,随着教育部新的学科分类体系的建立,统计学一级学科的地位在高等教育的人才培养和学科建设中得到落实。1996 年 2 月国家统计局建立了奖学金制度,以表彰和奖励在高等统计教育工作中做出突出贡献的优秀教师和立志于统计事业而刻苦学习的莘莘学子。1997 年 3 月 19 日,首届国家统计局局长奖学金颁奖大会在北京举行,9 名教师和 20 名学生分别获“优秀统计教师”奖和“统计专业优秀学生”奖。

第十节　中国统计国际地位日益提高

这一时期,中国统计通过“请进来”和“走出去”,不断推进与国际标准和国际通行做法的接轨,并充分借鉴国外先进经验和做法，持续完善统计调查体系，改进统计调查方法，拓展专业统计内容，提升统计服务质量，推动统计公开透明，中国统计的国际地位和影响力日益提升。

首次参加国际比较项目

国际比较项目（International Comparison Program，ICP）是由联合国统计委员会于20世纪60年代末发起的一项全球性统计活动，主要目的是测算各种货币的购买力平价（Purchasing Power Parity，PPP），并以之作为转换系数，将各国国内生产总值转换为用统一货币单位表示，从而更加准确地比较和评价各国实际经济规模和结构。在我国，ICP属于探索性、研究性的国际统计合作项目。

随着中国改革开放步伐的进一步加快，以及各国之间经济关系的不断深化和发展，参加全球和区域性ICP活动，有助于多维度评价我国经济在世界的地位，也有助于提高我国统计能力，促进我国统计制度方法与国际标准接轨。

1993年，经国务院批准，中国首次在上海、广东开展ICP试点调查，并通过上海与日本、广东与香港地区双边比较方式，有限参加了联合国第六阶段亚太区域的ICP活动。此后，我国分别于1993年、1999年、2005年、2009年、2011年和2017年先后6次开展了ICP调查活动。

参加国际比较项目是我国统计在面向国际社会开放透明方面迈出的重要而坚实一步。1993年以来，我国ICP调查经历了调查范围从小到大、比较方法从双边到多边、调查程序从探索试验到规范统一、参加形式从局部试点到全面参与的过程。

与世界银行合作开展农村贫困监测

从 1994 年开始，在世界银行支持下，国务院扶贫办和国家统计局联合开展农村贫困监测。西南扶贫世行贷款项目首次把贫困监测作为项目组成部分加以考虑，建立了相对独立的贫困监测系统，以统一口径、统一方法科学全面反映扶贫项目区农户贫困缓解情况与扶贫项目成效。该项目在云南、广西、贵州三个省份开展贫困监测，1995 年进行基期调查，范围覆盖 35 个国定贫困县的 3500 户农户，1996—2000 年对其中 20 个贫困县的 2000 个农户进行追踪调查。随后又分别在秦巴扶贫世行贷款项目、西部扶贫世行贷款项目、贫困农村社区发展扶贫贷款项目中开展了三期贫困监测调查与评估工作，三个项目开展追踪调查的时间区间分别为 1998—2001 年、2000—2004 年、2006—2010 年。这些贫困监测项目历时多年，积累了丰富的调查数据和统计分析资料，监测结果为客观评价项目区贫困状况和项目影响提供科学依据，也为中国农村贫困监测调查提供基础。

此外，2002 年 7 月，国家统计局向世界银行申请的"改进中国贫困监测和评估方法及指标体系"项目正式获准实施。项目期从 2002 年 10 月到 2005 年 12 月，旨在为中国贫困研究和统计分析提供技术支持，包括贫困数据库的开发、贫困线的估计、城乡贫困监测指标体系的建立等。国家统计局按项目要求完成了相应的培训任务和研究任务，部分项目成果应用到第二次全国农业普查方案设计中。

广泛开展国际统计合作

进入20世纪90年代，随着改革开放和社会主义现代化建设步伐的加快，中国统计对外交流与合作日益频繁。中国国家统计局与联合国人口基金、联合国粮食及农业组织、亚洲开发银行、世界银行等国际组织，以及韩国、德国、加拿大等国家的官方统计机构开展了广泛合作，领域涉及国民经济核算、普查、农业统计、工业统计、劳动力调查、国际比较项目、统计信息化建设等。通过这些合作，中国统计不但借鉴了许多国际通行的统计规则和先进的统计实践经验，还积极参与到国际统计规则的制定中，国际影响力日益提高。

1993年，中国与韩国统计工作开始了首次接触。8月底，韩国统计厅厅长闵泰亨率韩国统计代表团来中国开展了为期8天的访问。这是韩国统计人员首次来华访问。访问期间，双方签署了《中华人民共和国国家统计局和大韩民国统计厅关于统计合作谅解备忘录》。《备忘录》提出，为了促进合作，双方应开展相互磋商，促进统计信息交换，并以培训、咨询和讨论等形式促进两国统计的技术合作。1994年，中国与韩国国际协力团签订了为期3年的"中国农业普查技术合作"项目协议书，后于1997年续签了第二期项目文本。

中德统计合作也是在这一时期开始的。1993 年 10 月底,德国联邦统计局局长汉斯·根特·莫克率德国统计代表团访问中国国家统计局,双方签订了《中德统计合作议定书》,开始了经常性统计合作交流。1994—1996 年期间,中德开展了广泛的统计合作,内容包括统计体制、统计立法、专业统计、计算机技术、调查方法、统计数据发布、省局长访问、人员培训、资料翻译等,又于 1996 年和 2001 年先后开始实施"中国工业和公路交通统计改革项目"和"国际统计项目",每期项目为期 3 年,有力提升了我国相关领域统计工作水平。此后,中国国家统计局和德国联邦统计局的统计合作项目更趋广泛、深入,合作内容涵盖了统计法治、工业统计、建筑业统计、就业统计、房地产价格统计等多个领域。

在中加合作方面,1994 年 11 月,国务院总理李鹏和加拿大总理克雷蒂安在北京签署《中华人民共和国和加拿大政府关于中加发展合作项目意向书》。《意向书》包括了 6 个加拿大政府无偿援助中国的项目,其中国家统计局的统计信息管理项目被列为第一项。1996 年 9 月,双方正式签署了为期 5 年的统计信息管理合作项目谅解备忘录,项目内容涵盖机构发展、市场经济测算和技术能力建设等 3 个领域。后在 2005 年 11 月启动了中加第二期统计信息管理项目。该项目的实施,有效提升了我国统计的组织能力和服务能力。

出席第 6 届东亚国家统计局长会议

1992 年 5 月 25 日,第 6 届东亚国家统计局长会议在日本东京召开。中国国家统计局代表出席了这次会议，并在会上宣读了《中国基层企业统计调查及有关统计的国家报告》。

在此之前，中国曾以观察员身份参加会议。本届会议开始，中国成为该会议正式成员，会议名称也由“东盟国家和日本统计局长会议”更改为“东亚国家统计局长会议”。除此之外，中国国家统计局还积极派遣专家参加国际组织在多个统计领域的专家小组或委员会工作。参加国际统计会议，与国际统计机构开展合作交流，成为中国深入了解国际统计工作最新动态，与世界各国分享中国统计改革和发展的经验及成果，深度参与国际统计标准、规则和方法制订和修订的重要平台。

国际统计学会第 50 届会议在北京召开

随着中国统计国际地位日益提高，除派员在国际统计机构任职和参加各类国际统计会议活动外，中国也开始承办各类重大国际统计活动。其中，最具有影响力的是 1995 年 8 月 21—29 日在北京召开的历时 9 天的国际统计学会第 50 届会议。

国际统计学会(ISI)成立于 1885 年，是历史最悠久的世界性科学学会之一，也是世界上最具权威性的统计学术团体。国际统计学会第 50 届会议召开之际，恰逢国际统计学会成立 110 周年。这是中国第一次承办最高规格的国际统计会议，也是国际统计学会成立以来举办的规格最高、规模最大的一次盛会,共设有112个议题,来自85个国家、地区和国际机构的1200多名与会中外统计学者和专家共提交论文870多篇,无论在参加人数、参会范围、论文议题等方面都超过了历届国际统计学会会议。

为承办好这次盛会,中国政府非常重视,先后成立了以国务院总理李鹏为主任的名誉委员会和以国家统计局局长张塞为主任的组织委员会。国务院总理李鹏在钓鱼台国宾馆会见了出席会议的国际统计协会和部分国家统计机构负责人,并发表谈话、合影留念。李鹏指出,中国政府十分重视统计工作,因为统计工作与经济和社会发展有密切关系,搞社会主义市场经济,更需要统计和预测。国务院副总理邹家华代表中国政府在开幕式大会上致辞。

会议广泛交流了各国最新统计科研成果,为推进国际统计合作,促进统计学发展,进一步发挥统计在社会进步和经济社会发展中的作用作出了贡献。中国15名代表在会上宣读了国际统计学会的特邀论文,介绍了中国统计在改革开放中的地位与作用、中国的新国民经济核算体系、统计教育与改革、社会经济统计学的研究与探索,以及数理统计方面的研究成果等,受到与会同行们的重视和好评。

通过这次会议,一方面各国代表加深了对中国的了解,另一方面中国国家统计局还与20多个国家和国际统计组织进行了双边统计合作交流洽谈,进一步扩大了中外统计合作交流的领域,开辟了中外统计合作交流的新途径,探讨了中外统计合作交流的新方式。

此外,1990年10月,中国统计学会与国际官方统计协会合作，在北京举办了国际官方统计协会第二届大会，国务委员王丙乾代表我国政府致辞。

承办重大国际统计会议和活动，既为国际统计界提供了对话交流的平台，也为世界与中国互相了解打开了另一扇窗。

首次聘请国际统计顾问

到 20 世纪末至 21 世纪初，随着改革开放和全球经济一体化进程的加快，以及中国即将加入世界贸易组织（WTO）等变化，中国统计体系改革进入了一个新阶段。为适应国际化需要，进一步提高中国统计工作水平，国家统计局于 2000 年 6 月 1 日聘请国际货币基金组织统计部主任、著名

★2003 年 7 月，国家统计局聘请美国斯坦福大学教授、著名经济学家刘遵义为国际统计顾问，国家统计局局长李德水（右）颁发聘书

统计学家卡尔·卡森女士为国际统计顾问。此后,又分别于2003年7月、2006年11月、2009年6月聘请美国斯坦福大学教授、著名经济学家刘遵义,香港特别行政区政府统计处原处长、香港大学名誉教授何永煊,联合国统计司司长张保罗为国际统计顾问。

专家的真知灼见对中国统计更好地借鉴国外官方统计工作的经验提供了强大助力,为我国国际统计交流和合作发挥了重要的积极作用,有力推动了我国的统计建设、发展和改革。

加入数据公布通用系统(GDDS)

2001年正式加入WTO后,中国同国际社会的交流与合作更加深入。为进一步适应世界经济全球化、金融市场一体化需要,提高中国宏观经济统计数据透明度,让世界了解中国、让中国走向世界,2001年10月26日,国家统计局、财政部、中国人民银行、国家外汇管理局联合向国务院请示加入数据公布通用系统(General Data Dissemination System,简称GDDS)。

数据公布通用系统(GDDS)是国际货币基金组织(IMF)为规范成员国经济和金融统计数据的生产和发布,在20世纪90年代中后期建立的一套数据公布规范,旨在提高各国统计数据质量、增加统计透明度、提高各国统计数据可比性。该系统要求参加国公布实际部门、财政部门、金融部门、对外部门以及社会人口部门的核心数据。

2002 年 1 月 1 日，经国务院批准，中国人民银行行长戴相龙代表中国政府致函国际货币基金组织总裁科勒，通报中国加入 GDDS 的决定。4 月 15 日，描述中国统计现行体制、制度和方法以及发展计划的英文数据诠释正式在 IMF 官方网站上对全世界公开，标志着中国正式加入 GDDS。2003 年 4 月，国家统计局印发《中国 GDDS 工作规则》并成立 GDDS 工作中国领导小组，我国 GDDS 工作更加规范化、制度化。

参加 GDDS，是中国统计制度在与国际标准接轨方面取得的重大进展，不仅提高了宏观经济统计数据的透明度、可靠性和国际可比性，同时也加深了国际社会和公众对中国经济的了解，提升了我国参与全球经济合作的水平。

第五章 | 统计制度不断完善 (2002—2012 年)

党的十六大召开后,我国进入全面建设小康社会、加快推进社会主义现代化的新发展阶段,党的十六届三中全会提出“完善统计体制”。这一时期,统计部门深入践行科学发展观,以提高统计能力、提高统计数据质量和提高政府统计公信力为中心任务,以改革创新、规范统一、公开透明为主线,扎实开展各项统计调查,为推动科学发展、促进社会和谐、全面建设小康社会提供了可靠统计保障。

第一节　实施国家统计局直属调查队管理体制改革

国家调查队前身是 1984 年成立的全国农村抽样调查队、城市抽样调查队和 1996 年成立的全国企业调查队。长期以来,三支调查队坚持实事求是、真实可信,为党和政府以及社会公众提供了大量统计调查数据。随着经济社会快速发展和社会主义市场经济体制的初步建立,三支调查队管理中出现了一些亟待解决的问题,主要表现为三支调查队各自形成独立体系,不能形成合力,既造成资源浪费,又难以达到精简、统一、效能的要求；调查网点分布不合理，没有形成完整的调查体系，有的地方重复建队；调查队的独立调查能力和抗干扰能力不强等等。改革统计管理体制，建立一支统一指挥、协调高效、反应灵活的国家统计调查队伍，成为当务之急。

国务院批准国家调查队管理体制改革

2003 年 10 月 14 日，党的十六届三中全会通过的《中共中央关于完善社会主义市场经济体制若干问题的决定》中，明确提出要"完善统计体制，健全经济运行监测体系"。在党中央、国务院的高度重视下，国家调查队管理体制改革顺利启动。2003 年 5 月，国家统计局党组正式向国务院汇报，提出改革三支调查队管理体制。2005 年 3 月，国务院办公厅印发《国家统计局直属调查队管理体制改革方案》；4 月，中央编办印发《关于国家统计局机关和所属事业单位机构编制调整的批复》；6 月，中央组织部印发《关于国家统计局各级调查队党组织设置和干部管理有关问题的通知》；11 月，中央编办印发《关于国家统计局各级调查队机构设置和人员编制的批复》，五部委局联合印发《国家统计局直属调查队管理体制改革实施方案》。按照改革方案，撤销国家统计局直属的农村社会经济调查队、城市社会经济调查队和企业调查队，在各省（区、市）、市（地、州、盟）和部分县（市、区、旗）组建国家统计局垂直管理的调查队。改革后的调查队在继承原有农调队、城调队和企调队职能基础上，增加了对国家宏观调控和国民经济核算所需重要统计信息开展抽样调查等职能。

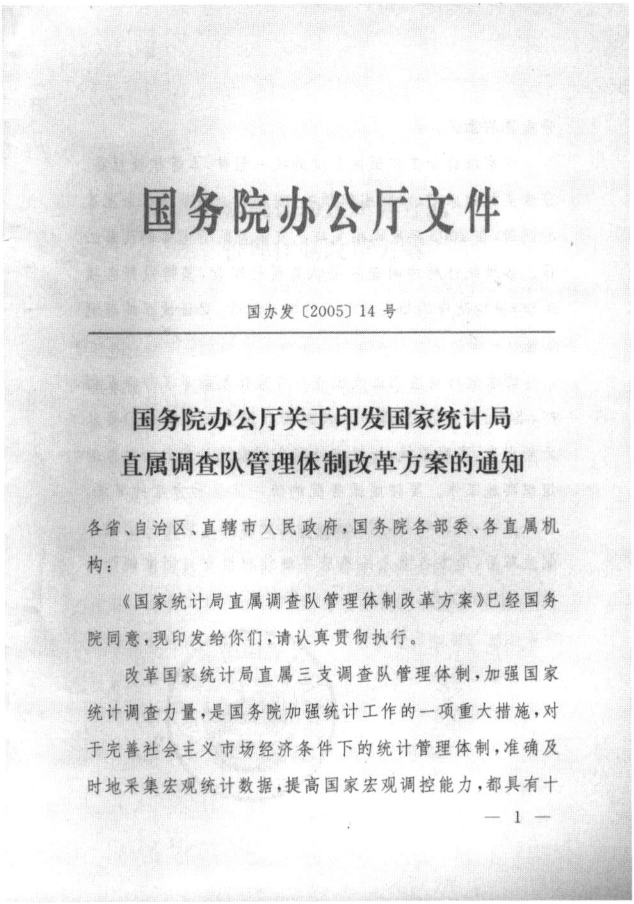

国务院办公厅文件

国办发〔2005〕14 号

国务院办公厅关于印发国家统计局直属调查队管理体制改革方案的通知

各省、自治区、直辖市人民政府，国务院各部委、各直属机构：

《国家统计局直属调查队管理体制改革方案》已经国务院同意，现印发给你们，请认真贯彻执行。

改革国家统计局直属三支调查队管理体制，加强国家统计调查力量，是国务院加强统计工作的一项重大措施，对于完善社会主义市场经济条件下的统计管理体制，准确及时地采集宏观统计数据，提高国家宏观调控能力，都具有十

— 1 —

★2005 年 3 月，国务院批准国家调查队管理体制改革

明确国家调查队与地方统计局分工

为切实落实国家统计局直属调查队体制改革实施方

案，保障改革后达到完成国家统计任务、服务地方需求、避免重复调查、减轻基层负担的工作目标，国家统计局着力加强顶层设计，不断优化完善局队分工。2006 年 1 月，国家统计局印发《国家统计局省级调查总队与同级统计局业务分工协作的基本原则和主要调查任务（试行）》。该文件包括两方面重要内容：一是明确了国家统计局省级调查总队与同级统计局业务分工协作的基本原则。二是明确了国家统计局省级调查总队的主要调查任务，主要包括承接原三队的常规国家调查任务；协同地方进行全国经济普查、全国农业普查、全国人口普查以及地方进行的其他重要统计调查；开展规模以下固定资产投资和资质以外建筑业企业调查、服务业经营活动统计调查、服务业价格调查等新增常规国家统计调查任务。

2009 年，国家统计局印发《关于部分国家统计调查项目分工调整的通知》，对局队部分分工进行调整：进一步明确“农村社区基本情况调查制度”“市县社会经济基本情况统计报表制度”由地方统计局承担；建立统一的主要农产品抽样调查制度，由国家调查队负责；“资质以外建筑业企业调查”“限额以下批发和零售业、住宿和餐饮业调查”“物业管理、房地产中介等服务业抽样调查”“服务业价格调查”“餐饮业等能源消费抽样调查”等新建国家统计调查项目由国家调查队负责。

开展省以下政府统计垂直管理试点

在推进国家调查队管理体制改革的同时，国家统计局贯彻落实党中央关于完善统计体制要求,积极探索推进省以下政府统计垂直管理试点,不断提升数据抗干扰能力。2005 年 12 月国家统计局批复同意在吉林省进行省以下政府统计机构垂直管理试点。2006 年 7 月,吉林省政府印发《吉林省统计管理体制改革试点方案》,试点正式启动实施。改革试点的核心内容是实现"五个上划统管"。一是机构上划统管。全省市(州)、县(市、区)统计局全部从地方政府序列上划为省统计局或市(州)统计局直属机构。二是编制上划统管。全省市(州)、县(市、区)统计局编制全部上划至省,由省编办会同省统计局统一管理。三是干部管理权限上划统管。全省市(州)、县(市、区)统计局领导干部按照统一领导、分级管理、下管一级原则实行垂直管理。四是经费上划统管。全省市(州)、县(市、区)统计局经费由地方财政上划至省,由省财政拨付省统计局后统一下拨。五是资产两权不变。全省市(州)、县(市、区)统计局现有资产所有权、使用权不变,由省统计局统一管理。吉林省统计局从各级地方政府手中接管各级政府统计部门,实现了机构编制上划、人员上收和资产接管,垂直管理体制在吉林省基本建立。

国家统计局内设机构改革

2005 年 4 月,经中央编办同意,国家统计局机关和所属事业单位机构编制作如下调整:撤销农村社会经济调查总队、城市社会经济调查总队、企业调查总队,设立农村社会经济调查司、城市社会经济调查司,原企业调查总队承担的部分职责由工业交通统计司承担。人口和社会科技统计司更名为人口和就业统计司，加挂“社会和科技统计司”牌子。组建服务业调查中心，为直属事业单位。经上述调整，国家统计局内设职能机构由 11 个增加为 13 个，加上机关党委、纪检监察局、离退休干部局及 14 个司级事业单位，内设司级机构共 30 个。

2008 年，国务院进行改革开放后第六次机构改革。当年 7 月，国务院办公厅印发国家统计局“三定”规定。为做好能源统计调查和单位地区生产总值能耗核算，国家统计局设立能源统计司。

第二节　创新普查制度

重大国情国力普查对于国家加强和改善宏观调控、科学制定中长期发展规划具有十分重大的意义。这一时期，我国普查制度得到进一步健全完善。

调整普查项目和周期安排

自 1994 年 7 月国务院批转国家统计局《关于建立国家普查制度改革统计调查体系的请示》，正式确立国家周期性普查制度以来，在国务院和地方各级人民政府统一领导下，全国成功开展了工业、农业、人口和基本单位等多项重大国情国力普查，摸清了家底，深化了对我国基本国情国力的认识。但是,在各项普查的实施过程中也暴露出一些问题:一是普查项目设置过多,在10年内要进行6次普查,且时间安排过于分散,既影响经常性的统计工作,也给基层造成繁重负担。二是在普查周期安排上与国家编制中长期规划衔接不够紧密。国民经济和社会发展计划每5年编制一次,而工业普查、第三产业普查却是每10年才进行一次,且时间安排不在同一年份,无法提供同一时期并具有内在联系的可比性数据。三是在普查项目设置上涵盖面不全,没有将属于重要支柱产业的建筑业包括进来,不能全面反映国民经济的整体状况,影响普查作用的综合发挥。因此,对国家普查项目和周期安排进行适当调整十分必要。

2003年8月经国务院批准,国家统计局、国家发展和改革委员会、财政部联合发出通知,决定调整国家普查项目和周期安排:一是将原定于2003年在全国进行的第三产业普查推迟,并与计划在2005年及2006年分别进行的工业普查、基本单位普查合并,同时将建筑业纳入普查内容,统称为经济普查,定于2004年在全国进行第一次经济普查;该项普查以后每10年进行两次,分别在尾数逢3、8的年份实施。二是农业普查以从事第一产业活动的单位和农户为对象,主要普查农、林、牧、渔业的发展变化情况;该项普查每10年进行一次,由尾数逢7改为逢6的年份实施。三是人口普查以自然人为对象,主要普查全国人口和住房以及与之相关的重要事项;该项普查每10年进行一次,仍在尾数逢0的年份实施。

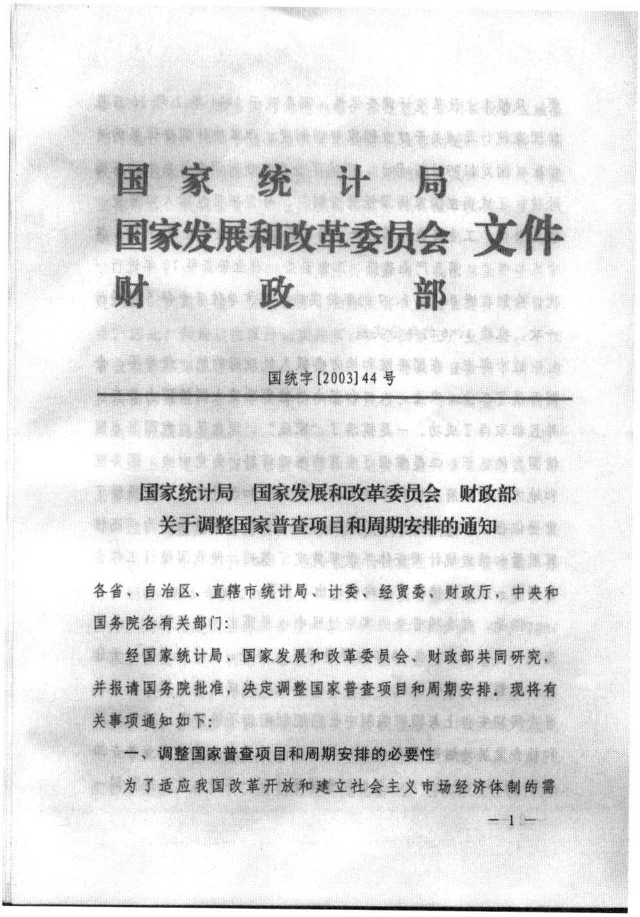
国家统计局
国家发展和改革委员会 文件
财政部

国统字[2003]44号

国家统计局 国家发展和改革委员会 财政部
关于调整国家普查项目和周期安排的通知

各省、自治区、直辖市统计局、计委、经贸委、财政厅，中央和国务院各有关部门：

经国家统计局、国家发展和改革委员会、财政部共同研究，并报请国务院批准，决定调整国家普查项目和周期安排。现将有关事项通知如下：

一、调整国家普查项目和周期安排的必要性

为了适应我国改革开放和建立社会主义市场经济体制的需

—1—

★2003年8月11日，国家统计局等3部委决定调整国家普查项目和周期安排

颁布三大普查条例

2004年9月，国务院总理温家宝签署第415号国务院令，颁布《全国经济普查条例》。这是我国首部由国务院颁

布的重大国情国力普查条例,开启了依法普查新篇章。条例共8章38条,对普查的目的,组织原则,普查对象、范围、方法、内容、标准,参与单位,宣传动员,经费管理,数据处理、公布,质量控制,资料管理,开发应用等作出了具体规定。条例规定,经济普查每五年进行一次,标准时点为普查年份的12月31日。条例明确,经济普查对象应当如实、按时填报经济普查表,不得虚报、瞒报、拒报和迟报经济普查数据。各级经济普查机构及其工作人员应当遵守《统计法》和《统计法实施细则》有关规定,对在经济普查中所知悉的国家秘密和经济普查对象的商业秘密,履行保密义务。

2006年8月,国务院总理温家宝签署第473号国务院令,颁布《全国农业普查条例》。条例共7章42条,对农业普查的目的、对象、范围和内容以及农业普查的组织实施、数据处理和质量控制,数据公布和资料开发,表彰与处罚等作出了明确要求。条例规定,农业普查每10年进行一次,尾数逢6的年份为普查年度,标准时点为普查年度的12月31日24时。特殊地区的普查登记时间经国务院农业普查领导小组办公室批准,可以适当调整。条例明确,各级农业普查领导小组办公室和普查办公室工作人员、普查指导员、普查员依法独立行使调查、报告、监督的职权,任何单位和个人不得干涉;各地方、各部门、各单位的领导人对普查办公室和普查人员依法提供的农业普查资料不得自行修改,不得强令、授意普查办公室、普查人员和普查对象篡改农业普查资料或者编造虚假数据,不得对拒绝、抵制篡改农业普查资料或者拒绝、抵制编造虚假数据的人员打击报复。

2010年5月，国务院总理温家宝签署第576号国务院令，颁布《全国人口普查条例》。条例共6章41条，制定的目的是科学、有效地组织实施全国人口普查，保障人口普查数据的真实性、准确性、完整性和及时性。条例规定，人口普查工作按照全国统一领导、部门分工协作、地方分级负责、各方共同参与的原则组织实施。在人口普查工作期间，各级人民政府设立由统计机构和有关部门组成的人口普查机构，负责人口普查的组织实施工作。条例规定，人口普查每10年进行一次，尾数逢0的年份为普查年度，标准时点为普查年度的11月1日零时。条例明确，人口普查主要调查人口和住户的基本情况，内容包括姓名、性别、年龄、民族、国籍、受教育程度、行业、职业、迁移流动、社会保障、婚姻、生育、死亡、住房情况等，采用全面调查的方法，以户为单位进行登记。人口普查对象应当按时提供人口普查所需的资料，如实回答相关问题，不得隐瞒有关情况，不得提供虚假信息，不得拒绝或者阻碍人口普查工作。

开展第一次、第二次全国经济普查

2003年9月，国务院副总理曾培炎听取国家统计局关于开展第一次全国经济普查工作的专题汇报，并作出指示。同年12月国务院发出通知，决定开展第一次全国经济普查。普查目的是全面掌握我国第二产业和第三产业的发展规模、结构和效益等信息，建立健全覆盖国民经济各个行业的基本单位名录库（含编码）及其数据库系统。经济普查的对象是在我国境内从事第二产业和第三产业的全部法人单位、产业活动单位和个体工商户。普查内容包括单位标志、从业人员、财务收支、资产状况,以及企业的主要生产经营活动和生产能力,主要原材料和能源消耗及科技开发的投入状况等。普查标准时点是2004年12月31日,时期资料为2004年度。国务院成立第一次全国经济普查领导小组,负责普查的组织和实施,组长由国务院副总理曾培炎担任。

2004年12月31日,第一次全国经济普查登记工作正式开始。在随后3个月时间里,300多万名普查员、普查指导员,对所有普查对象进行逐一登记。2005年12月,国务院第一次全国经济普查领导小组办公室、国家统计局联合发布《第一次全国经济普查主要数据公报》,陆续发布了大量丰富翔实的经济普查数据和资料。普查结果表明,2004年末,全国共有从事第二、第三产业的法人单位516.9万个,第二、三产业的就业人员数为30882.8万人,第二、三产业企业法人单位的实收资本总额为18.2万亿元。国务院总理温家宝在第十届全国人民代表大会第四次会议上高度评价第一次全国经济普查:历时两年的经济普查工作,进一步摸清了我国经济社会发展的基本情况,查实了国内生产总值和三次产业的比重,更加全面、准确地反映了国情国力。

2007年11月,国务院发出通知,决定于2008年开展第二次全国经济普查。这次普查的标准时点为2008年12月31日,时期资料为2008年度。普查对象是在我国境内从事第二产业和第三产业的全部法人单位、产业活动单位和个体经营户。普查的主要内容包括单位基本属性、从业人员、财务状况、生产经营情况、生产能力、能源消耗、科技活动情况等。国务院成立第二次全国经济普查领导小组，国务院副总理李克强任组长。

2008 年 12 月 31 日，第二次全国经济普查登记工作正式启动。2009 年 1 月，国务院副总理、国务院第二次全国经济普查领导小组组长李克强来到国家统计局，就第二次全国经济普查进行调研考察。在听取国家统计局经济普查和统计工作汇报时，李克强要求毫不松懈地把好数据质量关，进一步增强统计的时效性，确保第二次全国经济普查取得成功。12 月，第二次全国经济普查主要数据公报（第一号）发布，普查结果显示，2008 年末全国共有从事第二、三产业的法人单位 709.9 万个，与 2004 年第一次全国经济普查相比，增加 193.0 万个，增长 37.3%；产业活动单位 886.4 万个，增加 204.0 万个，增长 29.9%；有证照的个体经营户 2873.7 万户，增加 686.9 万户，增长 31.4%。

开展第二次全国农业普查

2005 年 4 月，国务院发出《关于开展第二次全国农业普查的通知》，决定于 2006 年底开展第二次全国农业普查，普查的标准时点是 2006 年 12 月 31 日。为了加强对普查工作的组织领导，国务院成立第二次全国农业普查领导小组，国务院副总理回良玉任组长。

2006 年 12 月，第二次全国农业普查电视电话会议在北京召开，回良玉出席会议并讲话。12 月 30 日，第二次全国农业普查现场登记工作全面启动。2008年2月,第二次全国农业普查主要数据公报发布。这次农业普查历时近3年,全国近700万普查指导员和普查员,共调查了2.3亿普查户、40万个农业生产经营单位、65万多个村和4万多个乡镇,比较全面地掌握了我国农业生产、农村劳动力就业、农村居民生活和社区环境等方面的基础数据。2008年7月,国务院在北京召开第二次全国农业普查工作总结会议,研究普查成果的开发利用和加强农村统计调查工作,对在普查工作中表现突出的先进集体和先进个人进行了表彰。

开展第六次全国人口普查

2000年第五次全国人口普查以来,我国的人口状况发生了很大变化。2009年5月,国务院发出通知,决定于2010年开展第六次全国人口普查,人口普查的标准时点是2010年11月1日零时。普查的主要目的是查清十年来我国人口在数量、结构、分布和居住环境等方面的变化情况,为科学制定国民经济和社会发展规划,统筹安排人民的物质和文化生活,实现可持续发展战略,构建社会主义和谐社会,提供科学准确的统计信息支持。国务院成立第六次全国人口普查领导小组,国务院副总理李克强担任组长。

2010年11月1日,第六次全国人口普查现场登记正式开始。11月2日,胡锦涛等党和国家领导人在北京中南海以普通公民的身份参加第六次全国人口普查登记。2011年4月28日,2010年第六次全国人口普查主要数据公报(第1

号）发布，普查结果显示，大陆 31 个省、自治区、直辖市和现役军人的人口共 133972 万人，同第五次全国人口普查相比，10 年共增加 7389.98 万人，增长 5.84%，年平均增长率为 0.57%。

2011 年 8 月，李克强在北京中南海会见人口普查先进集体和先进个人代表时，强调要科学系统深入地开发应用普查成果，进一步提高统计工作水平，为科学发展和加快转变经济发展方式服好务。

开展第二次全国科学研究与试验发展（R&D）资源清查

2009 年，经国务院批准，国家统计局、科技部、国家发展改革委、教育部、财政部、国防科工局等六部门联合开展第二次全国科学研究与试验发展（R&D）资源清查。这次清查由国家统计局、科技部、国家发展改革委共同牵头，为制定“十二五”时期国民经济和社会发展规划以及科技发展规划，监测和评估我国自主创新能力和创新型国家建设进程提供了重要数据支撑。此次清查的重要特点与历史贡献是确立了科学研究与试验发展（R&D）指标在科技统计中的核心地位，科学研究与试验发展（R&D）经费支出等核心指标从由企业直接填报改革为由基础数据统一核算，为之后的科技统计方法制度改革明确了思路和方向。

第三节　改进统计调查制度方法

进入新世纪后,特别是加入世界贸易组织后,中国经济开始了融入世界经济和全球一体化潮流的高速发展新阶段,经济社会文化科技各个方面变化很快很大。在这种情况下,传统统计调查制度中长期存在的重总量、速度统计,轻质量、效益、结构统计的问题被放大,价格统计、能源统计、环境统计、科技创新统计和民生相关的就业统计、收入统计等领域统计工作相对薄弱,难以很好满足国家宏观调控和管理决策的需要,迫切需要加快改革。

建立环比统计

2008 年国际金融危机肆虐,统计部门作为统计数据的主要生产部门,对经济形势的研判分析责任异常重大。在国际金融危机的大背景下,月度经济数据非常重要,大家都希望能够从月度经济数据中的细微变化寻找出经济发展的趋势变化和走势拐点。在这样的高要求下,GDP、工业增加值、投资完成额、社会消费品零售总额这些主要经济指标本月与上月比较的环比数据就显得十分重要。然而,当时国家统计局只能提供本月与上年同月的同比数据,而对需要剔除季节变动因素的环比技术缺乏研究。国家统计局将环比统计作为 2008 年和 2009 年的工作重点,攻关推进。经过一年多深入研究，在国际组织和国内外科研机构的支持下，2009年年底基本建立了主要经济指标的环比制度。经过一年运行，经国务院批准，从2011年4月份起，国家统计局正式对外公布国内生产总值、规模以上工业增加值、固定资产投资、社会消费品零售总额等4项重要指标的环比数据，结束了我国统计长期以来基本没有环比数据的历史。

完善房地产价格统计

国家统计局发布的2009年统计公报中，70个大中城市房地产销售价格仅上涨1.5%，与社会公众的感受和经验明显不符。造成这种局面的主要原因是当时房地产销售价格的统计方法是将全年12个月同比数据进行综合平均，这种方式有利于衡量全年的平均变动，但是确实把每个月的变动给拉平了。同时当时的房地产价格统计也没有设置定基指数，在统计方法上存在缺陷。国家统计局第一时间开展房价统计改革研究，经过改进完善，房地产价格统计中的新建住宅销售价格全部直接采用房地产管理部门的网签交易价格数据，二手房销售价格调查主要调查当地主要房地产经纪机构，数据分为环比指数、同比指数和定基指数，较好地反映了房地产价格的走势和波动情况。

改革建筑业增加值核算方法

第一次全国经济普查之后，为了提高我国国内生产总值(GDP)核算的科学性和规范性,保证地区与国家之间、地区与地区之间 GDP 数据的可比性,国家统计局对建筑业增加值核算方法作了重大改革。改革后的建筑业增加值核算取得了明显成果:一是实现了由间接核算向直接核算的转变,即由过去通过投资完成额中的建筑安装投资间接核算建筑业增加值转变为直接依据建筑业统计数据核算建筑业增加值,使建筑业增加值核算工作更加规范、科学,更有国际可比性;二是由注册地核算转变为经营地核算,考虑到各地统计基础工作的差异性,实际工作中还参考了建安工程投资的完成情况进行间接推算;三是建筑业增加值核算工作由原来的核算系统负责转变为由投资系统负责;四是实现了下算一级,即国家对省级的核算;五是国家数据和省级数据实现无差别衔接。

建立全国劳动力调查制度

1994 年国家统计局在全国人口变动调查中首次加入了反映劳动力就业状况的调查项目,并推出调查失业率这一指标。随着我国社会主义市场经济体制的初步建立和劳动就业制度改革的不断深化,劳动就业形势和政府对劳动就业进行管理的方式、方法发生了重大变化。为准确反映城乡就业总量和城镇失业的实际情况,满足国家宏观调控和制定就业政策的需要,2004 年 9 月国务院办公厅发出通知,决定自 2005 年起建立全国劳动力调查制度,规定首次全国劳动力调查于 2005 年 11 月进行,2006 年增加到两次,劳动

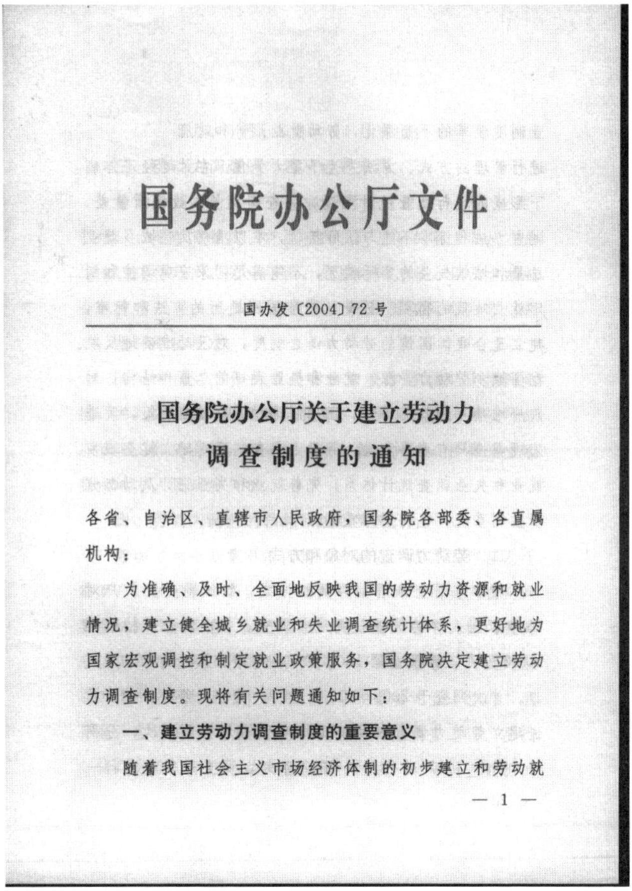

★2004年9月27日，国务院决定自2005年起建立全国劳动力调查制度

力调查工作所需经费由中央和省级财政共同负担，并列入相应年度财政预算。通知要求各级统计部门负责组织实施劳动力调查工作，逐步健全城乡就业和失业调查统计体系。2008年，国家统计局决定从2009年3月开始，在31个大城市（4个直辖市和27个省会城市）开展月度劳动力调查。

建立农民工统计监测调查制度

为贯彻落实《国务院关于解决农民工问题的若干意见》文件精神,改进和完善农民工统计监测工作,按照国务院农民工工作联席会议的统一布置,国家统计局于 2009 年建立农民工统计监测调查制度,在全国 31 个省 857 个县开展农民工监测抽样调查。通过实施此项监测调查,统一了农民工统计口径,摸清了农民工底数,建立了农民工专项统计调查制度,为农民工统计监测调查的科学化、规范化发展打下了坚实基础。经与有关部门商定,国家统计局及时发布农民工统计调查结果。

建立城镇私营单位工资统计制度

随着私营经济的发展,工资统计范围覆盖不全带来的问题越来越突出。为了全面反映城镇单位人员平均工资水平,2006 年国家统计局在浙江组织开展了城镇私营单位工资调查试点,2007 年将试点扩大至全国范围。在总结两年来试点经验的基础上,2009 年国家统计局印发《关于进一步推进工资统计制度改革工作的意见》,提出推动劳动工资统计制度改革完善的具体措施。同年正式建立城镇私营单位工资统计制度,将私营单位纳入统计调查范围,并开始发布城镇私营单位就业人员平均工资数据。

强化服务业统计

服务业是国民经济的重要组成部分，特别是改革开放后，我国服务业得到快速发展。但长期以来，我国服务业统计相对薄弱，服务业统计调查制度不够统一规范，服务业统计职责分工不够明确，服务业统计调查的组织实施方式和数据采集渠道不够规范和畅通。2006年开始，国家统计局正式建立部分服务业抽样调查常规统计报表制度。2007年3月，国务院印发《关于加快发展服务业的若干意见》，要求尽快建立科学、统一、全面、协调的服务业统计调查制度和信息管理制度，完善服务业统计调查方法和指标体系，充实服务业统计力量，促进服务业行业统计信息交流，提高统计数据的准确性和及时性，为国家宏观调控和制定规划、政策提供依据。5月，国务院办公厅发出通知，决定成立全国服务业发展领导小组，国务院副总理曾培炎任组长，国家统计局等有关部门负责人为成员。11月，国务院批复同意建立服务业统计部际联席会议制度，联席会议由30个部门和单位组成，联席会议办公室设在国家统计局，负责日常工作。2008年3月，国务院办公厅印发《关于加快发展服务业若干政策措施的实施意见》，提出加强服务业统计工作，完善服务业统计联席会议制度，建立政府统计和行业统计互为补充的服务业统计调查体系，健全服务业信息发布制度。

为进一步加强服务业统计，2010年4月，国家统计局将加挂在国民经济核算司的服务业统计司与服务业调查中心进行整合，组建国家统计局服务业统计司(服务业调查中心)，牵头组织全国服务业统计工作。2011 年 9 月，国务院办公厅转发国家统计局关于加强和完善服务业统计工作意见的通知，强调服务业统计应贯彻国民经济核算体系的统一要求，坚持“在地统计”“权责发生制”和“市场价格估价”等原则，通过不断加强和完善服务业统计工作，推动建立科学、统一、全面、协调的服务业统计调查制度和信息管理制度，为国家实施宏观调控、制定发展规划和政策提供科学依据。

开展采购经理调查

采购经理指数(PMI)是国际通行的宏观经济监测重要指标之一，涵盖了生产与流通、制造业与非制造业等领域，可以为国家经济活动的监测和预测预警提供及时、可靠、准确的动态经济数据，被誉为经济变化的“晴雨表”和“风向标”。2001 年，国家统计局对采购经理调查开始了初步探索与研究。2004 年 10 月，国家统计局下发通知，决定自 2005 年 1 月起开展制造业采购经理调查，调查对象为制造业企业的采购或供应经理，调查采用分层 PPS 抽样方法，全国共抽取 730 家制造业企业或产业活动单位作为样本单位。2005 年 7 月 6 日、8 月 31 日，国家统计局和中国物流与采购联合会先后在北京、香港发布了中国制造业采购经理指数(PMI)。2005—2006 年，借鉴制造业采购经理调查经验，中国非制造业采购经理指数体系也逐步形成。2007 年 1 月，国家统计局正式开展非制造业采购经理调查，填补了我国PMI指标体系的空白。

健全科技创新统计

进入21世纪，科技创新的作用受到更多重视。2006年全国科学技术大会确定了走自主创新道路、建设创新型国家的目标；《国家中长期科技发展规划纲要（2006—2020）》把建设创新型国家作为重大战略选择。借助R&D资源清查、经济普查等契机，国家统计局进一步对科技统计报表制度进行改革。2004年，国家统计局建立了重点企业科技活动情况年快报统计制度。2007年，国家统计局组织开展第一次全国工业企业创新专项调查。

建立健全文化产业统计

随着我国国民经济快速发展，人民群众对精神文化生活的需求日益增长，促进了文化产业的迅速发展。文化产业统计制度应运而生、不断完善，客观反映和助推了我国文化产业的快速发展。2004年3月，国家统计局制定了《文化及相关产业分类》。2005年1月，国家统计局与中宣部和国务院有关部门共同研究编制了《文化及相关产业统计指标体系框架》，规范了文化及相关产业统计指标，对各地区和有关部门开展文化产业统计起到了重要参考作用。2006年8月到2010年初，国家统计局利用各专业常规统计年报资料、部门相关年报统计资料以及第一次、第二次全国经济普查资料等，开展了2005年、2006年、2007年和2009年文化产业增加值测算工作。2010年12月，国家统计局制定了《文化及相关产业统计方案(试行)》，规定了文化产业的统计对象、行业范围、统计内容、资料来源等方面内容。

另外，2005年7月，受中央文明办委托，国家统计局发出通知，决定于7—9月在有关城市开展全国文明城市测评工作。调查目的是了解群众对公共安全和社会治安秩序的真实感受，为中央制定政策提供依据。调查范围为全国文明城市评选的候选城市。调查对象为18—65周岁城市居民。调查内容有25项，包括群众安全感、影响安全感的主要因素，群众对社会治安状况的心理感受、群众对政法工作和队伍建设的满意程度等。调查工作在中央文明办指导下，由国家统计局具体组织实施。

第四节 实施统计四大工程

我国统计数据的采集方式，在相当长时期内是层层汇总方式。从数据生产过程来说，统计数据采集主要还是基层统计机构向调查对象发放纸质统计报表，基层统计机构将纸质统计报表录入到计算机中，计算汇总后，将汇总数据通过光盘或者邮件报送上级统计机构层层汇总。这种数据生产方式主要有以下几个方面问题：一是统计生产效率低。纸表录入，层层汇总，光盘邮件传输，严重影响统计生产效率，难以满足对统计数据越来越高的时效性要求。二是统计调查任务多头布置，调查指标重复交叉。各个专业分别布置自己的专业报表，报表中难免会出现一些属性指标和个别专业指标存在交叉重复，造成调查对象重复报送，增加了调查负担。三是汇总数据层层上报，国家、省、市难以同时对调查对象个体数据进行审核把关；同时层层上报汇总数据，难以抵制中间环节可能出现的对统计数据的各种干预。这种数据生产方式，难以适应国家治理和社会公众日益增长的统计需求。

实施统计一套表改革

1993年9月，国家统计局在河北石家庄市召开全国专业统计报表制度会议，布置实施新的国家统计报表制度。参加会议的包括从事工业、交通、投资、建筑、商业、外经、物资、能源、劳动工资、平衡等统计和制度方法设计的各省(区、市)统计局有关负责人以及国家统计局有关司级单位负责人。

新统计报表制度的最大特点，就是打破原有的专业分工界限，按照统一规定的基层调查单位设计企业一套表。新报表制度由基层一套表和各专业综合表组成，其中基层表分为农林牧渔业、工业、建筑业、交通运输业、批发零售贸易及餐饮业、服务业等6类企业及事业行政单位，共7套，此外还暂时保留了建设单位的固定资产投资统计基层表，统称“7+1”一套表。此前，国家统计局已于当年8月印发《关于布置新的国家统计报表制度的通知》,要求新报表制度从1993年年报和1994年定期报表起实行。

会议结束后,各地统计部门确实进行了研究,也按照一套表的要求进行了填报,然而由于试点不够、软件技术支持不够等多方面原因,一套表改革实施结果并不尽如人意。通过这次改革,各地在组织实施过程中积累了一定经验,为以后改革奠定了基础。

推进实施企业一套表联网直报

进入21世纪后,计算机技术和互联网技术已经非常成熟了,信息化应用也非常普遍,调查对象通过互联网向国家统计局报送统计数据在技术上没有任何障碍,北京、浙江、广东的一些发达地区也有多年的统计联网直报经验。实施企业一套表联网直报被正式提上日程。

2009年7月,在国家统计局上半年工作总结会上,第一次正式提出,必须积极创造条件,加快推进"三上"企业的国家联网直报。8月,国家统计局印发《关于开展企业一套表试点工作的通知》,决定从9月开始开展企业一套表试点工作。

2010年1月,在会见世界银行专家钱达先生时,国家统计局局长马建堂向国际统计组织传达了中国准备加大统计信息化建设力度的信息,指出"我们的设想是,通过几年的努力,实现所有达到一定规模的企业,都通过互联网直接向国家统计局报送统计资料。"2010年1月召开的全国统计工作会议，作出了“全国统一的‘三上’企业联网直报体系建设要力争取得重大进展”的工作部署。

★2011 年 9 月 29 日，全国企业一套表工作会议在北京召开

统计联网直报的目标是建设基本单位名录库、企业一套表制度、数据采集处理软件和联网直报系统四项具体任务，也就是统计部门简称的“四大工程”。其基本逻辑是：实现由统一的基本单位名录库中的法定调查单位，执行一套表制度规定的调查内容，采用统一的数据采集处理软件，通过有安全证书认证的联网直报平台将原始数据通过互联网直接报送全国统一的数据中心。“四大工程”的难点在企业一套表建设，重点是信息化应用支撑系统。2010 年，国家统计局加快了基本单位名录库建设，在湖北、北京、四川等 12 个省（区、市）的 45 万个调查单位开展了一套表调查试点。在 2010 年底召开的全国统计工作会议上，国家统计局对建设“四大工程”进行了全面细致的部署，要求 2011 年开展企业一套表改革试点。经过数十万统计人员的共同努力，企

业一套表改革试点取得圆满成功。在企业一套表改革试点的同时,国家统计局多方筹措经费,提高与各省统计局的网络带宽,开发联网直报系统软件,加固保障联网直报系统的安全设施,建成了完善的国家统计数据联网直报中心,为2012年的正式实施奠定了坚实的基础。

“四大工程”成功实施

2012年2月17日,人民日报发表评论员文章《为宏观调控和科学决策提供扎实依据》,对企业一套表联网直报改革进行高度评价,号召全社会支持配合这一改革。2月18日,全国联网直报系统正式开通,全国近70万家“三上”企业通过该系统直接报送到国家统计局数据中心,标志着“四大工程”初战告捷,统计生产方式发生了历史性变革。从此之后,统计生产实现了变分散设计为统一设计、变分散布置为统一布置、变间接采集为直接采集、变层层上报为同步共享。“四大工程”正式实施后,国家统计局陆续将固定资产投资、重点服务业企业纳入企业一套表内容,推动价格、居民收支等抽样调查采用手持电子设备开展调查,在农业统计等专业领域推动应用以空间地理信息、遥感、全球卫星定位为代表的现代信息技术,基本做到需要向统计机构报送数据的企业,都已通过国家联网直报平台向国家统计局报送数据。

统计“四大工程”推动了统计调查流程的再造,计算机技术、互联网技术已经融入了统计生产全流程各个环节,信息技术成为统计工作的内在基因。2018 年 6 月，全国人民代表大会常务委员会执法检查组关于检查《中华人民共和国统计法》实施情况的报告对统计数据生产进行了高度肯定："数据采集和传输的信息化水平不断提高。目前 110.4 万家"四上"企业（规模以上工业、资质以上建筑业、限额以上批零住餐业、规模以上服务业企业）已实现在国家联网直报平台报送数据；价格、就业等调查已实现由调查员手持电子终端现场采集实时上传数据。"

"四大工程"的"四条红线"

随着"四大工程"试点工作的深入推进，到了 2011 年下半年，地方统计造假出现了新动向。在以前填报纸介质报表、层层上报层层汇总、国家不掌握基础数据的统计数据生产模式下，统计造假主要在中间环节，修改调整汇总数据。实施联网直报后，国家、省、市、县统计机构实时掌握微观企业数据，企业在联网直报系统中的所有活动都全程留痕，中间环节造假基本被杜绝。在这一背景下，地方的一些同志开始直接在统计源头做文章，强令、授意、暗示企业统计人员编造虚假数据，或者由有关部门在企业不知情的情况下直接代填代报企业数据。

国家统计局提出了统计联网直报的"四条红线"：一是严格执行"先进库、再有数""不在库、不出数"，确保基本单位名录库信息的真实准确；二是坚持由企业独立报送真实的统计数据，决不允许以数据衔接或其他任何名义强令授意企业按指定的数据报数;三是坚持由企业自己上报联网直报数据,决不允许统计机构及统计人员代填代报企业数据;四是坚持由企业修改差错或补填不完整报表的原始数据,决不允许统计机构及统计人员自行修改企业任何数据。"四条红线"的出台,对"四大工程"后出现的统计造假新情况给予了有力反击,在联网直报环境下,较好地保障了统计数据质量。

第五节　提升统计法治化水平

这一时期,统计部门将统计法治建设作为提高统计数据质量和统计权威性的重要抓手,健全完善统计法律法规,加大统计违法违纪行为处罚力度,广泛开展统计普法宣传,不断提升统计工作法治化水平。

修订《统计法》

1983年《统计法》出台,标志着我国统计工作开始走上法治轨道,1996年对《统计法》进行了修改。90年代后期特别是进入新世纪后,我国改革开放进入了新的历史阶段,经济社会发展加快,对外开放呈现新局面,统计工作也面临着新的形势和挑战。2005年4月,全国人大常委会执法检查组关于检查《中华人民共和国统计法》实施情况的报告指出:"随着市场经济的不断发展,特别是我国加入世贸组织

★2009 年 6 月 27 日，全国人大常委会通过修订后的《统计法》

后，统计工作面临的内外部环境都发生了较大变化，统计法的部分内容已不适应当前情况。当前统计工作面临的一些问题和矛盾，许多都与统计法规定不够完善有关。”根据这一要求，国家统计局 2005 年起开始启动《统计法》修订工作。2009 年 6 月 27 日，修订后的《统计法》由第十一届全国人民代表大会常务委员会第九次会议通过。同日，国家主席胡锦涛签署第 15 号中华人民共和国主席令，公布新修订的《中华人民共和国统计法》，自 2010 年 1 月 1 日起施行。

《统计法》修订内容主要有 7 个方面：一是进一步完善遏制在统计上弄虚作假的行政问责制度，为有效防止行政干预统计数据提供了制度保障；二是进一步完善统计数据质量责任制度，使政府统计机构、有关部门及其工作人员真正负起责任，切实提高数据质量；三是进一步加强对统计调查活动的管理，完善调查项目审批制度，明确统计调查制度的法律地位；四是完善统计资料管理和公布制度，明确对统计数据公布的要求，建立政府部门之间统计资料共享机制；五是严格对单个统计调查对象资料的保密制度，切实维护统计调查对象的合法权益；六是强化对监督检查工作的组织领导和管理，加大对统计违法行为的监督和检查力度，提升《统计法》的执行力；七是进一步完善统计法律责任制度，增设统计违法行为种类和法律责任，并明确政府统计机构对国家工作人员违法行为的处分建议权，加大了对统计违法行为的责任追究力度。

修订后的《统计法》共 7 章 50 条，分别为总则、统计调查管理、统计资料的管理和公布、统计机构和统计人员、监督检查、法律责任、附则。与 1983 年制定、1996 年修订的《统计法》相比，新《统计法》在强化统计责任、加强监督检查、加大处罚力度、追究领导责任、细化违法行为等方面实现了重大突破，是一部在社会主义市场经济体制下能够比较有效地、科学地组织统计工作的法律，是一部能够保障统计数据真实可信的法律，也是一部符合国际通行的统计规则的法律。

出台《统计违法违纪行为处分规定》

进入 21 世纪后，统计部门围绕提高统计数据质量做了大量工作，统计数据基本上反映了经济社会发展的态势，在分析宏观经济走势、支撑国家宏观调控、了解国情国力、促进经济社会又好又快发展中发挥了重要作用。但是，影响统计数据质量的问题还是比较突出，特别是地方领导干部违规干预统计机构、统计人员独立行使统计职权的问题屡禁不止。

针对这一情况，为了切实提高统计数据质量和政府统计公信力，2009年监察部、人力资源社会保障部和国家统计局联合出台《统计违法违纪行为处分规定》。《处分规定》结合当时统计执法检查中发现的重点问题，一是细化了《统计法》中规定的领导干部、统计机构、统计人员、统计调查对象的各类统计违法违纪行为；二是增加了地方、部门单位的领导人员对统计数据严重失实的失察或不作为行为，增加了统计机构、统计人员强令、授意统计调查对象弄虚作假或明知统计数据不实而不履行调查核实职责的行为；三是对统计违法违纪行为规定了具体量纪标准，视情节轻重或危害后果给予警告、记过、记大过、降级、撤职直至开除的处分；四是规定了统计违法违纪行为的处分主体、程序、对象，完善了统计法律责任追究制度；五是明确了查办统计违法违纪案件协作配合机制，建立了任免机关、监察机关和统计执法机关三方案件移送制度。

《处分规定》的出台充分体现了党和政府反对和遏制在统计上弄虚作假行为的坚定决心，对于促进地方、部门、单位的领导人员深入贯彻落实科学发展观和树立正确政绩观，推动统计部门依法行政、依法统计，增强全社会的统计法律意识，发挥了十分重要的作用。同时，《处分规定》进一步完善了统计法律制度，增强了《统计法》的可操作性，为惩治和预防统计违法违纪行为特别是弄虚作假行为，规范统计工作秩序，提高统计数据质量和政府统计公信力，都提供了重要法律制度保障。

防范和惩治统计造假

2011年11月,国家统计局局长马建堂专门致信各省级统计局主要负责同志,希望他们认真研究评估国内外经济形势,客观评估本地区经济发展实际,积极建言本省(区、市)将来年的主要经济指标目标确定得科学合理、留有余地,给统计工作创造更加良好的环境;同时,多次致信联网直报企业负责人和统计人员,要求企业真实、准确、完整、及时地提供统计调查所需资料,明令任何单位和个人不得干扰企业独立报送统计资料,不得以任何方式要求企业虚报瞒报、伪造篡改统计资料。国家统计局还向所有联网直报企业发出统计法律事务告知书,明确企业的权利、义务和责任。

为了加强统计执法监督检查,2011年国家统计局在政策法规司加挂统计执法检查室牌子,配备专门人员力量开展统计执法检查。检查室成立后,国家统计局每年直接查处重大统计违法案件10多起,强化了对统计违法责任人的责任追究,要求各地对案件进行通报。2012年3月,在中国统计信息网上设立"曝光台·同音壁"栏目,首批曝光重庆永川区和山西河津市干预企业独立上报数据、涉嫌违反《统计法》的行为,后来又陆续曝光甘肃玉门、福建建瓯、广东中山等多起统计造假、弄虚作假案件。案件曝光引起了强烈社会反响,社会公众对于统计部门这种坦诚、直率、不怕揭盖子、不掩盖问题的态度表示赞同。

全国人大常委会开展统计法执法大检查

2004年3月，经第十届全国人大常委会第十四次委员长会议批准，《统计法》列入《全国人大常委会2004年执法检查计划》。为做好这项工作，全国人大常委会成立了统计法执法检查组，副委员长蒋正华任组长，检查组成员由全国人大常委会委员、全国人大财经委员会有关人员组成。检查的对象和重点为国务院及其部门、最高人民法院和最高人民检察院贯彻实施《统计法》的情况，并通过对地方的检查，了解和掌握《统计法》实施的真实情况和存在的问题，对《统计法》贯彻实施情况作出全面评价。

同年10月，全国人大常委会统计法执法检查组第一次全体会议召开，对检查工作作出部署。蒋正华副委员长出席会议并讲话。从2004年10月底开始，历时一个月时间，全国人大常委会《统计法》执法检查组分别对内蒙古、辽宁、浙江、重庆等4省(区、市)进行了检查，同时委托天津、山东、湖北、云南、新疆等5省(区、市)人大常委会对当地贯彻实施《统计法》情况进行了检查。检查后形成的执法检查报告肯定了贯彻实施统计法取得的成绩，指出了存在的问题，提出6点建议：一是进一步增强统计法制观念，切实采取有效措施，提高统计数据的准确性。二是各级领导干部必须树立科学的政绩观，正确对待统计数据。三是加强统计基础工作，加快统计方法制度改革。四是加强统计工作创新，充分利用统计数据资源。五是深入研究进一步做好统计工作的若干问题。六是建议尽快修改完善统计法。此次全国人大常委会统计法执法检查有力促进了统计法治进程,直接推动了《统计法》于 2009 年作出重大修订。

纪念《统计法》颁布 20 周年

2003 年 7 月,国家统计局发出通知,部署《统计法》颁布 20 周年纪念活动。通知指出,2003 年 12 月 8 日是《统计法》颁布 20 周年纪念日,根据国务院领导同志关于"以此为契机,深入宣传、普及《统计法》,在全社会逐步形成遵守《统计法》的风气"的指示精神,国家统计局决定开展《统计法》颁布 20 周年纪念活动。纪念活动集中于 8—12 月在全国开展。其间,组织召开了座谈会和学习报告会,利用新闻媒体举办《统计法》知识竞赛、开展有奖征文活动,评选表彰"全国统计执法十大标兵"和依法统计先进单位、先进个人等。纪念活动旨在通过广泛、深入地宣传《统计法》,增强全社会的统计法律意识,同时增强每一位公民和法人参与统计活动、提高遵守《统计法》的自觉性,为依法统计创造良好的社会环境。

12 月 8 日,全国人大财经委、全国人大常委会法工委、国家统计局、国务院法制办、司法部联合在人民大会堂举行座谈会,纪念《统计法》颁布 20 周年。全国人大常委会副委员长何鲁丽出席会议并讲话。

第六节　加强统计基层基础建设

2005 年 12 月召开的全国统计工作会议对统计基层基础建设作出专门部署，确定 2006 年为基层基础建设工作年，把加强统计基层基础建设作为重要工作来抓，摸清情况、研究对策，着力夯实统计工作长远健康发展的根基。

积极开展统计基层基础情况调查研究

开展“百县调研”。2006 年 5 月，为进一步加强统计基层基础建设，保障统计源头数据质量，国家统计局发出通知，决定开展基层基础建设“百县调研”活动。国家统计局派出 20 多个调研组分赴各地，承担 40 个县的调研工作；其余 60 个县的调研工作由省（区、市）统计局、调查总队承担。通过“百县调研”，基本掌握统计基层基础工作的现状和问题，着手研究解决问题的思路。2006 年 9 月，国家统计局在长春举行全国统计基层基础建设经验交流表彰大会，交流统计基层基础建设工作经验，表彰统计基层基础建设先进单位和先进个人，部署统计基层基础建设有关工作。随后，国家统计局印发《关于表彰全国统计基层基础建设先进单位和先进个人的决定》，授予北京市东城区统计局等 191 个单位“全国统计基层基础建设先进单位”荣誉称号，授予李晶等 316 名同志“全国统计基层基础建设先进个人”荣誉称号。

★2006 年 9 月 23 日,国家统计局在长春举行全国统计基层基础建设经验交流暨表彰会

实施县级统计机构现状调查。2006 年 5 月,国家统计局印发通知,决定在全国开展县级统计机构现状调查。调查目的是了解县级统计机构的组织建设、统计队伍建设和统计基础业务建设等方面情况,研究分析统计基层基础工作中存在的问题及原因,为探索解决问题的办法提供依据。调查内容主要包括县级统计机构、统计工作、规章制度、统计工作量、乡镇统计工作情况,以及统计工作面临的困难和改革建议等。这是国家统计局首次针对县级统计机构现状开展调查,此次调查在全国掀起了抓统计基层基础建设的热潮,有力促进了全国统计基层基础工作。

此外,国家统计局还于 2009 年 5 月就乡(镇、街道)统计工作基本情况开展调查。调查目的是了解乡(镇、街道)统计机构现状,总结并推广各地乡(镇、街道)开展统计工作的经验,进一步推动基层基础建设。调查内容包括乡(镇、街道)基本情况、统计工作基本情况、统计调查单位数量、基层统计工作面临的困难和问题、2008年统计工作量。

加强基层统计机构和能力建设

这一时期,在新一轮地方机构改革中,县级统计机构可能受到影响。对此,各级统计机构高度重视,密切关注,积极宣传《统计法》关于“县级以上地方人民政府设立独立的统计机构”的规定,在支持地方机构改革的同时,依法维护市县两级政府统计机构的独立单设。

乡镇政府统计职能得到加强。各地积极探索县级统计机构对乡镇统计实行垂直管理以及设立乡镇统计站、首席统计员,并按照2009年修订后的《统计法》要求积极促进乡镇政府设立统计工作岗位,切实提高县、乡统计人员实地核查新增或变更企业、督促企业填报统计报表、审核联网直报数据等能力。2006年,北京市大兴区推动全区乡镇统计机构和人员从乡镇行政建制剥离,单独成立了统计所,实现了全区街道、乡镇统计机构的“撤科建所”。2007年,山东实现了乡乡建立统计站。2009年,辽宁省政府在有关促进就业文件中明确要求将社区统计员岗位纳入全省基层管理和服务岗位名录库,江西在全省范围推行首席乡镇统计员制度,各地统计基层基础建设百花齐放、百家争鸣。

提高县级统计机构工作规范性。2007年国家统计局着手研究制定县级统计机构统计基础工作规范及其考核评价办法。2011 年 5 月,印发《县级统计机构工作规范(试行)》《县级统计局考核办法(试行)》和《国家统计局县级调查队考核办法(试行)》等 3 份重要规范性文件,为县级统计工作提供了基本规范,对于加强和规范县级基层统计基础工作、保障源头数据质量具有重要意义,统计基层基础建设取得重大进展。

举办首期县级统计局和调查队负责人培训班。2007 年,按照全国统计工作会议关于“加强基层基础建设”“组织实施好对县级统计局和调查队主要负责人的培训”的要求,6 月 13—19 日第 1 期县级统计局和调查队主要负责人培训班在北京开班。培训目标是“开阔视野、把握大势、更新理念和提升能力”,培训期间共安排了 10 个专题讲座,特邀有关局领导、知名学者授课。来自 10 个省(市、区)的县级统计局主要负责人共 207 人参加了培训班。此后,统计人员教育培训工作逐步增强。

减轻基层统计工作负担

伴随经济社会快速发展,对统计数据的需求不断增多,统计报表数量增加,重复调查的问题比较突出,加重了基层统计部门和统计调查对象的负担。2004 年 12 月召开的全国统计工作会议指出:“根据各部门向全国人大常委会统计法执法检查组汇报的数字,国家统计局往下发放的统计报表多达 329 张,农业部 308 张,有的部门更高达 2000 多张。”减轻基层统计工作负担,势在必行。

2006年2月，国家统计局发出《关于加强对地方统计调查项目管理的通知》，以加强对地方统计调查项目的管理，规范地方统计调查，进一步减轻基层负担。《通知》要求：一是认真贯彻执行国家统计调查制度；二是严格控制新建地方统计调查项目；三是建立地方统计调查项目审批、备案制度；四是加强对地方统计调查项目的检查和监督。

2008年3月，国家统计局发出通知，决定对统计系统现行统计报表进行一次全面清查，并作为下年度统计调查项目审批的依据。这次清查活动是根据全国统计工作会议精神和基层统计部门的建议开展的，目的是进一步深化统计制度方法改革，掌握各地统计系统报表、指标体系情况，加强统计报表制度管理，整合统计资源，消除重复交叉，探索改革基层数据的采集方式。清查范围为各级统计机构制发的报表、统计调查提纲、调查问卷等。在此基础上，2009年，对36项统计报表制度进行了修订，增加报表37种，减少报表49种，增设指标625个，减少指标890个，一定程度上减轻了基层负担。

第七节　优化统计服务

这一时期，统计部门在一以贯之做好为党中央、国务院的统计信息和经济形势研判分析服务的基础上，将推进统计公开透明作为面向社会统计服务工作的重中之重，不断加大数据发布力度，主动诠释统计生产流程和指标制度，通过设置“中国统计开放日”加强统计部门与社会各界的沟通交流,努力提供更加优质便捷的统计服务。

为党中央、国务院和社会公众提供可靠信息支撑

2008年,面对国际金融危机给国内经济带来的严重困难,国家统计局新建月度经济形势分析会制度,建立重要工业品出厂价格监测旬报应急机制和重要农产品价格半月监测制度,创办统计信息专报每日向中央反映经济社会运行情况,实施中央扩大投资项目计划落实情况调查,组织局内外专家和学者就国际金融危机对我国的冲击进行深入分析,对宏观经济运行走向作出预判,丰富向中央领导同志报送统计信息的内容、提高报送频率。

2009年1月召开的全国统计工作会议提出,要“进一步转变统计服务理念,努力为党和政府、社会公众和各类经济体提供优质统计服务,使统计成果真正惠及全社会;建立与用户间良好的沟通机制,充分了解和把握统计需求;加强对经济运行的分析和监测,积极为党和政府提供参考价值较高的政策建议;建立健全部门间统计信息的提供和交换制度,提高统计信息共享的水平;规范统计数据发布行为,丰富统计信息发布内容,拓展统计服务渠道,提高数据发布的及时性。”这其中许多思想一以贯之,在实践中不断丰富拓展,于2012年底形成建设现代化服务型统计的工作蓝图。现代化服务型统计面向统计用户、面向统计基层、面向调查

对象，总目标是最大限度使统计改革发展成果惠及全社会，总体要求是要把统计服务意识贯穿于统计工作的各方面、各领域、各环节。其中，服务统计用户是中心任务，服务调查对象是突破口，服务统计基层是着力点，搞好顶层设计是中心环节，充分运用现代信息技术和信息化社会成果是主要手段。

完善统计数据发布制度

2001 年以后，统计数据定期发布制度及统计信息发布公示制度相继建立，提前向全社会公示统计信息发布日程，据此定期发布统计数据。2008 年，为满足社会公众对统计信息查询的需要，首个国家统计数据库正式上线运行。2009 年 8 月，国家统计局建立月度新闻发布会制度，按月举办国民经济运行情况新闻发布会。2011 年，“数据中国”“掌上数据库”等移动客户端推出，开始通过手机等移动设备提供主要指标数据查询服务。自此以后，新闻发布会、网络、统计出版物等多渠道、全方位的数据发布体系不断健全。

举办首届中国统计开放日

2009 年以后，社会上对住宅销售价格和平均工资等统计数据提出了质疑，政府统计公信力受到严重影响。出现这种现象，既有统计制度方法滞后的问题，更是由于统计工作不够公开、不够透明，致使外界对统计生产过程、制度方法口径不了解,觉得统计数据生产是一个“黑箱子”。为此,国家统计局推动建立了数据诠释制度,要求在发布统计信息的同时,配发对指标涵义、调查方法、计算方法、数据质量可靠性及局限性等方面的说明;建立主动公开统计制度方法的相关制度,不断加大统计标准、统计调查项目、统计调查方法和操作规程的公开力度,保障社会公众的知情权和监督权;强化统计知识普及,组织编撰了《中国主要统计指标诠释》等统计读物,编写《走进CPI》等大量统计科普读物,制作《统计数据是如何产生的》等系列短片,对社会高度关注的经济社会统计指标进行详细解读。

★2010年9月20日,国家统计局创设“中国统计开放日”

为了增进与社会公众、媒体的互动和交流,推动中国统计走向公开透明,更好服务社会,国家统计局决定将2010年9月20日定为“中国统计开放日”,并以“走向公开透明的中国统计”为主题举办了首届开放日活动。2010年9月20日,50多位来自全国各地的基层统计调查员、先进工作者代表，还有统计数据用户的代表、网友代表、首都部分高校学生代表以及新闻界人士，应邀前来参加国家统计局举办的首个“中国统计开放日”活动，与国家统计局全体领导班子成员及各司级单位主要负责同志畅叙统计公开透明，共话统计科学发展。

此后，“中国统计开放日”每年举办，邀请调查对象、统计用户、网民、国内外媒体、大学师生等各界代表走进统计机构，展示统计数据生产过程，“揭秘”数据生产方式，诠释统计数据，普及统计知识。

建成中国统计资料馆

2006 年 6 月 2 日，国务院副总理曾培炎莅临国家统计局视察指导工作。曾培炎强调，要努力做好新形势下的统计工作，大力推进统计制度方法改革，不断提高统计的科学性、准确性、时效性，为全面贯彻落实科学发展观提供有力的统计保障，更好地为构建社会主义和谐社会服务。曾培炎参观了新落成的中国统计资料馆，并为中国统计资料馆揭牌。

当日，中国统计资料馆正式对外开放。该馆是国家统计局宣传普及统计知识、为社会公众提供统计服务、满足社会各界对统计资料的需求而建立的。馆内设有图书资料阅览室、电子阅览室、专家咨询室、电话咨询室以及录像厅、演示厅、陈列厅和视频点播室等，具备网上在线服务、档案收管用、史料编研和非官方统计项目的合作与开发等统计信息公益服务的综合功能。社会公众持单位介绍信或个人有效证件,即可来馆查阅统计资料。

第八节 统计国际合作交流迈上新台阶

适应国家对外开放的新形势,政府统计的国际交流与合作全方位、多形式地展开。统计部门秉持平等互信、互利共赢、团结互助的合作宗旨,充分借鉴国际先进统计理念和成功做法,推动我国统计标准与国际基本接轨,不断加强与世界各国统计机构以及国际组织统计机构的交流合作,积极参与国际上各项统计事务,影响力不断扩大。

积极举办国际统计会议

2005年7月,在我国第一次全国经济普查进入质量验收阶段之时,联合国统计司和国家统计局在北京共同举办经济普查国际研讨会。这是联合国统计司首次就经济普查工作在世界范围内召开的专题研讨会。国务院第一次全国经济普查领导小组副组长、国务院常务副秘书长汪洋出席研讨会欢迎宴会并致辞。国家统计局局长李德水作了主旨发言。会议就名录库的建立与维护、普查的范围和内容、普查数据的收集和处理、一体化的经济统计制度和经济普查的未来发展方向等展开了研讨,介绍了中国经济普查的做法,探讨了国际上其他国家经济普查和统计工作的经验。

来自32个国家、地区和国际组织的45名统计官员和统计专家参加了会议，中国各省、区、市统计局和国务院有关部门经济普查机构的负责人近百人作为观察员参加了会议。

2007年10月，第四届国际农业统计大会在北京召开。国务院副总理曾培炎出席开幕式并致辞。曾培炎指出，中国将按照推动科学发展的要求，进一步完善经济社会发展统计体系，加强农业资源环境、农村经济社会、农村居民生活等方面的统计，为全面建设小康社会提供统计保障。会议由国家统计局承办，会议主题是"农业统计框架同测算经济发展的其他方法的整合"，专题包括：农业统计体系的整合、遥感科技、农业和农村统计的发展指标、农业抽样调查和普查、农业和农村统计能力建设、数据质量、农业投入测算等。国家统计局局长谢伏瞻出席会议并讲话。联合国粮农组织统计局、联合国统计署、世界银行及60多个国家与国际组织的农业和农村统计领域的官员、专家共计300余人出席会议。

2008年10月，国际官方统计大会在上海举行，大会主题是"重塑官方统计"。会上，各国统计代表和专家围绕行政管理数据的使用、官方统计用户需求、统计数据的更有效使用、卫生统计、环境统计等领域，进行了深入交流。来自国内外的370多名统计官员、专家和学者参加了大会。

签署联合国统计能力开发信托基金协议

中国在充分吸收世界各国统计工作成果的同时，也愿意为世界统计发展提供鲜活案例和可借鉴的资料,并积极与世界各国特别是其他发展中国家分享中国统计改革和建设的经验和成果。2009 年 7 月,中国国家统计局和联合国统计司代表中国政府和联合国在北京签署联合国统计能力开发信托基金协议。该项目是中国政府在联合国设立的旨在提升中国及亚洲其他发展中国家统计能力,特别是基础统计领域统计能力的信托基金项目。该项目的签署,是中国政府与联合国开展合作的又一成功范例,开启了中国政府与联合国在统计领域合作的新篇章。

项目运作时间为 2009—2013 年,中国政府在此期间每年向基金投入 80 万美元。项目重点领域集中在统计标准和统计分类,行政记录的统计应用;国民经济核算,人力资源开发及培训;服务业统计,研发统计;流动人口统计,企业数据收集;价格统计,能源统计及监测等方面。项目通过研讨班、技术咨询、人员交流、学习访问等多种形式,积极推动中国及亚洲其他发展中国家在若干重点领域对国际通行统计规则的学习和借鉴。该项目于 2009 年 6 月成功举办了第一期"从数据到核算"国际研讨班,来自中外的统计专家与亚洲 13 个国家和地区的约 50 名学员就统计核心领域——国民经济核算的有关问题进行了深入探讨。

建立金砖国家统计合作机制

"金砖国家"最初是指巴西、俄罗斯、印度和中国四个成长前景看好的新兴市场国家。为应对国际金融危机,2009

年6月,“金砖四国”领导人在俄罗斯举行首次正式会晤,金砖国家间的合作机制正式启动。根据金砖国家领导人指示及2009年9月份联合国大会期间金砖国家外交部部长建议,金砖国家统计局局长于2010年2月在纽约举行第一届会议。会议决定,自2010年起,金砖国家统计机构每年联合编印一期《金砖国家联合统计手册》,供领导人正式会晤使用参考。以这次会议为标志,金砖国家统计合作机制正式启动。金砖国家统计合作机制的牵头方按照金砖国家领导人会晤的主办国的顺序由各国轮流担任。2010年南非正式加入金砖国家合作机制,此后金砖国家统计合作机制扩充到包括南非在内的五个国家。金砖国家统计合作机制建立以来,合作机制已趋向成熟,合作内容不断丰富,包括召开金砖国家统计局长会议、编辑出版联合统计手册、召开手册技术人员会议、举办统计专题研讨会以及统计领域相关国际大会期间加强沟通合作等具体内容。

2011年9月,金砖国家统计局局长第三届会议在北京举行。来自中国、俄罗斯、印度、南非统计机构的主要负责人和巴西统计机构代表,中国外交部代表,以及有关国家驻华大使馆官员出席了会议。会议对中国国家统计局组织编辑的2011版联合统计手册给予了高度评价。会议还就住户调查进行了专题研讨,围绕住户调查面临的挑战,以及住户调查数据同国民经济核算中居民消费支出数据衔接、住户调查样本偏差以及自有住房租金估算方法等专题,中国国家统计局专家与其他金砖成员国专家进行了详细探讨。

举办首届“世界统计日”庆典

2010年6月，第64届联合国大会90次会议通过决议，确定2010年10月20日为第一个“世界统计日”。2010年10月20日，在上海世博园联合国馆，国家统计局与联合国经社部共同举办首届“世界统计日”全球性庆祝活动。国务院副总理李克强、联合国秘书长潘基文专门向本次活动发来书面致辞。李克强代表中国政府对活动的举办表示祝贺，强调统计工作要致力于提供真实可靠完整的统计信息，提高统计的公众认知度和信任度，更好地服务经济社会发展。潘基文强调所有国家都应该充分支持官方统计的核心价值观，鼓励国际社会和联合国一道努力，使所有国家都能满足本国的统计需要。此次“世界统计日”活动以庆祝官方

★2010年10月20日，国家统计局局长马建堂(右2)等为中国国际统计培训中心—联合国统计合作中心揭牌

统计的众多成就、弘扬官方统计“服务、诚信、专业”的核心价值为主题，旨在增进公众对统计的了解和对官方统计的支持。

活动期间，签署了《中华人民共和国国家统计局与联合国统计司关于开展国际统计培训合作意向书》，并为中国国际统计培训中心—联合国统计合作中心揭牌。该中心旨在加强对发展中国家政府统计机构中高级统计人才的培养，传播先进的统计理念、方法和国际通行的统计规则，普及最新的统计知识和新技术在统计中的应用，提高发展中国家的统计能力。联合国经社部统计司和中国国家统计局还联合举办了《世界妇女：2010》《中国主要统计指标诠释》的首发式。《中国信息报》为宣传“世界统计日”出版了全英文特刊。次日，举行了“2010 年人口普查回顾与展望”国际研讨会，来自中国、泰国、巴西、马来西亚、菲律宾、阿曼、英国、南非、印度等 20 多个国家（地区）和国际组织的代表，就有关本国人口普查的具体实践进行了深入交流。

开展国际双边统计合作与港澳统计交流

2005 年 11 月，国家统计局与俄罗斯联邦国家统计委员会签署合作协议。根据协议，双方将在以下领域进行合作：向国际标准转轨过程中国家统计改革的经验；国民经济核算体系；工业发展速度；建筑、投资和房地产统计；国内贸易和对外贸易统计；农业统计；燃料和原材料的生产、消费和储存统计以及实物和价值两种形式的能源平衡表的编制方法;服务、运输和邮电统计;居民收支调查以及双方商定的其他内容。

2003年4月和2006年11月,国家统计局分别与香港特别行政区政府统计处、澳门特别行政区政府统计暨普查局签署了合作与交流安排,确立了双方在统计工作上合作与交流的基础和原则,同意在"一国两制"框架内,加强双方人员交往。

第九节 统计文化建设

统计部门以提高数据质量为中心,大力开展统计文化建设,切实强化统计职业操守教育,推动广大统计工作者更好履行职责。

"不出假数"和"真实可信"

2002年10月28日,国务院总理朱镕基、国务院副总理温家宝对国家统计局进行考察,国家统计局局长朱之鑫作了工作汇报。朱镕基强调,统计工作最重要的任务,是准确、及时地提供统计数据;特别要围绕经济和社会发展中的突出问题,善于捕捉新情况、新信息,作深入细致的调查和分析研究;统计数据尤其要准确、真实、可靠,不能失真,不能有水分。随后,朱镕基和温家宝分别写下了"不出假数"与"真实可信"的题词,要求统计人员必须遵守职业操守,激励广大统计工作者坚持实事求是，不断提高统计数据质量。“不出假数”和“真实可信”成为全国统计系统职工的座右铭。

开展统计职业道德规范教育活动

2003年7月，国家统计局决定在全系统开展统计职业道德规范教育活动，并以32个字概括出新时期统计工作者应遵循的职业道德规范：忠诚统计，乐于奉献；实事求是，不出假数；依法统计，严守秘密；公正透明，服务社会。为了配合活动开展，国家统计局编印了《统计职业道德规范》一书，以指导各地开展工作。

2003年12月全国统计工作会议提出，要大力建设统计文化。2005年，在北京举行了首次全国统计文化建设成果交流会和汇报演出，生动展现了统计人的精神风貌，国家统计局局长李德水出席会议，从加强统计文化建设的重要性和紧迫性、加强统计文化建设的指导思想和方针原则、新时期统计文化建设的主要任务以及加强对统计文化建设的领导等4个方面，对统计文化建设进行了全面论述。

提出统计核心价值观

2011年5月，国家统计局局长马建堂在甘肃调查总队调研时，提出要弘扬“真实可信、科学严谨、创新进取、服务人民”的统计核心价值观。之后，统计核心价值观进一步完善为“真实可信、科学严谨、创新进取、服务奉献”。统计核心价值观是全体统计人对统计事业的共同价值取向和目标追求,是一个统一的、有机的整体。真实可信是统计核心价值观的核心和灵魂,是全体统计人必须矢志坚持的职业道德和统计准则;科学严谨是确保实现统计核心价值观的科学基础和作风基础,统计核心价值观必须建立在统计方法科学性和统计工作规范性的基础之上;创新进取是实现统计核心价值观的重要手段,是推动统计工作不断发展的不竭动力;服务奉献体现了统计人代表人民利益、倾听人民呼声、反映人民诉求的使命和职责,体现了统计人不计名利、任劳任怨、无私奉献的高贵品格。

弘扬苏区调查精神

1927—1933年,毛泽东在中央苏区开展了39次调查,深刻揭示了20世纪20年代、30年代南中国的政治、经济、社会、文化以及阶级和军事斗争情况,为党科学制定革命方针策略提供了可靠依据,推进了马克思主义与中国具体实践相结合的伟大历史进程。习近平在2011年11月16日中央党校秋季学期第二批入学学员开学典礼时强调:毛泽东在寻乌县调查时,深入、唯实的作风值得我们学习。2014年4月,国家统计局局长马建堂去江西寻乌指导第二批党的群众路线教育实践活动时,提出要大力学习弘扬以实事求是为核心的苏区调查精神;5月撰文提出“深入实际、实事求是、艰苦奋斗、科学严谨、认真细致”的苏区调查精神是中国统计之灵魂,要求将苏区调查精神贯穿统计工作始终。

这一时期，统计文化成为鼓舞统计人、凝聚统计人、塑造统计人的强大力量，为统计改革发展提供了重要的精神动力。通过狠抓统计文化建设，统计队伍凝聚力、向心力、战斗力明显增强，统计人员素质能力得到有效提高，以饱满的精神状态和昂扬的斗志投入到统计工作中。

第六章 | 统计改革发展加快推进(2012—2022 年)

党的十八大以来,以习近平同志为核心的党中央团结带领全国各族人民,谱写了我国改革开放和社会主义现代化建设的崭新篇章,党和国家事业发生历史性变革、取得历史性成就。以习近平同志为核心的党中央高度重视统计工作,习近平总书记多次对统计工作作出重要讲话指示批示,对防范和惩治统计造假弄虚作假、深化统计管理体制改革、推动高质量发展、完善国民经济核算体系、真实全面反映新经济、做好重大国情国力调查、推进统计制度方法改革等方面提出明确要求。这些重要论述高屋建瓴、思想深邃、内涵丰富,是习近平新时代中国特色社会主义思想在统计工作中的具体体现,极大地深化了对统计工作规律的认识,是新时代做好统计工作的根本指针。习近平总书记先后主持审议通过了多部重大统计改革文件,为统计工作擘画了新蓝图、构建了新体制、赋予了新职能、明确了新任务。在党中央坚强领导下,统计部门上下同心、只争朝夕,坚定不移贯彻落实党中央重大决策部署,矢志不渝提高统计数据质量,蹄疾步稳推进统计现代化改革,全力以赴构建现代化统计调查体系,办成了许多统计人多年想办、多年想改、多年想做的一些大事难事。

第一节　中办、国办印发《关于深化统计管理体制改革提高统计数据真实性的意见》

长期以来，统计部门认真贯彻落实党中央、国务院决策部署，坚持实事求是、改革创新，总体保障了统计数据的科学性、可靠性，在党和国家科学决策中发挥了重要作用。但实践中一些地方干预统计机构和统计人员独立调查、独立报告，必须从上到下、自始至终加以防范和惩治。2017 年 10 月，党的十九大作出完善统计体制的重大部署。实践证明，完善统计体制、深化统计管理体制改革，是不断提高统计数据质量的根本出路。

中央出台《关于深化统计管理体制改革提高统计数据真实性的意见》

2016 年 10 月 11 日，习近平总书记主持召开中央全面深化改革领导小组第二十八次会议，审议通过《关于深化统计管理体制改革提高统计数据真实性的意见》，强调防范和惩治统计造假、弄虚作假，根本出路在深化统计管理体制改革。《意见》从党和国家事业发展全局的高度，提出了深化统计管理体制改革、提高统计数据真实性的总体要求和重点措施，要求完善统计法律法规，健全政绩考核机制，健全

★2016年10月,国家统计局召开统计系统贯彻落实中央深改组会议精神会议

统一领导、分级负责的统计管理体制,健全统计数据质量责任制,强化监督问责,依纪依法惩处弄虚作假,确保统计机构和统计人员独立调查、独立报告、独立监督职权不受侵犯,确保各类重大统计数据造假案件得到及时有效查处,确保统计资料真实准确、完整及时。

2017年2月,国务院副总理张高丽到国家统计局调研,主持召开贯彻落实中央《意见》座谈会,强调加快构建与国家治理体系和治理能力现代化要求相适应的统计管理体制机制,着力增强统计工作科学性、权威性,着力提高统计数据真实性、准确性。截至2017年底,31个省(区、市)和新疆生产建设兵团印发了关于《意见》的实施意见,人力资源和社会保障部、交通运输部等国务院有关部门也制定了贯彻落实《意见》的实施方案。

2016年12月召开的全国统计工作会议上,国家发展改革委副主任兼国家统计局局长、党组书记宁吉喆提出，要狠抓《意见》贯彻落实，建立正确政绩观和科学政绩考核机制，为统计工作营造良好社会环境，从源头上铲除滋生造假作假的土壤。国家统计局按照《意见》部署安排，着力深化统计管理体制改革，推动建立领导干部统计工作考核机制，推动建立领导干部统计弄虚作假"一票否决制"，有效保障统计机构和统计人员履行独立调查、独立报告、独立监督职能，为防范和惩治统计造假、弄虚作假，提高统计数据质量提供了有力体制机制保障。

建立健全防范和惩治统计造假、弄虚作假责任体系

建立健全防范和惩治统计造假、弄虚作假责任制，是提高统计数据真实性的"牛鼻子"。中央《意见》首次明确了防范和惩治统计造假、弄虚作假党政同责，即对于防范和惩治统计造假、弄虚作假，地方各级党委和政府主要负责人、分管负责人分别负主要领导责任和直接领导责任，这对于保障统计数据真实性具有极为重要而深远的意义。2017 年 6 月，国家统计局印发《关于统计机构负责人防范和惩治统计造假弄虚作假责任制规定（试行）》，提出建立上级统计机构履行领导、指导和督导责任，统计机构领导班子承担全面领导责任，主要负责人承担第一责任，班子成员承担主体责任，纪检监察工作负责人承担监督责任，谁主管、谁负责，一级抓一级、层层抓落实的责任体系。2018 年 9 月，国家统计

局制发文件进一步明确统计人员对于防范和惩治统计造假弄虚作假承担直接责任，统计机构和统计人员防范和惩治统计造假弄虚作假责任体系进一步健全。各地方、各部门也按照中央《意见》要求，建立起防范和惩治统计造假、弄虚作假责任制。

为防范和制止领导干部违规干预统计工作，2017 年 10 月，国家统计局印发《关于建立领导干部违规干预统计工作记录制度的办法》，明确规定对于领导干部违规干预统计工作的，统计人员应当全面、如实记录，做到全程留痕、永久保存、有据可查。2018 年 8 月，国家统计局印发《关于认真做好领导干部违规干预统计工作记录台账填报工作的通知》，要求各级统计机构工作人员全面、如实记录领导干部违规干预统计工作情况，认真填写领导干部违规干预统计工作记录台账。2019 年 1 月，国家统计局组织开展统计执法检查处理信息和领导干部违规干预统计工作记录调查，领导干部违规干预统计工作记录制度更加规范完善。

此外，按照中央《意见》部署，国家统计局着力加强对省级统计局主要负责人的管理，不断完善以省(区、市)党委管理为主、国家统计局党组协助管理的制度。2017 年 7 月，国家统计局印发《关于协管省级统计局主要负责人调整工作程序暂行规定》，对参与人选考察、正式回复意见等程序作出规定，明确省级统计局主要负责人的任免、调动在提交省(区、市)党委常委会讨论决定前须征得国家统计局党组同意。该制度建立以来，国家统计局与地方党委组织部门共同完成对 43 位(截至 2022 年 6 月)省级统计局局长人选的考察。

加强和完善部门统计工作

部门统计是我国政府统计的重要组成部分，承担着事关国计民生的重要统计调查任务。党的十八大以来，部门统计取得长足进步，为经济发展、民生改善和社会进步提供了有力信息支撑。但是，实际工作中，依然还存在统计基础薄弱、调查内容覆盖不全、调查项目交叉重复、统计标准不统一、组织实施不严谨、信息共享不到位，甚至数据相互矛盾等问题，影响着部门统计职能的发挥。2014 年 12 月，国务院办公厅转发《国家统计局关于加强和完善部门统计工作的意见》，提出按照规范统一、分工合理、合作共享的要求，加快建设制度完善、方法科学、行为严谨、过程可控、信息化程度较高的部门统计调查体系，对建设统一的统计基本单位名录库、健全规范统计标准、规范设立统计调查项目、科学组织统计调查、规范公布统计数据、推进部门间统计信息共享、夯实部门统计基础等作出系统部署，对于不断提高部门统计能力和工作水平具有十分重要的意义。

国家统计局持续加强对部门统计工作的指导，不断完善部门统计调查项目管理，对各部门依法依规开展统计工作进行指导和监督。2016 年，国家统计局积极推进名录库信息部门共享，为各有关部门提供基本单位名录信息，利用部门行政登记资料及时更新国家统计基本单位名录库。2017 年，国家统计局首次开展部门统计调查项目执行情况检查,对各部门依法依规开展统计工作进行指导和监督,同时以推进“五证合一”改革为契机推进部门间信息共享。2018 年,国家统计局在对部门统计调查项目摸底基础上,研究制定《部门间统计数据共享办法》,努力为开展部门间统计数据共享提供制度和机制保障。2019 年,国家统计局开展部门本级统计基本情况调查,摸清了国务院机构改革后各部门统计职能调整情况;修改完善《部门间统计数据共享办法》,推动构建部门协调联动工作机制;建立部门统计调查项目会谈会商机制,指导部门依法依规开展统计调查。2020 年,国家统计局加强综合统计与部门统计沟通协作,与审计署、国家机关事务管理局、国防科技工业局等 10 多个部门开展座谈,印发《关于进一步做好部门统计调查项目审批备案工作的通知》,加强对部门统计调查项目审批备案的管理。各部门不断建立健全防范和惩治统计造假、弄虚作假责任制问责制,推进本部门本领域本系统统计制度方法改革,部门统计规范化水平稳步提升。

积极推进国家调查队改革

国家调查队是国家统计调查的重要力量。按照中央《意见》要求,国家统计局着力推进国家调查队改革。2016 年 12 月,国家调查队系统成立 10 周年座谈会在北京召开,总结调查队管理体制改革取得的重要成绩和经验启示,研究国家调查队在经济社会发展新的历史时期面临的新形势、新要求,强调充分发挥国家调查队独立调查、直接调查、快速灵活优势。2017 年 10 月，国家统计局印发实施《关于进一步推进新形势下国家调查队改革和创新发展的意见》，提出坚持和完善国家调查队基本架构等 37 条具体意见，以更好发挥国家调查队“轻骑兵”作用，加快形成与新发展理念相适应的更加科学完备的现代国家调查队体系。

为健全完善国家调查队管理机制，扎实有效推进新形势下国家调查事业改革发展，2017 年 5 月，国家统计局建立了国家调查队系统协调工作机制，形成了“问题多方提、对策大家议、工作分头抓”的良好局面。为更好发挥协调工作机制作用，2019 年 9 月，国家调查队系统协调工作机制升格为局主要负责同志任组长的国家调查队系统协调工作领导小组。升格之后，协调工作领导小组的主要职责更加清晰，工作机制更加明确，实现了机构定位从议事协调到决策部署的转变，进一步优化提升了协调议事效能。

国家统计局积极调整优化国家调查队与地方统计局的业务分工。2017 年 12 月，国家统计局印发《地方统计局与国家调查队部分业务分工调整优化方案》，主要调整优化全国月度劳动力调查和“四下”企业抽样调查等项目在地方实施的职责分工。此次局队业务分工调整将地方统计局负责实施的 65 个城市的月度劳动力调查调整到国家调查队实施，将国家调查队负责实施的 7 项“四下”企业调查调整到地方统计局实施；要求省级粮食、畜牧业数据，以及产粮大县、生猪调出大县的统计调查数据，由国家统计局负责审核评估、最终核定和数据反馈，国家统计局各调查总队负责分市(县)粮食、畜牧业数据的审核、评估、反馈和对外发布。自

2018年7月起，全国月度劳动力调查和“四下”企业抽样调查按照调整优化后的职责分工实施，通过理顺统计工作机制，科学有效配置现有资源，发挥局队各自优势，做到统计调查不重复不交叉，切实提升统计调查效率，进一步提高统计数据真实性准确性和统计工作科学性权威性。2019年，在总结提炼的基础上，提出了“为民调查、崇法唯实”的新时代国家调查队精神。

2021年9月27—28日，国家统计局在京召开了调查队管理体制改革15周年座谈会。国务院领导同志就深化国家调查队改革作出重要批示，充分肯定了国家调查队改革以来取得的显著成绩，指明了改革方向、提出了明确要求。会议对国家调查队改革取得的成绩进行了系统总结，明确要将国家调查队打造为确保数据质量的“直属队”、统计抽样调查的“轻骑兵”、民生统计监测的“主力军”、执法监督检查的“生力军”。会后，国家统计局印发了关于“十四五”时期深化国家调查队改革的意见，明确了深化国家调查队改革需要遵循坚持政治引领立队、国家意识建队、数据质量强队、改革创新兴队、依法依规治队、精神文化育队的基本原则，提出要在“十四五”时期基本实现的发展目标，提出了15项具体工作任务。

第二节　中办、国办印发《统计违纪违法责任人处分处理建议办法》

数据质量是统计工作的生命线。虽然经过多年整治取得了一定成绩，但总体上看，滋生统计造假的土壤依然存在，少数领导干部为了所谓的“政绩”，不在真抓实干上下功夫，却挖空心思在统计数据上做文章、“注水分”，统计造假问题屡禁不止，有的地方还比较严重，影响统计数据质量，违背党的思想路线，触犯党的纪律底线，透支党和政府公信力，存在误导党和国家宏观调控和科学决策的风险隐患。2019 年 10 月，党的十九届四中全会明确要求，发挥统计监督职能作用，推动防范和惩治统计造假、弄虚作假不断向纵深推进。

中央出台《统计违纪违法责任人处分处理建议办法》等多份重要文件

党的十八大以来，习近平总书记高度关注统计数据质量问题，针对统计造假、弄虚作假问题先后作出一系列重要讲话指示批示。2012 年 11 月，习近平总书记在党外人士座谈会上强调，增长必须是实实在在和没有水分的增长，是有效益、有质量、可持续的增长。2013 年 6 月，习近平总书记在党的群众路线教育实践活动工作会议上指出，在形式主义方面，主要是知行不一、不求实效，文山会海、花拳绣腿，贪图虚名、弄虚作假……有的明知报上来的是假情况、假数字、假典型，也听之任之，甚至通过挖空心思造假来粉饰太平。2017 年 3 月“两会”期间，习近平总书记在辽宁代表团参加审议时，针对过去一段时间辽宁存在的经济数据严重弄虚作假恶劣风气，斩钉截铁地强调，此风不可长，必须坚决刹住。这些都充分彰显出以习近平同志为核心的党中央坚持实事求是、反对弄虚作假的坚定决心和坚强意志。

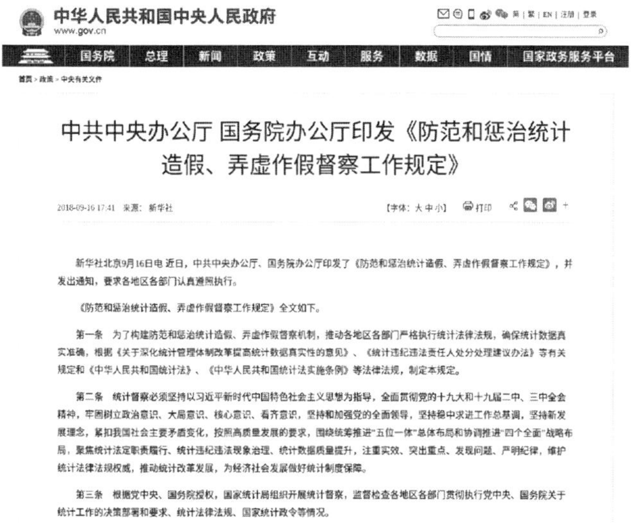

中华人民共和国中央人民政府
www.gov.cn

国务院 | 总理 | 新闻 | 政策 | 互动 | 服务 | 数据 | 国情 | 国家政务服务平台

首页 > 政策 > 中央有关文件

中共中央办公厅 国务院办公厅印发《防范和惩治统计造假、弄虚作假督察工作规定》

2018-09-16 17:41 来源：新华社 【字体：大 中 小】 打印

新华社北京9月16日电 近日，中共中央办公厅、国务院办公厅印发了《防范和惩治统计造假、弄虚作假督察工作规定》，并发出通知，要求各地区各部门认真遵照执行。

《防范和惩治统计造假、弄虚作假督察工作规定》全文如下。

第一条 为了构建防范和惩治统计造假、弄虚作假督察机制，推动各地区各部门严格执行统计法律法规，确保统计数据真实准确，根据《关于深化统计管理体制改革提高统计数据真实性的意见》、《统计违纪违法责任人处分处理建议办法》等有关规定和《中华人民共和国统计法》、《中华人民共和国统计法实施条例》等法律法规，制定本规定。

第二条 统计督察必须坚持以习近平新时代中国特色社会主义思想为指导，全面贯彻党的十九大和十九届二中、三中全会精神，牢固树立政治意识、大局意识、核心意识、看齐意识，坚持和加强党的全面领导，坚持稳中求进工作总基调，坚持新发展理念，紧扣我国社会主要矛盾变化，按照高质量发展的要求，围绕统筹推进"五位一体"总体布局和协调推进"四个全面"战略布局，聚焦统计法定职责履行、统计违纪违法现象治理、统计数据质量提升，注重实效、突出重点、发现问题、严明纪律，维护统计法律法规权威，推动统计改革发展，为经济社会发展做好统计制度保障。

第三条 根据党中央、国务院授权，国家统计局组织开展统计督察，监督检查各地区各部门贯彻执行党中央、国务院关于统计工作的决策部署和要求、统计法律法规、国家统计政令等情况。

★2018 年 8 月，中办、国办印发《防范和惩治统计造假、弄虚作假督察工作规定》

2017 年 6 月 26 日，习近平总书记主持召开中央全面深化改革领导小组第三十六次会议，审议通过《统计违纪违法责任人处分处理建议办法》。《办法》强调，要对统计违纪违法行为发现调查、行政处罚、案件移送提出程序性要求，明确对领导人员、统计机构及有关部门责任人员、统计调查对象、统计检查对象等违纪违法行为的认定。统计、组织和纪检监察部门要加强配合，各司其职，各负其责，严格按照党纪政纪有关规定作出严肃处理。

2018 年 7 月 6 日，习近平总书记主持召开中央全面深化改革委员会第三次会议，审议通过《防范和惩治统计造假、弄虚作假督察工作规定》，强调开展防范和惩治统计造假、弄虚作假督察工作，目的是确保统计数据真实准确，要聚焦统计法定职责履行、统计违纪违法现象治理、统计数据质量提升，突出重点、发现问题、严明纪律，维护统计法律法规权威，为经济社会发展做好统计制度保障。2018 年 8 月，中共中央办公厅、国务院办公厅印发了《规定》，并发出通知，要求各地区各部门认真遵照执行。

2021 年 8 月 30 日，习近平总书记主持召开中央全面深化改革委员会第二十一次会议，审议通过《关于更加有效发挥统计监督职能作用的意见》，强调统计监督是党和国家监督体系的重要组成部分，要加强对贯彻新发展理念、构建新发展格局、推动高质量发展情况的统计监督，重点监测评价国家重大发展战略实施情况、重大风险挑战应对成效、人民群众反映突出问题解决情况等；要加快统计制度方法改革，加大现代信息技术运用，夯实统计基层基础，把情况摸清，把数据搞准，使监督结果经得起实践和历史检验；要推动统计监督和纪律监督、组织监督、巡视监督、审计监督等统筹衔接，加强工作协调和统计监督结果运用，提升监督效能。

中央“不忘初心、牢记使命”主题教育领导小组印发通知要求整治统计造假等侵害群众利益的问题

2019 年 7 月，中央“不忘初心、牢记使命”主题教育领导小组印发《关于在“不忘初心、牢记使命”主题教育中开展专

项整治的通知》。《通知》明确要求，整治统计造假等侵害群众利益的问题。在中央纪委国家监委统一组织领导下，国家统计局认真学习贯彻习近平总书记重要指示精神，会同审计署积极推进统计造假专项整治工作，从“找、查、督、处、防”五个方面狠下功夫，努力推动形成“不敢、不能、不想”造假的统计工作氛围，以专项整治的新成效推动统计数据质量的新提升，切实维护人民群众利益，为推进国家治理体系和治理能力现代化提供坚强统计保障。

全国人大常委会开展统计法实施情况执法检查

2018 年 4 月 23 日，全国人大常委会统计法执法检查组第一次全体会议在北京召开，启动统计法实施情况执法检查。中共中央政治局常委、全国人大常委会委员长栗战书对此次执法检查作出批示，全国人大常委会副委员长吉炳轩、陈竺、王东明出席会议。会议指出，要紧紧抓住影响法律实施的关键问题、制约统计工作的重点问题、危害数据质量的突出问题，深入研究，“对症下药”，补齐普法、执法工作中的短板，加强法律实施薄弱环节建设，推进统计法全面深入实施。会议听取了国家统计局、国家发展改革委等 7 部门关于统计法实施情况的汇报，并明确了统计法执法检查的 5 个方面重点内容。会后，吉炳轩、陈竺和王东明副委员长分别带领执法检查小组赴河北、黑龙江、江苏、湖南、贵州、宁夏等 6 个省(区)开展检查。2018 年 6 月，第十三届全国人民代表大会常务委员会第三次会议听取审议了《全国人民代表大会常务委员会执法检查组关于检查〈中华人民共和国统计法〉实施情况的报告》。

组织开展统计督察

统计督察是党中央、国务院授权国家统计局开展的重大行动，是防范和惩治统计造假弄虚作假、巩固党和国家决策基础的重大任务。根据党中央、国务院授权，2019 年至 2021 年，国家统计局分 3 轮对 31 个省(区、市)、新疆生产建设兵团和 12 个国务院部门开展了防范和惩治统计造假、弄虚作假实地督察，实现对各省级党委和政府的常规统计督察“全覆盖”。督察内容包括：省级党委和政府、国务院有关部门贯彻落实党中央、国务院关于统计改革发展各项决策部署，加强对统计工作组织领导，指导重大国情国力调查，推动统计改革发展，研究解决统计建设重大问题等情况；履行统计法定职责，遵守执行统计法律法规，严守领导干部统计法律底线，依法设立统计机构，维护统计机构和人员依法行使统计职权，保障统计工作条件，支持统计活动依法开展等情况；建立防范和惩治统计造假、弄虚作假责任制，问责统计违纪违法行为，建立统计违纪违法案件移送机制，追究统计违纪违法责任人责任，发挥统计典型违纪违法案件警示教育作用等情况；应当督察的其他情况。

从督察发现的问题看，有的地方和部门学习贯彻习近平总书记关于统计工作重要讲话指示批示精神以及《意见》《办法》《规定》与中央要求仍有差距；有的履行统计法定职责不到位,违法干预统计工作问题仍然存在;有的落实防范和惩治统计造假、弄虚作假责任制问责制不力,统计违纪违法行为查处和问责追责不及时不到位;一些被检查企业统计数据存在不同程度失实等。目前,前两轮统计督察的地区和部门均已完成督察整改工作,并向社会公开整改情况;首轮统计督察有关统计违纪违法责任人处分处理已完成。通过开展统计督察,严肃查处了一批统计违纪违法案件并追究责任人责任,建立健全了一批有利于提高统计数据质量的法规规章和制度规定,一些影响统计机构、统计人员依法独立行使统计职权的突出问题得到有效纠治。被督察地区党委、政府和国务院有关部门对统计工作的重视程度普遍提高,进一步夯实了各地各部门防惩统计造假责任,有效维护了统计工作秩序,净化了统计生态环境,统计督察的利剑作用不断彰显。

统计督察影响力不断扩大。2018年11月,《人民日报》发表国家发展改革委副主任兼国家统计局局长、党组书记宁吉喆署名文章《开展防惩统计造假、弄虚作假督察 为推动高质量发展提供统计保障》,深刻阐述了学习贯彻《规定》的重大意义,强调要认真开展统计督察,务求督察实效,努力构建不敢假、不能假、不想假的统计生态。2020年6月中央纪委国家监委网站专门刊发文章,深度关注统计部门履行统计监督职能开展首轮督察、着力解决虚报瞒报错报问题、推动纪检监察监督与统计监督贯通协同等情况。2021年12月,《人民日报》发表宁吉喆同志署名文章《更加有效发挥统计监督职能作用 为全面从严治党和推动高质量发展提供坚强统计保障》，充分阐述了学习贯彻《监督意见》的重大意义，强调要更加有效发挥统计督察压实责任、推动落实的保障作用。

强化统计执法检查

国家统计局把统计执法检查作为防范和惩治统计造假弄虚作假、维护统计法治权威的一把利剑，坚持猛药去疴、重典治乱，坚持统计造假“零容忍”，不断加大统计执法检查力度，对存量有举必查、对增量露头就打，统计执法检查震慑警示作用得到有效发挥。2017 年 4 月，按照中央《意见》部署，国家统计局组建统计执法监督局负责统计违法案件查处工作。同时，组建国家统计执法骨干人才库，推动国家统计局各调查总队设立统计执法监督处，30 个省级统计局设立专门统计执法监督机构。2017 年以来，国家统计局直接查处统计违纪违法案件 368 起，推动相关地方纪检监察机关对 3267 名统计违纪违法责任人进行党纪政务处分和组织处理，行政处罚统计违法企业 4071 家，曝光重大统计违法案件 57 起，推动省及省以下统计机构立案查处案件近 2.9 万起，对统计造假、弄虚作假形成有力震慑。

党的十九届四中全会提出要“以党内监督为主导，推动各类监督有机贯通、相互协调”。近年来，国家统计局推动统计监督与纪检监察监督贯通协同不断取得实质性进展。2019 年 11 月，中央纪委国家监委机关印发《关于加强统计领域数字造假问题监督执纪问责工作的通知》，对纪检监察机关支持配合统计机构解决统计造假、弄虚作假问题提出明确要求,防惩统计造假的高压态势不断强化。国家统计局加强同中央纪委国家监委在查处统计违法案件工作中的协同配合,与中央纪委国家监委机关签订监督数据共享合作协议。同时,建立了国家统计局与中央巡视机构协作机制。2020 年,中央纪委国家监委首次将统计违纪案件作为违反中央八项规定精神典型案件进行曝光。

2022 年 5 月,针对个别地方统计造假不收手、不收敛问题仍然存在的现象,国家统计局决定开展统计造假不收手不收敛问题专项纠治工作。国家统计局党组书记、局长康义在动员部署会上强调,要充分认识同统计造假、弄虚作假行为作斗争的长期性、复杂性、艰巨性,聚焦统计造假突出领域、重点区域、主要方式,综合采取全面自查、重点抽查、执法检查、通报曝光等多种措施,上下联动、内外协同、多管齐下开展集中纠治,真刀真枪与统计造假作假行为作斗争。

加强统计立法普法

在加强统计督察和执法检查的同时,统计法治体系也更加健全。2017 年 5 月,李克强总理签署国务院令,发布了《中华人民共和国统计法实施条例》,这对于防范和惩治统计造假、弄虚作假,提高全社会统计法治意识,加快现代统计调查体系建设,具有十分重要的意义。2018 年 8 月,国务院公布修改后的《全国经济普查条例》,完善了有关经济普查的行业范围、普查方法、普查机构工作职责和工作流程等

★2022 年 5 月 30 日，国家统计局局长康义（主席台左 2）主持召开统计造假不收手不收敛问题专项纠治工作动员部署视频会议

相关规定，更好地发挥了其在规范普查行为、维护普查工作秩序、保障普查数据质量等方面的重要作用。近年来，国家统计局先后制定修改《统计执法证管理办法》《统计调查证管理办法》《统计执法监督检查办法》《部门统计调查项目管理办法》《企业统计信用管理办法》《统计从业人员统计信用档案管理办法》等部门规章和规范性文件，进一步完善统计法规制度体系，为提高统计执法监督水平提供规范和依据。

国家统计局不断完善统计普法机制，积极配合中央组织部将统计知识培训纳入《2018—2022 年全国干部教育培训规划》内容体系，推动统计法进各级党校、行政学院、干部学院、社会主义学院领导干部必修课，组织举办两期全国地（市）级领导干部依法统计专题研究班，编印《领导干部统计法律读本》，切实提高各地区各部门党政领导干部依法统计意识。制定印发并推动各地认真落实《全国统计法治宣传教育第六个五年规划(2011—2015 年)》《全国统计法治宣传教育第七个五年规划(2016—2020 年)》《全国统计法治宣传教育第八个五年规划(2021—2025 年)》,积极营造全社会遵守执行统计法的良好氛围。

此外,国家统计局积极推动建立健全统计信用体系。2016 年 12 月,国家发展改革委、人民银行、国家统计局等 27 个部门联合签署了《关于对统计领域严重失信企业及其有关人员开展联合惩戒的合作备忘录》,推动广大企业依法独立真实报送统计资料,对统计上严重失信的企业及其有关人员开展联合惩戒,标志着我国统计领域信用体系建设迈出了实质性步伐。2018 年 12 月,对合作备忘录进行补充完善,联合惩戒部门扩展到 44 个,联合惩戒措施由 23 条扩大到 42 条。近年来,国家统计局先后制定印发《关于加强统计领域信用建设的若干意见》《企业统计信用管理办法》等统计领域信用体系建设重要文件,并通过"信用中国"网站、国家信用信息共享平台和国家统计局网站公示 528 家统计上严重失信企业信息,统计信用体系不断健全完善。

2022 年 3 月,国家统计局党组书记、局长康义在全国统计法治工作会议上强调,要坚持以习近平法治思想为指引,进一步增强忧患意识,深入推进依法统计依法治统,坚决同各种统计违纪违法行为作斗争,净化统计领域政治生态,以实际行动保障统计数据源清流洁,为全面建设社会主义现代化国家提供扎实统计法治保障。

★2022 年 3 月 29 日，国家统计局召开全国统计法治工作视频会议

第三节　深入推进国民经济核算改革

国民经济核算在统计工作中占有举足轻重的地位，是整个统计工作的“龙头”。党的十八大以来，我国实施了地区生产总值统一核算、全国和地方资产负债表编制、自然资源资产负债表等重大改革举措，国民经济核算体系更加完善，统计核算成果对国家宏观调控的支撑作用不断强化。

正式实施地区生产总值统一核算

国内生产总值和地区生产总值核算是国民经济核算体系的重要组成部分，是国家和地区宏观调控和科学决策的重要依据。自 1985 年我国建立国民经济核算制度以来，我国国内生产总值和地区生产总值一直采取分级核算制度，即国家统计局核算国内生产总值，各省(区、市)统计局核算本地区生产总值。长期以来，国家统计局和各地统计局积极研究探索，不断改进完善核算方法，国内生产总值和地区生产总值数据质量逐步提高，对客观反映国家和各地区经济规模、结构和速度，正确研判宏观经济形势及发展变化规律，都发挥了重要作用。但在实施过程中，分级核算制度的弊端和问题也逐渐暴露，突出表现在地区与国家数据不衔接，地区生产总值汇总数长期高于国内生产总值，最高的年份总量超过19%，经过努力2016年下降到5%，但总量差距还很大。这种状况不利于正确把握各地经济形势，不利于党和政府实施科学的宏观调控，还严重影响政府统计公信力。

2013年，党的十八届三中全会通过的《中共中央关于全面深化改革若干重大问题的决定》，提出了加快建立国家统一的经济核算制度、编制全国和地方资产负债表、探索编制自然资源资产负债表三项重大核算改革任务。国家统计局深入贯彻落实党中央、国务院的决策部署，紧紧围绕三大核算改革任务，改进我国国民经济核算体系，深入推进国民经济核算改革。2017年6月26日，习近平总书记主持召开中央全面深化改革领导小组第三十六次会议，审议通过《地区生产总值统一核算改革方案》，提出真实准确、规范统一、公开透明的基本原则和地区生产总值汇总数据与国内生产总值数据基本衔接的工作目标，明确了改革核算主体、改革核算方法、改革工作机制等主要改革内容，规定了统一核算的资料来源、数据质量控制办法,数据修订与公布的基本步骤等。

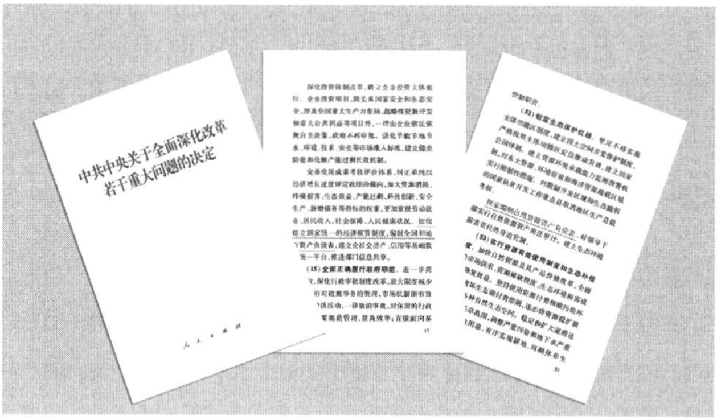

★2013 年,党的十八届三中全会明确提出三大核算改革任务

按照党的十八届三中全会部署,根据《地区生产总值统一核算改革方案》要求,各省(区、市)生产总值核算由省级统计机构核算,改革为国家统计局统一领导地区生产总值统一核算工作,统一组织各省(区、市)统计局制定地区生产总值核算方法、制定和规范统一核算工作流程,统一实施各省(区、市)地区生产总值核算。

党的十八届三中全会后,国家统计局根据统计制度方法改革和统计基础资料变化,不断完善地区生产总值核算方法,进一步规范地区生产总值数据审核流程,从严审核地区生产总值数据,有效控制地区与国家数据的差距,为实施地区生产总值统一核算奠定坚实基础。2018 年 6 月,国家统计局印发《地区生产总值统一核算实施方案》,进一步细化统一核算的目标和步骤、核算原则、核算方法、组织方式、资料来源、质量控制办法、数据发布和修订等有关工作。

2019 年,国家统计局在浙江、湖北、陕西等地区组织开展了统一核算改革试点,在全国层面开展了统一核算季度试算,通过试点试算完善了统一核算实施方案,改进了统一核算方法,优化了统一核算组织模式,为全面实施统一核算改革积累了宝贵经验。2019 年前三个季度,国家统计局组织开展统一核算"双轨制"试算。2019 年 7 月下旬起,统计部门开始利用"四经普"资料对 2018 年国内生产总值和地区生产总值进行修订,夯实了统一核算改革的基数。2020 年 1 月,国家统计局组织开展 2019 年全年地区生产总值统一核算工作,正式实施地区生产总值统一核算改革。通过生产总值核算制度的改革,实现了地区生产总值汇总数与国内生产总值的基本衔接。

编制全国和地方资产负债表

全国和地方资产负债表能够反映某一特定时点上资产和负债的总量、分布和结构,包括政府、居民、企业、金融机构等机构部门的资产负债信息,是摸清"家底"、揭示风险、服务政府管理的重要工具。统计部门很早就开始了编制资产负债表的研究探索,1995 年国家统计局制定了《1995 年全国资产负债表试编方案》和国民资产负债核算制度,1996 年开始试编全国资产负债表。根据党的十八届三中全会部署,2015 年 5 月到 2016 年底,国家统计局与国家发展改革委等 11 个部门合作,在北京等 11 个省(市)部署编制资产负债表试点工作,着力解决编制资产负债表中的技术难题,探索可复制、可推广的编表经验。

2017 年 6 月 26 日，中央全面深化改革领导小组第三十六次会议审议通过《全国和地方资产负债表编制工作方案》，明确了全国和地方资产负债表编制工作的指导思想、主要目标、基本原则、基本分类、基本表式、编制方法、资料来源、质量控制、数据使用、时间安排和组织领导等内容。按照工作方案要求，国家统计局稳步开展全国资产负债表编制工作，先后编制完成 2015—2019 年全国资产负债表，编制方法逐步成熟，规范化程度不断提高。积极研究试编地方资产负债表，形成《地方资产负债表编制制度（试行）》，组织部分地区开展地方资产负债表试点工作，组织各地区开展了 2017—2019 年地方资产负债表试编工作。通过编制全国和地方资产负债表，有效揭示了经济总体和各个机构部门的资产配置情况，以及机构部门之间的债权债务关系，对于全面准确地分析判断国民经济状况，优化资源配置，促进经济持续健康发展具有重要而深远的意义。

探索编制自然资源资产负债表

编制自然资源资产负债表是生态文明体制改革的一项重要基础性制度建设。通过探索编制自然资源资产负债表，推动建立健全科学规范的自然资源统计调查制度，努力摸清自然资源资产的“家底”及其变动情况，将为完善资源消耗、环境损害、生态效益的生态文明绩效评价考核和责任追究制度提供信息基础，为推进生态文明建设和绿色低碳发展提供信息支撑、监测预警和决策支持。

2015 年 11 月,经党中央、国务院批准,国务院办公厅印发《编制自然资源资产负债表试点方案》,明确了编制自然资源资产负债表试点工作的总体要求、试点内容、基本方法、试点地区、时间安排、保障措施等内容,对逐步建立健全自然资源资产负债表编制制度作出部署。同年 12 月,国家统计局会同国家发展改革委、财政部等部门联合印发实施《自然资源资产负债表试编制度(编制指南)》。国家统计局先后于 2015 年 11 月至 2016 年底在内蒙古呼伦贝尔市等 8 个市,于 2018 年 1 月至 2019 年底在浙江安吉等 4 个县(市、区),组织了两轮自然资源资产负债表试点工作,积累试编经验。在总结试点经验、征求有关部门和地区意见基础上,2018 年 12 月,国家统计局会同国务院有关部门对《自然资源资产负债表试编制度(编制指南)》进行了全面系统修订,形成《自然资源资产负债表编制制度(试行)》并联合印发实施,又于 2020 年 12 月通过修订完善形成了新的自然资源资产负债表编制制度。国家统计局和各省(区、市)统计局会同有关部门,按照自然资源资产负债表编制制度,试编了 2015—2019 年全国实物量自然资源资产负债表和 2016—2019 年省级实物量自然资源资产负债表,基本摸清了全国和各省(区、市)自然资源资产家底。

实施季度国内生产总值核算改革

2015 年 9 月,国家统计局发布公告,从 2015 年第三季度起实施季度国内生产总值核算改革。我国从 1992 年开始进行季度 GDP 核算,季度 GDP 核算为客观、及时地反映我国经济的短期运行状况,服务我国宏观经济分析与宏观调控等,发挥了重要作用。2008 年国际金融危机爆发后,社会各界对于统计数据灵敏反映宏观经济的短期变化提出了更高的要求,改革季度核算制度方法显得更加必要。

季度国内生产总值核算改革的主要内容包括:将季度核算方式从原来的累计核算改为分季核算,调整季度的核算期;数据公布内容更加丰富,从 2015 年 3 季度开始,公布的 GDP 数据包括现价分季绝对额、不变价分季绝对额、不变价分季同比增速和环比增速,以及现价累计绝对额、不变价累计绝对额和不变价累计同比增速;对 1992 年以来的季度 GDP 数据进行全面修订,修订后的季度 GDP 与此后公布的季度 GDP 核算方法是一致的,数据是可比的。

季度国内生产总值核算改革是我国统计与核算领域的重大变革,有利于推动我国季度核算的国际可比性,有利于推动我国统计调查制度的改革和发展,推动建立以分月或分季为基础的专业统计调查制度,有利于生产出高质量的 GDP 环比数据,更灵敏地反映宏观经济运行的短期波动,为经济形势分析和宏观调控提供更好的数据支撑。

实施《中国国民经济核算体系(2016)》

《中国国民经济核算体系(2002)》实施以来,随着我国社会主义市场经济的发展,经济生活中出现了许多新情况和新变化,宏观经济管理和社会公众对国民经济核算产生了许多新需求。2009 年,联合国等五大国际组织颁布了国民经济核算新的国际标准——《国民账户体系 2008》(以下简称 2008 年 SNA)。为更加准确地反映我国国民经济运行情况,更好地体现我国经济发展的新特点,实现与国民经济核算新的国际标准相衔接,国家统计局会同国务院有关部门及高等院校和科研机构,根据我国实际情况,借鉴其他国家的有益经验和做法,对《中国国民经济核算体系(2002)》进行了全面系统的修订,形成了《中国国民经济核算体系(2016)》,于 2017 年 7 月经国务院批复后印发实施。

2016 年核算体系丰富和完善了核算内容,引入了新的概念,拓展了核算范围,细化了基本分类,修订了基本核算指标,改进了基本核算方法。比如,取消了“无形生产资产”概念,引入了“知识产权产品”概念,并将知识产权产品等纳入非金融资产的核算范围,将金融衍生品和雇员股票期权等纳入金融资产的核算范围,调整了研究与开发支出的处理方法。上述修订是对我国现行国民经济核算体系的重大改革,有利于更加全面准确地反映我国国民经济运行情况,更好地体现我国经济发展的新特点,提高了我国国民经济核算的国际可比性。

第四节　圆满完成重大国情国力调查

这一时期,我国成功实施了第三次全国农业普查、第三次和第四次全国经济普查、第七次全国人口普查、国家脱贫攻坚普查，为摸清大国家底、做到“胸中有数”提供了有力信息支撑。

第三次全国农业普查

全国农业普查是全面了解“三农”发展变化的重大国情国力调查。我国于 1996 年、2006 年先后开展了两次全国农业普查，搞清了我国农业与农村的“家底”，形成了一套全面、系统反映“三农”状况的基础资料，较好地满足了政府、社会和农民各方面的需要。为摸清“三农”基本国情，查清“三农”新发展新变化，2015 年 6 月，国务院印发《关于开展第三次全国农业普查的通知》，决定于 2016 年开展第三次全国农业普查，成立第三次全国农业普查领导小组，国务院副总理汪洋任组长。这次普查的标准时点为 2016 年 12 月 31 日，时期资料为 2016 年度。与前两次农业普查相比，第三次全国农业普查在普查表设置上，新增规模经营户表，将规模户与普通农户区别普查，以准确反映农业现代化新进程；在普查内容上，新增反映当前农业农村农民新变化、新特点的内容和指标，全面反映 10 年来我国农业发展新情况、农村建设新面貌、农民生活新变化；在普查手段上，首次在农业普查中利用无人机、卫星遥感、手持智能终端和联网直报等现代信息技术采集和处理普查数据，使用手持移动采集终端（PAD）入户访问登记，并实时向各省（市、区）统计局及国家统计局报送传输原始数据。全国共组织动员了普查员、普查指导员和各级普查机构的工作人员近400万人,登记了2.3亿农户、60万个村级单位、4万个乡级单位、200多万个农业经营单位,对粮食、棉花等大宗农作物播种面积进行卫星遥感测量。

总体来看,第三次全国农业普查获得了反映我国"三农"最新家底的基础数据,查清了粮食、棉花、畜禽、水产品等主要农业生产底数,系统反映了农村和农民新变化,同时获取了农业规模化经营、农村基础设施及环境等方面常规统计调查没有覆盖的信息,填补了"三农"统计上的空白。

第三次、第四次全国经济普查

2011年11月,国务院印发《关于开展第三次全国经济普查的通知》,决定于2013年开展第三次全国经济普查。2013年5月,国务院办公厅发布《关于成立第三次全国经济普查领导小组的通知》,决定成立第三次全国经济普查领导小组,国务院副总理张高丽任组长。这次普查的标准时点为2013年12月31日,普查时期资料为2013年年度资料。普查对象是在我国境内从事第二产业和第三产业的全部法人单位、产业活动单位和个体经营户。此次普查首次采用手持移动采集终端(PAD)进行现场登记,以及对普查对象空间定位、拍摄证照、采集和上传数据,近100万家规模以上企业首次利用互联网填报普查表并直报国家,首次实现普查数据生产过程的电子化、网络化,确保了普查数据真实可靠,提高了工作效率。总体来看,此次普查充分运用现代信息技术手段,普查全过程公开透明,数据质量和工作效率都比较高,摸清了我国经济家底,达到了预期目标。2014 年 12 月,第三次全国经济普查主要数据公报发布,普查结果显示,2013 年末,全国共有从事第二产业和第三产业活动的法人单位 1085.7 万个,比 2008 年末(2008 年是第二次全国经济普查年份)增加 375.8 万个,增长 52.9%;第二产业和第三产业法人单位从业人员 35602.3 万人,比 2008 年末增加 8290.8 万人,增长 30.4%;第二产业和第三产业企业资产总计 466.8 万亿元。

2017 年 12 月,国务院印发《关于开展第四次全国经济普查的通知》,决定于 2018 年开展第四次全国经济普查。习近平总书记不仅在党的十九届三中全会上对开展第四次全国经济普查进行了部署,还在 2018 年中央经济工作会议上明确指示,搞好第四次全国经济普查,做实数据,摸清家底。2018 年 5 月,国务院办公厅发布《关于成立第四次全国经济普查领导小组的通知》,决定成立第四次全国经济普查领导小组,国务院副总理韩正任组长。这次普查的标准时点为 2018 年 12 月 31 日,普查的时期资料为 2018 年度。为减轻调查对象负担,提高工作效率,这次普查积极应用“五证合一”改革成果,大力提高部门参与程度,在清查和普查阶段积极利用部门行政记录和业务资料,收集、整理了 44 个部门的单位名录信息;全面提高普查数据采集信息化水平,扩大联网直报单位范围,全面使用手持移动采集终端(PAD)采集数据,广泛应用行业代码自动识别赋码技术,普查数据生产全过程实行电子化、网络化,大大提高了数据采集处理效率。全国 160 多万基层普查人员对我国境内从事第二产业和第三产业的法人单位、产业活动单位和抽取的个体经营户逐一入户完成数据采集。总体来看,第四次全国经济普查充分运用了现代信息技术手段,全面摸清了我国第二产业和第三产业家底,真实反映了我国经济社会发展状况,中央领导同志和社会各界对第四次全国经济普查成果给予了充分肯定。2019 年 11 月,第四次全国经济普查公报发布,普查结果显示,2018 年末,全国共有从事第二产业和第三产业活动的法人单位 2178.9 万个,比 2013 年末(2013 年是第三次全国经济普查年份)增长 100.7%;第二产业和第三产业法人单位从业人员 38323.6 万人,比 2013 年末增加 2721.3 万人,增长 7.6%;第二产业和第三产业法人单位资产总计 914.2 万亿元。

第七次全国人口普查

2019 年 11 月,国务院发布《关于开展第七次全国人口普查的通知》,决定于 2020 年开展第七次全国人口普查。2020 年 11 月 2 日,习近平总书记在北京中南海亲自参加普查现场登记。习近平总书记在登记完成后强调,第七次全国人口普查是新时代开展的一次重大国情国力调查,也是党和国家工作中的一件大事;要通过这次人口普查查清我国人口数量、结构、分布等方面情况,把握人口变化趋势性特征,为完善人口发展战略和政策体系、制定经济社会发展规划、推动经济高质量发展提供准确统计信息支持。李克强、栗战书、汪洋、王沪宁、赵乐际、韩正、王岐山等中央领导同志在中南海分别参加人口普查登记。李克强总理对人口普查工作作出重要指示。国务院成立了由韩正副总理担任组长的第七次全国人口普查领导小组,领导小组办公室设在国家统计局,由25个部门组成,全国乡镇、街道和县以上各级人民政府均建立普查机构,为普查工作开展提供了坚实的组织保障。地方各级政府全面加强组织领导,精心组织实施,确保人员到位、措施到位、经费到位。各成员单位积极主动履职,充分发挥各自职能,提供多方保障,确保了普查的顺利实施。

为提高普查工作质量和效率,着力创新普查内容和普查方式。这次普查充分运用现代信息技术,首次全面采用电子化数据采集方式,由普查指导员和普查员使用电子设备登记普查对象信息并联网实时上报;首次采用普查对象自主填报方式,通过自主填报程序,允许普查对象使用移动终端扫描二维码联网自行申报个人和家庭信息;首次采集了公民身份号码;首次利用部门行政记录对普查数据进行精细化比对核查;首次利用电力大数据开展空户核查;首次利用手机大数据对流动人口分布等信息进行测算和评估;首次利用互联网云技术、云服务和云应用完成数据处理工作;首次对700多万名普查人员实行线上集中统一管理。这些创新举措显著提升了普查工作效能,为今后开展普查调查提供了很好借鉴。

为动员普查对象依法配合普查,组织开展了声势浩大的普查宣传活动,“大国点名,没你不行”等普查口号得到广泛宣传、深入人心。全国700多万普查人员采用电子化采集

★2021年9月23日,第七次全国人口普查总结表彰会在北京召开

方式,对14亿多人口进行了全面调查,采集了丰富翔实的普查数据。同时,实行严格的质量控制制度,建立健全普查数据追溯和问责机制,确保普查数据可核查、可追溯、可问责。事后质量抽查结果显示,第七次全国人口普查人口漏登率为0.05%,普查结果真实可靠。

这次普查,既摸清了我国人口总量,掌握了人口规模的变化趋势,也查清了人口结构和分布状况、人口迁移流动状况,反映了人口结构演变和人口社会变迁等情况。2021年5月,第七次全国人口普查公报发布,普查结果显示,我国大陆31个省、自治区、直辖市和现役军人的人口为1411778724人,与2010年第六次全国人口普查结果相比,增长5.38%,年平均增长率为0.53%,平均每个家庭户的人口为2.62人,比2010年第六次全国人口普查的3.10人减少0.48人。

国家脱贫攻坚普查

脱贫攻坚是我们党向全国人民作出的庄严承诺。党的十八大以来，以习近平同志为核心的党中央把脱贫攻坚作为全面建成小康社会的突出短板和底线目标，纳入“五位一体”总体布局和“四个全面”战略布局，摆到治国理政的重要位置，以前所未有的力度推进，团结带领全党全国各族人民，全面打响脱贫攻坚战，迎来了历史性的跨越和巨变。为摸清脱贫实际成效，党中央、国务院作出开展国家脱贫攻坚普查的决定。习近平总书记强调，脱贫攻坚普查是一件大事，要为党中央适时宣布打赢脱贫攻坚战、全面建成小康社会提供数据支撑。

国家脱贫攻坚普查是新中国成立以来首次面向贫困地区、贫困群体开展的大型专项普查，是对脱贫攻坚成效的一次全面检验。普查登记于2020年7—8月、2020年12月—2021年1月分两批实施。22个省(区、市)的21万多名基层普查人员克服新冠肺炎疫情、洪涝灾害、低温冰雪天气等不利因素影响，对832个国家扶贫开发工作重点县和集中连片特困地区县、享受片区政策的新疆维吾尔自治区阿克苏地区7个市县，以及在中西部22个省(区、市)抽取的100个非国家贫困县，共计939个普查县，19万个行政村和1563万建档立卡户逐一实地完成数据采集报送。

本次普查按照“本地回避、互不交叉”原则，选调熟悉扶贫政策和农村实际的基层干部担任普查员，组建939支派驻普查工作组,跨县异地开展普查登记;充分利用部门行政记录和业务资料,编制普查底册,辅助开展清查摸底和现场登记;普查数据生产全过程电子化、网络化,普查人员全部使用智能终端设备在线采集、实时上报普查数据,有效提高了数据采集处理质量和效率。普查获得的数据为党中央、国务院真实、准确、全面掌握贫困人口脱贫实现情况,分析判断脱贫攻坚成效、总结发布脱贫攻坚成果提供了真实准确的统计信息。

2021年2月,习近平总书记在全国脱贫攻坚总结表彰大会上庄严宣告,经过全党全国各族人民共同努力,在迎来中国共产党成立100周年的重要时刻,我国脱贫攻坚战取得了全面胜利,现行标准下9899万农村贫困人口全部脱贫,832个贫困县全部摘帽,12.8万个贫困村全部出列,区域性整体贫困得到解决,完成了消除绝对贫困的艰巨任务,创造了又一个彪炳史册的人间奇迹!

第五节 努力构建推动高质量发展统计体系

当前,我国经济已由高速增长阶段转向高质量发展阶段。2017年12月,习近平总书记在中央经济工作会议上明确指出,必须加快形成推动高质量发展的指标体系、政策体系、标准体系、统计体系、绩效评价、政绩考核。统计部门深入贯彻落实习近平总书记重要讲话指示批示精神,深入贯彻新发展理念，适应经济社会高质量发展要求，着力构建推动高质量发展统计体系。

建立反映提质增效转型升级统计指标体系

随着经济发展进入新常态，我国转变增长方式、产业升级、结构调整、提质增效成为大势所趋。为更好反映产业转型升级、经济结构调整的趋势性变化，2014 年 9 月，国家统计局印发反映提质增效转型升级的统计指标体系，包含经济稳定、经济安全、结构优化、产业升级、质量效益、创新驱动、资源环境、民生改善等 8 个方面、46 项指标，并制定了《反映提质增效转型升级综合统计制度》，及时发布相关统计指标数据。政府统计转向更加注重反映经济发展的质量和效益，对健全统计调查指标体系、引导科学发展转型升级具有重要意义。

客观反映高质量发展进程

为贯彻落实党中央、国务院关于加强生态文明建设重大决策部署，根据中共中央办公厅、国务院办公厅印发的《生态文明建设目标评价考核办法》，2016 年国家发展改革委、国家统计局、环境保护部、中央组织部联合印发《绿色发展指标体系》和《生态文明建设考核目标体系》。国家统计局会同有关部门共同完成了针对各省（区、市）的首次生态文明建设年度评价工作，并于 2017 年 12 月发布了《2016 年生态文明建设年度评价结果公报》。通过发挥统计的评价考核导向作用,督促和引导各地区推进生态文明建设,推动地方党委政府深入贯彻新发展理念,树立正确政绩观,切实担负起生态文明建设责任。

为深入贯彻落实中央关于推动高质量发展的重大决策部署,2018 年,国家统计局制定构建衡量和推动高质量发展统计体系工作方案;2019 年,国家统计局制定《关于构建推动高质量发展统计体系的实施意见》,通过综合质效、协调发展、绿色发展、开放发展、共享发展、主观感受等方面 36 个统计指标对高质量发展进行监测。为客观评价各地区高质量发展情况,引导各地区进一步贯彻落实新发展理念,推动我国经济高质量发展不断取得新进展,2020 年以来,国家统计局、国家发展改革委、中央组织部会同有关部门,推动印发高质量发展相关的评价办法、指标体系、监测制度,积极开展评价工作。

建立健全"三新"统计

近年来,科技与产业革命加速融合,新兴产业快速成长;同时,以互联网为代表的新一代信息技术与各类经济活动的融合应用日新月异,也带动了产业形态、生产形式、组织方式、商业模式等方面的深刻变革。为全面、准确、及时地反映新产业、新业态、新商业模式发展状况,国家统计局先后建立实施网购用户专项调查、城市商业综合体统计调查制度等一批"三新"统计制度,并在现行制度中充实"三新”统计调查内容。2016 年 1 月，国家统计局发布《关于加强和改进“三新”统计工作的通知》，对扎实做好“三新”统计调查工作作出系统部署。2016 年 4 月，国家统计局制定印发《新产业、新业态、新商业模式专项统计报表制度》。同年，在“三新”专项统计调查的基础上，国家统计局研究提出了经济发展新动能指数统计指标体系，包含知识能力、经济活力、创新驱动、网络经济、转型升级和发展成效等 6 个一级指标、40 个二级指标，至今已连续测算并发布了 2015—2020 年共 6 年的中国经济发展新动能指数。2017 年，国家统计局制定印发《新产业新业态新商业模式统计分类》《新产业新业态新商业模式统计监测制度（试行）》等，并根据“三新”实践发展不断健全完善，“三新”统计调查体系逐步建立。2017 年 11 月，我国首次发布“三新”经济增加值数据。数据显示，2020 年中国“三新”经济增加值为 169254 亿元，相当于 GDP 的比重为 17.08%，比 2019 年提高 0.7 个百分点。

★2016 年起，国家统计局开展“三新”专项统计工作

完善统计标准

这一时期，国家统计局努力适应经济社会高质量发展新形势新情况新要求，进一步建立健全统计分类标准体系，定期修订国民经济行业分类标准，研究出台战略性新兴产业、高技术产业、新产业新业态新商业模式、科技服务业、生产性服务业、生活性服务业、旅游及相关产业、文化及相关产业、体育产业、健康产业、养老产业、教育培训及相关产业、数字经济及其核心产业、农业及相关产业、节能环保清洁产业等统计分类标准，进一步规范研究与试验发展(R&D)投入统计工作，我国统计标准体系不断健全完善，推动和保障了新时期统计和核算工作的改革发展。

第六节　深化重点领域统计改革

党的十八大以来，习近平总书记先后对能源统计、资源环境统计、农产量统计、价格统计、人口统计、收入分配等作出一系列重要讲话指示批示。2020 年 10 月，党的十九届五中全会作出推进统计现代化改革的决策部署，为推动统计改革发展提供了重要指引。近年来，国家统计局不断完善统计调查制度方法，建立健全统计监测体系，扎实推进各重点领域统计改革。

强化统计改革顶层设计

国家统计局坚持从实际出发，遵循统计规律，加强统筹谋划，先后出台“十三五”“十四五”时期统计改革发展规划。

2016 年 10 月，国家统计局印发《“十三五”时期统计改革发展规划纲要》，提出“十三五”时期，统计改革发展的总体目标是：形成依靠创新驱动、坚持依法治统、更加公开透明的统计工作格局，逐步实现统计调查的科学规范，统计管理的严谨高效，统计服务的普惠优质，统计运作效率、数据质量和服务水平明显提升，建立适应全面建成小康社会要求的现代统计调查体系，保障统计数据真实准确完整及时，为实现统计现代化打下坚实基础。2017 年 6 月，国家统计局制定并印发《统计制度方法改革规划(2017—2020 年)》。

为做好“十四五”时期统计改革发展规划编制工作，2020 年下半年，国家统计局组织局内相关单位对“十四五”时期统计改革重要问题开展课题研究，形成 47 篇研究报告。在此基础上，国家统计局成立规划起草专班，召开专题会议研究规划编制工作，广泛听取各方面意见建议，规划稿历经多次修改完善。2021 年 6 月，国家统计局印发《“十四五”时期统计现代化改革规划》，提出“十四五”时期，要加快建设与国家治理体系和治理能力现代化要求相适应的现代化统计调查体系，为全面建设社会主义现代化国家提供坚实统计保障，并从完善统计标准和指标体系、健全统计调查制度体系、优化统计数据采集体系、完善国民经济核算体系、健全统计监测服务体系、健全统计法治监督体系、深化统计体制改革和对外开放、推进统计信息化建设、健全统计工作保障机制等方面对统计现代化改革作出系统部署。

完善农业统计

2012 年,国家统计局、国家发展改革委、农业部联合印发通知,对国家粮食生产大县开展以县为总体的抽样调查,2015 年 13 个粮食主产省全部完成了由对户到对地抽样调查的转变,2018 年 11 月发布的《农林牧渔业统计报表制度》正式把统计遥感技术纳入农产量调查业务中,农业统计遥感应用开启了农业统计调查的新时代。根据国务院分工安排,2007 年开始对生猪大县开展调查。为及时反映生猪生产动态变化,2019 年 10 月开始对生猪大县开展月度调查。

开展工业战略性新兴产业统计监测

为满足测算战略性新兴产业发展规模、结构和速度的需要,2012 年 12 月,国家统计局印发《战略性新兴产业分类(2012)》(试行)。2013 年,国家统计局会同国家发展改革委对工业战略性新兴产业相关数据进行了测算。2014 年,第三次全国经济普查在相关报表中设置了战略性新兴产业发展情况的相关问题。2015 年《工业战略性新兴产业总产值》年报制度正式开始实施,针对工业战略性新兴产业总产值和节能环保产业、新一代信息技术产业等七大产业分类产值进行统计。2016 年,国家统计局开始对外发布工业战略性新兴产业增加值增速数据。

加强服务业统计

2012 年,国家统计局印发《服务业统计调查实施方案》,推进服务业统计改革创新,并建立服务业重点企业调查制度和小微企业统计调查制度。2013 年,探索编制月度服务业生产指数(ISP),并于 2017 年 3 月正式发布。2016 年成功编制中国综合 PMI 产出指数并于 2018 年 1 月对外发布,为监测中国经济运行态势再添新手段。2017 年,为及时反映互联网经济的发展变化情况,国家统计局统筹规划已开展的企业信息化情况、互联网平台等相关统计调查,形成了《互联网经济统计报表制度》。2021 年 3 月,国家统计局印发《关于推进服务业统计改革发展的意见》,对健全服务业统计指标体系、完善服务业统计分类标准体系、完善服务业统计调查制度体系、优化创新服务业统计方法、推进服务业统计重点领域改革、加强部门服务业统计工作、提升服务业统计数据质量、提高服务业统计服务水平等方面作出部署,推动全面提高我国服务业统计现代化水平,更好满足建设现代化经济体系和实现经济高质量发展的需要。

强化贸经统计

2014 年,国家统计局印发《网上零售统计改革总体方案

(试行)》,建立健全网上零售统计调查方法体系,二季度起按季发布全国网上零售额数据,2015 年起调整为按月发布。2014 年起国家统计局开展网购用户调查,从买方视角对网络零售进行分析。2015 年国家统计局制定《城市商业综合体统计专项调查方案》,对全国范围内城市商业综合体进行统计调查。2017 年起,季度批发和零售业、住宿和餐饮业财务报表统计范围由大中型法人企业扩大到全部限额以上法人企业。积极推进服务消费市场统计监测工作,构建涵盖商品消费、服务消费领域统计指标体系,2019 年起开展全国服务零售额试算工作,并综合测算社会消费商品和服务零售总额数据。

健全就业统计

2013 年,国家统计局将月度劳动力调查范围由原来的 31 个大城市扩大为 65 个。2015 年,国家统计局对就业失业统计制度进行了重大改革,将全国劳动力调查和大城市月度劳动力调查进行整合,建立了全国月度劳动力调查制度,2016 年 1 月起正式在全国范围内组织实施。2018 年 4 月起正式向社会公布城镇调查失业率数据。2020 年,国家统计局启动分省月度劳动力调查,通过扩大样本量满足分省份数据精度。扩样后的劳动力调查能够更加全面、准确反映各地区就业失业状况,更好监测就业形势动态变化,为各级政府因地制宜实施稳就业政策措施提供统计信息支持。

改革劳动工资统计制度

2016年,国家统计局在山西、安徽两省开展劳动工资统计扩大调查范围试点,探索解决工资统计没有覆盖乡村单位的问题。为进一步完善劳动工资统计调查制度,满足国民经济核算的需要,2019年重新启动劳动工资扩面改革工作,国家统计局办公室印发《关于做好劳动工资统计改革的通知》,要求采取全面调查与抽样调查相结合的方法,建立覆盖城乡法人单位的劳动工资统计调查制度,并于2020年一季度正式实施。2020年劳动工资改革顺利实施,一季度开始为国民经济核算提供基础数据。

实施城乡住户调查一体化改革和数据采集方式变革

受城乡二元结构影响,我国的住户调查长期分城乡独立开展,无法提供全体居民统一口径的收入数据。2010年11月,国家统计局住户调查办公室成立,统一负责住户调查工作,包括城镇住户调查、农村住户调查、农民工监测调查、贫困监测调查、退耕还林(草)监测调查、农户固定资产投资调查以及一体化住户调查改革工作。经国务院批准,2012年,在北京等7个省(市)开展试点的基础上,国家统计局对实行了近60年的农村住户调查和城镇住户调查实施了一体化改革,统一了城乡居民收入指标名称、分类和统计标准,

★2017年12月，全国推广PAD问卷调查

统一抽样方法、统一数据采集和统一数据处理，建立了城乡一体的住户收支与生活状况调查体系。自2013年起，国家统计局对全国统一抽取的约16万户住户正式开展调查，并于2014年起正式发布全国居民人均可支配收入数据。为进一步提高住户调查信息化水平，国家统计局将住户调查应用系统的开发建设纳入《“十三五”统计信息化建设规划纲要》。2017年7月住户调查应用系统正式上线运行，同年12月开始在全国推广电子记账和PAD问卷调查，实现了住户调查数据采集方式的重大变革。

2021年2月，根据《中央编办关于调整国家统计局机构编制有关事项的批复》，国家统计局设立住户调查司，将原内设机构住户调查办公室正式转为司级单位。

开展农民工市民化进程动态监测

根据《国务院关于进一步做好为农民工服务工作的意见》的要求，为全面准确及时反映农民工市民化现状与变化，2015 年 7 月国家统计局正式建立农民工市民化进程动态监测调查制度，在全国 31 个省（区、市）的城镇地域范围内开展动态监测调查。监测内容包括：农民工家庭基本情况，农民工就业、健康与医疗、居住条件、社会融合状况，农民工子女教育情况，农民工及共同居住家庭成员收支情况，以及农民工在城镇定居意愿等。

改革固定资产投资统计

随着经济社会发展，固定资产投资统计对象出现了新变化，以项目为调查对象的统计制度方法执行难度越来越大，一些地方出现了固定资产投资额接近甚至超过 GDP 的问题。2011 年，固定资产投资统计起点从 50 万元提高到 500 万元，口径范围调整为固定资产投资（不含农户）。2013 年，国家统计局组织开展固定资产投资制度方法改革试点工作，调查对象由投资项目转变为法人单位和投资项目并重，填报方式转变为联网直报。随着改革不断深入、制度不断优化，投资项目的填报依据逐渐规范，从按形象进度进行填表全面转变到依据工程、会计等具体凭证进行统计填报。2015 年，在全国范围开展投资统计改革试点工作。2016 年，在全国范围内实行投资项目法人单位和投资项目双入库管理,实现了投资统计调查对象管理的规范化。2018 年,固定资产投资统计开始施行新的投资统计方法,即对计划总投资 5000 万元及以上投资项目主要按照形象进度法填报投资额,对 500 万元至 5000 万元投资项目主要按照财务支出法填报投资额。自 2020 年开始,国家统计局组织开展知识产权产品投资统计试算试点。2021 年,正式建立计算机软件和数据库投资统计调查制度,并开展知识产权产品投资统计监测。

完善科技创新统计

为贯彻落实习近平总书记关于“建立符合国情的全国创新调查制度”指示精神,科技创新统计加快改革步伐。2013 年起,国家统计局编制并发布中国创新指数(CII)。2014 年国家统计局在全国组织开展企业创新情况专项调查,2016 年正式建立企业创新活动统计报表制度,2017 年又将规模以下企业纳入制度。2017 年,科技部和国家统计局联合印发《国家创新调查制度实施办法》。同时,国家统计局不断健全研究与试验发展(R&D)统计体系。2016 年将企业研发活动年度常规统计调查范围由规模以上工业企业扩大到包括建筑业企业和重点服务业企业,此后又进一步扩展到规模以下企业;不断改进制度报表设计,2015、2018 年均对企业研发统计报表进行了较大改革,并逐步对基础研究、地方医院、种子企业等调查内容进行完善;2019 年,国家统计局发布《研究与试验发展(R&D)投入统计规范(试行)》。

建立健全应对气候变化统计

加强应对气候变化统计工作是我国积极应对全球气候变化、有效履行《联合国气候变化框架公约》的客观要求。2013年国家发展改革委和国家统计局联合印发《关于加强应对气候变化统计工作的意见》,正式启动应对气候变化统计工作。同年,国家统计局制定了《应对气候变化部门统计报表制度(试行)》,收集整理相关数据,为国家评估应对气候变化工作成效、研究制定相关政策措施提供可靠依据。

强化社会统计

2014年起,国家统计局持续开展基本公共服务统计监测,研究制定基本公共服务统计监测方案和指标体系,撰写年度统计监测报告;2020年修订完善统计监测方案,不断健全指标体系。2018年,组织开展第二次时间利用调查,获取了我国居民时间利用情况的丰富数据。2019年,国家统计局与团中央联合印发《〈中长期青年发展规划(2016—2025年)〉统计监测工作方案》,建立健全统计监测指标体系,开展年度统计监测,不断推进社会领域统计调查和统计监测。

完善妇女儿童统计

2012年以来，持续开展《中国妇女发展纲要（2011—2020年）》和《中国儿童发展纲要（2011—2020年）》统计监测。2014年，国家统计局将妇女儿童统计与社会发展统计合并为《妇女儿童与社会发展基本情况统计报表制度》，2015年将妇女儿童统计纳入《部门综合统计报表制度》。2020年7月，印发《性别统计监测方案》和《儿童统计监测方案》，进一步完善性别统计工作；同年，整合形成涵盖人口、经济等10个领域的妇女儿童统计数据库。

健全文化产业统计

国家统计局于2012年和2018年两次对《文化及相关产业分类》进行修订。2012年，国家统计局建立《文化及相关产业综合统计制度》。2012年底，国家统计局印发《关于开展文化及相关产业调查单位库认定生成工作的通知》，正式启动文化产业调查单位库的建设工作。2016年，国家统计局开始对规模以上文化企业生产经营情况进行季度调查。

推动省部统计改革创新战略合作

积极服务重大国家战略，支持地方改革发展，是统计部门的重要职责。为推动统计工作更好地服务国家重大战略部署、助推地方高质量发展，同时为全国统计改革创新先行先试积累经验、推动统计工作更好适应新时代要求，国家统计局积极推进省部统计改革创新战略合作，先后与多个省市签署统计改革创新战略合作框架协议。

2016年4月28日，国家统计局与北京市人民政府在京签署了《关于推进统计改革创新战略合作框架协议》，这是国家统计局与省级人民政府签署的首个统计改革创新战略合作框架协议。双方通过推进试点、协作参与、合作研究等方式，为全国统计改革创新积累经验，更好地适应服务引领经济发展新常态，推进供给侧结构性改革以及京津冀协同发展等国家重大战略目标服务。此后，国家统计局先后与山东、海南、河北、上海、湖南等多个省市签署战略合作框架协议，围绕推进国民经济核算改革、构建服务高质量发展统计监测体系、推动政府统计大数据应用、夯实统计基层基础等重点领域，从理论方法、技术手段、资源共享、成果应用等方面指导有关省市开展相关统计改革试点，协助解决试点中遇到的困难和问题。

第七节　着力提供优质统计监测服务

党的十八大以来，统计部门把为各级党委政府提供优质高效统计服务作为统计工作的出发点和落脚点，坚持为国统计、为民调查，加强宏观经济监测分析和形势研判，围绕党中央、国务院重大决策部署贯彻落实情况开展统计监测,为宏观调控和民生改善提供有力信息支撑。

加强经济形势分析研判

党的十八大以来,面对严峻复杂的国际形势和艰巨繁重的国内改革发展稳定任务,国家统计局坚持以习近平新时代中国特色社会主义思想为指导,紧紧围绕党和国家中心工作,立足新发展阶段,贯彻新发展理念,服务构建新发展格局,充分发挥数据资源优势,深入开展统计分析监测,力争经济运行研判更快、更准、更实。坚持问题导向,加强调查研究,及时了解重点企业生产经营情况和重点地区经济运行态势,掌握更多一手信息资料。积极转变分析理念,创新分析方法,完善分析框架,坚持总量分析和结构分析相结合,定量分析和定性分析相结合,短期分析和中长期分析相结合,积极探索大数据等非传统数据在统计监测中的应用,比较准确地洞察和把握了经济运行大势,为党中央、国务院科学研判经济形势、制定宏观政策提供了坚实的统计支撑。新冠肺炎疫情发生以来,围绕保持经济运行在合理区间,紧扣做好"六稳"工作、落实"六保"任务,对经济增长、就业、物价、国际收支、居民收入等方面深入开展分析监测,强化对粮食、生猪等主要农产品稳产保供监测,综合采用同比、环比、两年平均等指标客观反映统筹疫情防控和经济社会发展的积极成效。加强经济走势预测预判,深入研判疫情影响,强化苗头性、倾向性、潜在性问题深度分析,及时监测预警原材料价格上涨、能源供给趋紧等新情况新问题。

围绕推动经济高质量发展，及时反映经济结构调整优化、经济增长质量提升取得的积极进展，加强国家重大战略实施情况监测评价，圆满完成全面建成小康社会统计监测工作，强化统计数据发布解读和预期引导，统计服务宏观决策、推动经济社会发展成效进一步显现。

统筹疫情防控和统计调查工作

2020年，面对突如其来的新冠肺炎疫情，统计部门认真贯彻落实党中央关于坚定信心、同舟共济、科学防治、精准施策总要求，始终把统计系统干部职工生命安全和身体健康放在第一位，严格执行责任制、“日报告”“零报告”等防疫制度，严防死守把疫情挡在门外。在抗击新冠肺炎疫情的同时，及时建立健全同疫情防控分区分级相适应的统计调查机制。组织开展14轮企业生产经营情况快速问卷调查，及时反映复工复产复商复市情况，上报相关分析报告80余篇，深入分析研判疫情对国民经济特别是生产、需求、价格、就业等领域的影响，提出一系列有针对性、有效性、可操作性的宏观政策建议。牵头组织10余个主要负责部门开展疫情防控成效量化评估，为党中央、国务院科学统筹疫情防控和经济社会发展提供了重要参考依据。

监测国家重大决策部署落实情况

国家统计局坚持以服务国家发展大局为己任，围绕全面建成小康社会、保持经济运行在合理区间、打赢三大攻坚战、加快建设创新型国家等重大决策部署贯彻落实情况积极开展统计监测。为客观反映区域重大战略发展情况，国家统计局扎实开展京津冀协同发展、雄安新区、长江经济带发展、长三角一体化发展等区域发展战略统计监测，积极推进粤港澳大湾区、黄河流域生态保护和高质量发展统计监测研究。同时，聚焦经济运行中的热点问题，围绕区域发展差距、居民资产状况、劳动就业、收入分配、中美经贸摩擦等问题开展专题研究，撰写了一批有数据、有分析、有对策的研究报告。2020 年，国家统计局围绕“十四五”期间国民经济和社会发展重要宏观调控指标，组织测算“十四五”期间以及 2035 年我国经济社会指标预测值，对国家“十四五”发展规划有关领域提出量化目标建议。

第八节　积极推进统计公开透明

近年来，国家统计局深入践行以人民为中心的发展思想，及时发布统计数据，丰富发布内容，创新发布方式，强化数据解读和开发利用，为各类企业、研究机构和社会公众提供有效统计服务。

加强统计数据发布解读

党的十八大以来，国家统计局先后围绕加快构建现代化服务型统计和现代化统计调查体系，坚持改革创新，持续推进统计公开透明，推动统计改革发展成果惠及全社会。一方面，努力提高数据发布的及时性，尽可能缩短从数据生产到发布的时间间隔，让主要统计数据尽快对外公布；另一方面，努力提高发布内容的丰富性，陆续推出了文化及相关产业生产经营情况、城镇调查失业率、经济发展新动能指数、“三新”经济增加值、派生产业增加值等新内容，增加了工业产品产量、价格领域结构指标、综合 PMI 指数等细项指标的发布。同时，积极创新发布形式，初步形成月度采购经理调查数据、国民经济和社会发展统计公报、农民工监测报告、科技投入公报等数据图解模式，采用动图、视频等更为视像化的形式，增加了统计数据的趣味性和可读性，提高了数据发布传播力。随着信息技术不断拓展，由新闻发布会、官方网站、数据库、报纸、出版物及以“两微一端一抖”为代表的新媒体等多渠道和全媒体的发布体系逐步形成。

同时，国家统计局不断加大统计数据解读力度，引导社会各界准确认识数据变化及经济社会发展形势。2013 年开始逐步建立健全月度、季度和年度数据专家署名解读机制，不断提高数据解读的针对性和有效性。2016 年 6 月恢复了自 2011 年 7 月起中断的月度国民经济情况新闻发布会制度，详细解答社会关注的统计热点问题。坚持以媒体通气会、媒体吹风会等形式加强与媒体记者的沟通交流，增强对宏观经济形势和统计工作的舆论引导。在重要时间节点，局领导和各专业司负责人持续在《人民日报》《求是》《经济日报》等主流媒体发表署名文章，主动分析解读我国经济社

★国家统计局数据发布主要渠道

会发展形势,有效引导社会预期。2019 年起,在《求是》开设“经济社会发展统计图表”专栏,每月刊发两期数据表,反映经济形势,宣传发展成就。

积极服务社会公众

为推动统计数据更好服务社会,国家统计局提供面向社会公众的统计咨询服务,形成集网站查询、线上咨询、热线电话、依申请公开、现场查阅等多种方式为一体的服务模式,方便社会公众查询统计信息。国家统计局在 2008 年创建的中国统计数据库基础上,于 2013 年建立了新版数据发布库。截至 2022 年 6 月底,国家统计局数据发布库总数据量达 1259 万笔,累计访问量 7.2 亿次。中国统计资料馆于 2017 年推出数字馆,提供便捷的线上服务。自 2010 年举办第一届“中国统计开放日”以来，国家统计局已先后举办了12届统计开放日，围绕当年重大主题主线，着力宣传重大国情国力普查和重点统计改革创新。2020年第十一届“中国统计开放日”首次在官方抖音号“统计微讯”和官方微博“@中国统计”全程网络直播。统计开放日已成为提升统计形象、树立统计权威、宣传统计文化的靓丽名片，成为社会公众了解统计、认知统计、贴近统计的桥梁和窗口。

国家统计局积极顺应新媒体发展趋势，将统计数据发布延伸至微博、微信、抖音和今日头条等新媒体平台，并在接地气、聚人气、鼓士气上下功夫，着力传播“有温度的数据”。2013年5月开通官方微信公众号“统计微讯”，2013年12月开通官方微博“@中国统计”，2018年11月开通官方抖音号“统计微讯”，2021年5月开通官方头条号“国家统计局”，并在全国统计调查系统搭建新媒体矩阵，自2018年开始发布《统计系统新媒体年度发展报告》，通过新媒体平台上下四级联动，在重大国情国力调查中凸显统计新媒体宣传合力。新媒体发布内容从初始的文字图表为主逐渐扩展到图文、音频、短视频等多元呈现形式。截至2021年底，微信公众号“统计微讯”粉丝用户突破50万，微博“@中国统计”关注用户突破250万，抖音号“统计微讯”粉丝数量达10万。

加大统计宣传力度

统计部门作为经济社会发展主要数据的生产者，在宣传发展成就、讲好中国故事方面发挥着独特作用。国家统计局发挥数据资源优势,充分利用《中国信息报》等统计宣传阵地,以丰富详实的统计数据展现党和国家事业取得的历史性成就和历史性变革,不断增强统计宣传的传播力和影响力。《中国信息报》作为提供统计服务的重要窗口,积极向社会传播统计知识,为公众解读统计数据,成为全国有影响力的行业类媒体之一;《统计研究》《中国统计》《中国经济景气月报》《中国国情国力》等期刊以及《中国统计年鉴》等图书已成系列,统计类专题资料和报告、教材、科普读物等图书资料得到大力出版发行,全方位宣传解读中国经济社会的发展情况。

近年来,围绕党和国家大事要事,国家统计局组织编辑出版了一系列统计资料,以分析报告和统计图表相结合的形式,生动反映我国经济社会发展成就。2017 年国家统计局编辑出版《砥砺奋进的五年——从十八大到十九大》。2018 年组织改革开放 40 周年发展成就系列宣传,编辑出版《改革开放 40 年》《砥砺奋进、铸就辉煌——改革开放 40 年与时俱进的中国统计》,撰写发展成就报告,全方位展示 40 年来我国改革开放和统计工作取得的瞩目成就。2019 年组织开展新中国成立 70 周年经济社会发展成就系列宣传,编辑出版《辉煌 70 年——新中国经济社会发展成就(1949—2019)》《新中国统计 70 年》等。2021 年组织开展建党 100 周年经济社会发展成就宣传,编辑出版《迈向高质量发展——"十三五"经济社会发展成就报告》《人间奇迹——中国脱贫攻坚统计监测报告》《全面建成小康社会成就报告》

等图书。各地统计机构也积极组织开展统计宣传，运用丰富详实的统计数据展示本地区在党中央坚强领导下发生的巨大变迁。

第九节　积极应用现代信息技术

统计工作与现代信息技术具有天然的亲缘关系。当前，大数据、云计算、物联网、人工智能、区块链等新技术新应用方兴未艾，新一轮科技革命和产业变革正在加速演进。这些都为拓展统计数据来源提供了崭新渠道，为促进统计生产方式变革、加速推进统计现代化提供了新的可能。

充分利用现代信息技术开展统计调查

国家统计局在重大国情国力普查和常规统计调查中广泛应用现代信息技术，全面提升统计工作效率和统计能力。积极巩固拓展统计联网直报成果，推动联网直报系统向国家调查队系统延伸、向各专业统计扩展，目前基于联网直报系统进行的国家统计调查项目已覆盖主要统计数据生产业务，调查对象已达500多万家(户)。2017年12月，国家住户调查应用系统“e记账”APP正式上线，全国住户调查电子记账率达80%以上。在“三农普”中实现普查员手持移动设备完成2亿多农村住户的现场采集，并通过网络直报省和国家；在“四经普”中，超过3000万企业和个体工商户采用在线

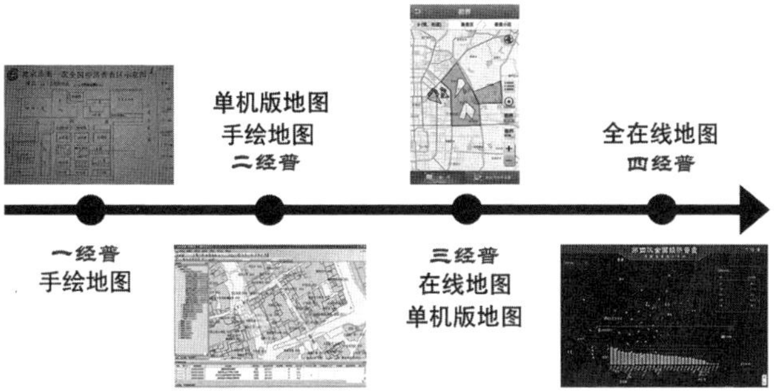

★“四经普”实现全流程网络化，全国统一使用电子地图，一图在线

方式进行普查登记；在脱贫攻坚普查中，采用“APP＋小程序”方式采集 1500 多万建档立卡户数据；在“七人普”中，支持自主填报以及 700 万普查员手持移动设备现场登记两种方式采集数据。价格、农产量、劳动力等调查也实现了由调查员手持移动终端现场直接采集数据，信息技术的广泛应用达到新的高度。

积极应用遥感等空间信息技术

在第三次全国农业普查中，首次利用国产自主卫星及无人机技术对主要农作物面积进行遥感测量，实施了 2700 多架次整村无人机飞行测量，掌握了全国主要农作物种植空间分布，查清了全国及各省(区、市)稻谷、小麦、玉米、棉花等大宗农作物实际种植面积，摸清了“三农”最大的家底。第三次全国农业普查中遥感测量取得的数据达到 500TB 以上的级别，累计统一处理和分发了以高分系列卫星影像为主的各类影像近46000景。在日常的农业统计中，采用以国产高分系列卫星为主的遥感影像数据，进行主要农作物面积、主要农作物生长情况、畜禽养殖规模评估及牧区牛羊的统计监测。在投资统计中，积极研究利用高分遥感、GPS、地理信息系统等现代信息技术，对投资项目统计数据进行"多源验证"。

有效推动大数据在统计工作中的运用

随着信息技术和人类生产生活交汇融合，互联网快速普及，全球数据呈现爆发增长、海量集聚的特点。特别是进入21世纪第二个十年后，随着"互联网+"的深入推进和云计算技术的日益成熟，海量电子化数据已经日益成为记载经济社会微观活动的信息主体，网络经济与交易成为经济活动的重要领域，企业活动记录越来越以电子化呈现，户籍管理、婚姻登记、交通安全管理、工商登记注册等行政管理活动记录也越来越呈现电子化、网络化特征。海量电子化数据给统计工作带来了极大机遇：一是丰富了统计基础数据来源，大数据在经济、社会和价格、就业、人口等统计领域应用潜力十分巨大；二是应用大数据能够提高统计数据的真实性，海量电子化数据都是经济社会活动的真实记录；三是能够提高数据的及时性，因为海量电子化数据是与社会经济活动实时同步产生的；四是大数据、云计算技术的快速发展为统计部门应用大数据提供了技术保障。

国家统计局认真贯彻落实国家关于实施大数据战略、

促进大数据发展的决策部署,着力推动大数据在统计工作中的运用。国家统计局按照总体设计、牵头攻关、先易后难、专业突破的工作思路,提出了打造统计数据生产"第二轨"的设想,并专门成立了工作小组,有序推进大数据应用。国家统计局有关负责同志赴百度、阿里巴巴、腾讯、中关村数海大数据交易平台、京东商城、1 号店、CBI 易贸集团、浪潮集团等电商企业、大数据企业,深入调研大数据,着力加强与有关企业的战略合作,共同研究开发大数据采集、处理、分析、挖掘、发布技术,推进大数据在统计领域的应用。

2013 年,国家统计局与阿里巴巴等 11 家企业签订了大数据战略合作协议,阿里巴巴每月向统计部门提供其掌握的网络销售分类汇总数据,国家统计局按照"卖家三分、买卖共统、普查为基、大数支撑"的网上零售统计原则,以阿里巴巴电商数据为基础,结合其他电商企业数据,通过科学的方法统计网上零售额,2014 年上半年经济数据新闻发布会上向社会正式发布了全国网上零售额。2014 年 9 月,国家统计局与腾讯、浪潮等 6 家企业签订战略合作协议,共同推动大数据开发。2018 年,国家统计局制定并印发首部《大数据应用工作方案》。

国家统计局积极推动各专业各领域应用大数据。如在新产业新业态新商业模式统计中,利用平台大数据对网络约车服务、网络订餐服务及有线上交易活动的电商平台开展调查,进一步提高"三新"经济核算的全面性和准确性;在零售业统计中,以全国主要电子商务平台交易数据结合常规统计,按月测算全国网上零售数据;在人口统计中,通过移动设备位置信息，开展人口监测研究；在价格统计中，制定网络交易价格和电子扫描数据纳入 CPI 的具体办法，以大数据思路改革固定资产投资价格调查制度，利用部门数据编制航空运输、铁路货运等相关价格指数；利用大型机械装备企业物联网数据评估固定资产投资数据。大数据在统计工作中的应用由点及面，渐成燎原之势。

2020 年 12 月，联合国大数据全球平台中国区域中心在杭州成立，该中心由联合国经济和社会事务部、中国国家统计局和浙江省人民政府共同倡议、联合发起，主要目标是推动将大数据和数据科学应用于政府统计和可持续发展目标指标项目的开展，分享关于新开发的研究方法、算法和工具的知识，并主要为亚太地区政府统计界提供关于大数据应用和数据科学方面的培训。与此同时，在杭州举办了联合国大数据全球平台中国区域中心首届大数据国际研讨班，邀请联合国亚太经社会统计司、昆士兰科技大学、贵州财经大学、腾讯研究院、浪潮集团的有关专家学者、企业高管和国家统计系统的大数据应用专家就大数据在推动统计工作理论创新和实践应用等方面进行了线上远程分享和线下现场交流。

逐步加大部门行政记录应用力度

国家统计局将部门行政记录作为统计数据的重要来源，不断加大行政记录在统计调查中的应用力度。2016 年 7 月，国家统计局印发《关于积极推进“五证合一、一照一码”

登记制度改革的通知》,推动将统计登记纳入“五证合一、一照一码”登记之中,充分利用部门单位行政登记资料,完善并及时更新基本单位名录库,为各种普查和常规调查提供准确的单位名录和抽样框。在房地产价格统计中,采用各地住建部门提供的网签数据,编制和发布 70 个大中城市新建商品住宅销售价格指数,整合利用住建、国土、财政、银行等部门行政记录,对新房、二手房、土地及其交易情况进行监测和分析,判断房地产形势变化。在第七次全国人口普查中,探索依托信息化手段,利用各部门人口行政记录辅助普查现场登记,进行核查比对,提高普查登记的准确性。在国民经济核算中,收集整理财政、金融、海关等政府部门和行业协会的行政记录、统计资料,用于年度和季度国内生产总值核算,弥补资金流量核算的基础数据缺口。在居民收支调查中,利用税务行政记录数据和资料,用于居民收入分配相关指标的校准和计算,并不断拓展行政记录数据在住户调查工作中的应用。

加快推动统计云等重点信息化工程实施

国家统计局着力构建完整的统计业务应用体系,不断完善信息化基础设施,为各项统计业务工作顺利开展提供坚实保障。2016 年启动统计云项目设计和申报,2019 年 6 月和 2021 年 2 月,国家发展改革委正式批复“国家统计局统计云建设工程项目可行性研究报告”和“国家统计局统计云建设工程项目初步设计方案”。2021 年 2 月工程实施启动,组建实体性统计云建设工程集中办公室开展集中办公，按照“一网通办、一云统管”的建设目标、“二三三工程”的项目实施组合方式，全面调研评估，系统梳理业务需求，制定总体实施方案，全力以赴推进工程实施工作。2018 年，国家统计局华南数据中心在南宁建成，这是国家统计局建设的首个异地灾备和数据运维中心，对于确保国家统计数据安全高效运行意义重大。

第十节　持续提升基层统计能力

党的十八大以来，国家统计局高度重视基层统计能力建设，采取有效措施补充加强统计一线人员力量，持续强化基层规范化建设，推行企业电子统计台账，有效提升了统计基层工作质量和水平。

集中人员力量向基层一线倾斜

2013 年 2 月 17 日，国家统计局印发《乡镇统计工作规范（试行）》（以下简称《规范》），着力加强地方统计局和国家调查队对乡镇统计工作的组织领导，明确乡镇统计职责，充实乡镇统计机构和人员，努力改善乡镇统计工作条件，提升乡镇统计能力。《规范》出台后，各省、市、县党委政府日益重视统计基层基础工作，各地陆续出台切实可行的贯彻实施细则，加强对乡镇统计工作的指导和监督检查，在机构、编制、领导干部配备等方面给予大力支持，引导乡镇政府进一步加强和规范统计工作，大大加强了政府统计的基层力量。

同时，国家统计局积极优化国家调查队系统业务人员配置。2012年11月29日，国家统计局印发《关于加强国家统计局调查队系统一线业务人员力量的意见》，提出各级国家调查队补充人员重点是一线业务人员，本着优化年龄结构、专业机构和知识结构的原则，逐步加大充实一线业务人员力度，提倡综合管理人员兼做业务工作，要求根据编制属性和本着向人员少、任务重的市县调查队倾斜原则，合理分配机动编制，调查总队机关原则上不再保留机动编制。同日，国家统计局印发《国家统计局调查队系统辅助调查员管理规定》，指导各级国家调查队在核定正式人员编制之外，聘用辅助调查员直接从事数据采集或协助开展数据采集、督促统计调查对象履行法定统计义务，并按照辅助调查员工作量和当地收入水平确定劳动报酬，及时足额发放。

为提高市县级队调查能力，2015年10月，国家统计局通过《国家统计局市级调查队和驻地县级国家调查队整合方案》，将在市级国家调查队驻地设立的县级国家调查队，与所在地的市级队进行整合。按照“撤一建一”的原则，被整合县级队的机构和编制用于另建新队，以扩大调查区域，增强县级抽样调查网点的代表性，明确要求整合工作于2018年年底前全部完成。截至2021年底，全国共设各级调查队1264个，其中省级调查总队32个、副省级城市调查队15个、市级调查队332个、县级调查队885个；全系统平均年龄40.4岁，大学本科及以上学历人员占比86.4%，人员年龄结构、知识结构相比 2005 年国家统计局直属调查队管理体制改革之初有了明显改善。

★2006 年 11 月，国家统计局局长谢伏瞻(左)、北京市副市长翟鸿祥为大兴区统计局基层统计所揭牌

开展统计调查工作现状调查

为全面了解全国基层统计机构基本情况、业务工作和信息化建设等方面的情况，积极探索加强统计“双基”建设的有效途径，2018 年 3 月 5 日，国家统计局印发了《关于开展基层统计调查工作现状调查的通知》，对抽中的县(市、区、旗)统计局及其乡镇(街道)统计机构或统计人员，国家统计局市、县级调查队(包括直辖市和副省级城市的区县队)，以及各省(区、市)设立的县级地方调查机构开展调查。调查重点了解县级统计机构的机构设置、统计队伍建设、统

计基础业务建设和信息化建设,县级统计机构工作制度和统计业务工作量及所辖乡镇统计工作等方面的情况。各省级统计局和调查总队根据国家统计局的统一要求,负责组织所属抽中县(市、区、旗)统计局、抽中的市县调查队在线填报调查表。同时,各省统计局、国家统计局各调查总队深入基层调查研究,通过召开座谈会、现场分析会、实地察看、个别访谈等形式听取意见,查找基层统计工作面临的主要困难和问题,总结基层基础业务经验,了解实际工作情况。通过此次调查,摸清了全国基层统计机构的基本情况。

精简基层统计调查任务

2019 年,国家统计局以开展“不忘初心、牢记使命”主题教育为契机,聚焦基层干部职工和群众反映的突出问题,深入调查研究,采取行之有效的举措,切实减轻基层统计负担。国家统计局派员分赴内蒙古、安徽、贵州、云南、青海等多地调查研究,了解到统计基层还存在人员力量与调查任务矛盾日趋突出、基层统计工作保障水平偏低、基层统计工作规范性和源头数据真实性不高等问题。在摸清基层工作薄弱点,详细了解基层统计干部所思所想所盼的基础上,2019 年 10 月 28 日,国家统计局印发《主题教育中反映统计基层基础突出问题整改工作方案》,提出精简优化统计调查等 5 项工作任务。针对向基层布置的统计报表指标数量多,统计报表重复的问题,国家统计局结合 2019 年年报和 2020 年定报制度修订,严格控制新增报表和指标,取消规模以下工业抽样调查统计报表制度、建筑业小微企业抽样调查统计报表制度、规模以下服务业抽样调查统计报表制度等多项调查制度，整合形成《“四下”单位抽样调查统计报表制度》，报表总填报量减少16.6%。国家统计局本着“优化存量、严控增量”的原则，严格审批地方统计调查项目，切实减轻了基层统计负担。

建立企业电子统计台账

企业统计台账是连接企业原始记录和统计报表的桥梁，是统计调查工作的重要基础。国家发展改革委副主任兼国家统计局局长、党组书记宁吉喆高度重视企业电子统计台账工作，多次主持召开党组会研究部署推进，2019年7月指示广东省统计局在广州市开展电子统计台账试点工作，在2020年全国统计工作会议上明确提出“出台企业电子统计台账指导性意见，开展在企业生产经营、财务管理、人力资源管理系统增加统计台账模块试点”。2021年6月，国家统计局印发《关于全面推进企业电子统计台账工作的指导意见》。《意见》明确，全面推进企业电子统计台账工作的总体目标是：“十四五”期间，所有企业类统计调查单位建成企业电子统计台账，企业统计数据填报规范化、信息化水平显著提升，源头数据质量得到坚实保障。具体实施路径是：2021—2022年，国家统计局制定下发分专业分企业规模的企业电子统计台账模板；各省级统计机构组织开发企业电子统计台账软件系统，选择部分“四上”“四下”企业组织开展企业电子统计台账试点。2023年,总结试点经验,完善电子台账模板、软件系统,在所有"四上"企业和具备条件的"四下"企业全面推开电子统计台账。同时,推动视同法人产业活动单位、"大个体"、个体户和商业综合体等调查对象建立电子统计台账,最终实现所有企业类统计调查单位建成企业电子统计台账。

第十一节　不断深化统计国际交流合作

党的十八大以来,统计部门积极服务国家战略和外交大局,敞开胸襟,互惠共赢,加快统计对外开放步伐,积极参与国际统计治理,广泛参与统计方法和规则的研究和制定,推动统计国际交流合作不断向纵深推进,中国统计的国际话语权和影响力不断扩大。

加强统计双多边交流

2015年9月,首届中国—东盟统计论坛在广西南宁召开,论坛以"开展官方统计合作,支持中国—东盟经济社会发展"为主题,来自中国和东盟各国政府统计机构的代表齐聚一堂,交流合作事项,协商合作机制。此后,依托中国—东盟博览会平台,国家统计局连续举办了7届中国—东盟统计论坛,为中国和东盟各国开展统计交流和合作提供了更加丰富的手段,搭建了更为广阔的平台,取得了丰硕成果,已成为中国—东盟合作的一个重要体现。

2015 年 10 月，国家统计局、联合国经社部和陕西省人民政府在西安共同举办全球第二届“世界统计日”庆祝活动。国务院副总理张高丽和联合国秘书长潘基文专门发来贺信，对活动的举办表示热烈祝贺。55 个国家和国际组织的近百名统计官员、专家、学者齐聚一堂，围绕“优化数据，改善生活”这一主题，展示政府统计成果，分享统计发展经验，倡导统计更好地服务经济社会发展和增进人民福祉。与此同时，由国家统计局和陕西省人民政府联合主办的“一带一路”国家统计发展会议在西安召开，会议以“衡量经济联系和发展影响”为主题，旨在促进丝绸之路沿线国家在衡量经济联系和发展影响力方面的统计合作和相互了解，丝路沿线 41 个国家和地区、11 个国际组织的代表参加了会议。

2017 年 9 月，第九届金砖国家统计局局长会议在杭州举办。与会代表重点围绕《金砖国家领导人厦门宣言》和中国国家主席习近平所作的“深化金砖伙伴关系，开辟更加光明未来”重要讲话，就全面落实金砖国家领导人厦门会晤共识，助推五国经济增长和世界经济发展，深化金砖国家统计合作特别是新动能新产业统计监测方面合作进行了深入探讨，共同描绘了巩固和深化金砖国家统计合作的美好前景。会议首次采用闭门会议与开门会议相结合的方式，闭门会议仅由金砖国家政府统计机构代表参加，开门会则同时邀请有关国际机构及各界代表参加，取得良好效果。

提升中国及其他发展中国家统计能力

自2009年起,中国政府和联合国开始实施“中国及其他发展中国家统计能力开发”项目,旨在提升中国及其他发展中国家统计能力,特别是基础统计领域统计能力。在该项目的支持下,中国国家统计局与联合国统计司开展了富有成效的合作,取得了丰硕的成果,成为中国政府与联合国开展合作的一个成功范例。

2015年4月,中国政府和联合国签署了第二期信托基金协议。根据协议,2015—2019年,中国政府每年投入100万美元,支持推动中国和其他发展中国家的统计能力建设。第二期信托基金项目紧紧围绕我国重点统计工作,内容主要集中在统计数据收集方法、统计制度方法改革和统计服务三个方面。项目采取在华举办研讨班、中国派员前往联合国等国际组织短期工作、支持参加国际会议等具体形式,推动中国统计的改革和发展,提升中国及其他亚非拉发展中国家统计能力。

2021年3月,签署了《中华人民共和国政府和联合国关于技术合作信托基金的协议》。第三期中国—联合国统计能力开发信托基金项目的执行期限为2021—2025年,重点放在全球可持续发展目标统计监测、统计法治体系、统计标准体系等方面,旨在通过技术培训、专家咨询、专题研讨等方式,不断优化国家统计体系、扩大现代技术在统计工作中的应用范围、更好服务统计用户,为“南南合作”提供经验分享平台，提升中国及其他发展中国家的统计能力，特别是收集、加工、整理、分析和发布统计数据的能力。

国家统计局以国家大外交战略为依托，积极与其他发展中国家进行分享，助力其统计能力的建设和提升。应柬埔寨统计局局长要求，中国国家统计局为柬埔寨 2019 年开展第四次人口普查提供统计援助，派遣高访团组和专家团组赴柬进行高层磋商和技术指导，提供专题培训和技术支持。近年来，国家统计局接待了来自孟加拉国、泰国、苏丹、巴西、巴拿马等亚非拉国家的访问团组，真诚分享中国统计经验和做法。

★2021 年 3 月，中国政府和联合国统计能力开发信托基金协议在北京签署，国家统计局局长宁吉喆（右 2）在协议上签字

积极参与国际统计事务

这一时期，我国有效对接国际统计通行规则，积极参与

国际比较项目活动。2015 年,我国采纳国际货币基金组织数据公布特殊标准(SDDS),严格按照 SDDS 标准公布相关统计数据。自 2016 年起,世界银行筹备实施全球 2017 年轮国际比较项目(ICP),共有 176 个经济体参与。按照世界银行的统一部署以及 ICP 调查方案,中国统计学会在全国 31 个省(区、市)抽选了约 4 万个采价点,采集了居民消费价格调查、机械设备价格调查、建筑品价格调查、住房租金调查、政府职务报酬调查等 5 项调查的 1000 多种规格品价格数据,并根据全球 ICP 数据质量评估框架,开展了国内地区间数据审核,参加了亚太区经济体间数据评审,力求调查价格水平和结构数据能反映我国的实际情况,最终圆满完成了此轮 ICP 活动。2020 年 5 月,世界银行发布全球 2017 年轮 ICP 最终结果。

在外交部支持下,中国国家统计局积极参与可持续发展目标全球指标框架相关工作。2019 年起担任联合国“2030 年可持续发展议程统计伙伴关系、协调和能力建设高级别小组”成员,且在 2015—2019 年期间担任联合国可持续发展目标指标机构间专家小组东亚地区代表,直接参与全球监测指标制定,阐述我方立场观点,维护我国和其他发展中国家的利益。广泛参与可持续发展目标相关国际会议,深度参与国际发展援助全球监测新指标开发设计。协调国内有关部门扎实做好我国可持续发展目标全球指标数据核验工作,及时向国际组织沟通,反馈指标数据及元数据意见。

2021 年 9 月 14 日,联合国 2030 年可持续发展议程统计伙伴关系、协调和能力建设高级别小组特别会议以视频方式召开。中国国家发展改革委副主任兼国家统计局局长宁吉喆表达了中国政府对申办第四届世界数据论坛的高度重视和全力支持，强调了中国的申办意愿和优势。代表团从政府支持、办会经验、会务保障和重点关注四个方面向会议作了申办介绍。经高级别小组成员投票，中国成功获得第四届联合国世界数据论坛的承办权，论坛将由中国国家统计局和浙江省人民政府联合承办，于 2023 年 4 月在浙江杭州举办。

第十二节　深入推进统计部门全面从严治党

党的十八大以来，以习近平同志为核心的党中央作出全面从严治党重大战略部署，并将其纳入“四个全面”战略布局，集中整饬党风，严厉惩治腐败，净化党内政治生态，全面从严治党取得显著成效。统计部门切实把思想和行动统一到党中央关于全面从严治党各项决策部署上来，把党的政治建设摆在首位，扎实做好全面从严治党和党风廉政建设各项工作，推动统计部门全面从严治党向纵深发展。

加强党对统计工作的全面领导

坚持以党的政治建设为统领，不断加强党对统计工作的全面领导。2016 年 3 月，印发《中共国家统计局党组贯彻

★2019年3月18日,全国统计部门全面从严治党视频会议在北京召开

落实全面从严治党要求的实施意见》,夯实统计部门全面从严治党的制度基础。2018年9月印发《中共国家统计局党组关于加强统计部门党的政治建设实施意见》,深入贯彻落实习近平总书记关于推进党的政治建设重要指示精神和党的十九大关于新时代党的建设总要求,以及中央关于加强和维护党中央集中统一领导、严格落实意识形态工作责任制等重要文件精神,切实加强统计部门党的政治建设,全面提升统计部门党的领导、党的建设、全面从严治党能力和水平。2019年,建立"第一议题"制度,把传达学习贯彻习近平总书记重要讲话指示批示精神和党中央重要文件精神作为每次会议的第一议题;严格落实"第一时间"要求,坚决做到第一时间传达学习贯彻习近平总书记最新重要讲话和指示批示精神,第一时间部署、推进、督办、落实习近平总书记关于统计工作重要指示批示事项,第一时间向党中央请示报

告统计部门重要情况。2020 年 3 月，印发《国家统计局创建“让党中央放心、让人民群众满意的模范机关”实施方案》，贯彻落实中央和国家机关党的建设工作会议精神，立足统计职责，通过创建模范机关推动统计部门党的建设高质量发展，切实解决“两张皮”“灯下黑”等突出问题。

积极配合中央巡视工作

2015 年、2018 年，配合中央第八巡视组和中央第三巡视组完成对国家统计局党组的巡视。国家统计局党组高度重视，切实加强组织领导，全力做好配合工作，自觉接受党的监督，把巡视工作作为发现问题、严肃执纪、健全机制、创新制度、强化管理的过程，作为理清思路、完善措施、深化改革、推动创新的过程，努力实现巡视工作与推动统计改革发展“两手抓、两不误、两促进”。全面落实中央巡视反馈意见和整改要求，扎实做好 2 轮中央巡视整改，分别完成 119 项、106 项整改措施，有力加强了统计系统党的领导和党的建设，深入推进全面从严治党，统计系统贯彻落实党的路线方针政策的自觉性坚定性显著增强，统计工作服务党和国家工作大局的能力和水平明显提升。

扎实开展党内集中教育

按照党中央统一部署，深入开展党的群众路线教育实践活动，以统计部门县处级以上领导班子和领导干部为重点,深入贯彻落实中央八项规定精神,重点解决群众身边的不正之风,让群众满意;围绕习近平总书记作出的“既严以修身、严以用权、严以律己,又谋事要实、创业要实、做人要实”重要论述,在统计部门开展“三严三实”专题教育,切实整顿作风;开展“两学一做”学习教育,帮助统计部门广大党员坚定马克思主义立场,在思想上政治上行动上同党中央保持高度一致。在统计部门分两批开展“不忘初心、牢记使命”主题教育,按照“守初心、担使命,找差距、抓落实”的总要求,紧紧围绕学习贯彻习近平新时代中国特色社会主义思想这条主线,切实抓好学习教育,努力实现理论学习有收获、思想政治受洗礼、干事创业敢担当、为民服务解难题、清正廉洁作表率的目标要求。2021年,按照中央关于在全党开展党史学习教育的通知要求,统计部门以习近平新时代中国特色社会主义思想为指导,坚持学史明理、学史增信、学史崇德、学史力行,围绕“五聚焦五着力”工作重点,开展好专题学习、专题培训、“我为群众办实事”实践活动、“永远跟党走”群众性主题宣传教育活动、“党旗在基层一线高高飘扬”等重点任务,切实把党史学习教育成效转化为加快推进统计现代化改革、奋力开创统计工作新局面的坚定信念和实际行动。

打造忠诚干净担当的统计队伍

树立正确用人导向,着力打造忠诚干净担当的统计队伍。2016年6月,印发《国家统计局贯彻落实〈关于深化人才发展体制机制改革的意见〉的实施意见》，从改进统计人才培养支持机制、创新统计人才评价激励保障机制、加强统计领导班子和专家队伍建设等8方面提出15项措施。2019年11月印发《中共国家统计局党组关于进一步激励统计干部新时代新担当新作为的实施意见》，2020年6月印发《国家统计局关于干部受处分处理影响期满后拟提拔或进一步使用办法(试行)》，建立健全“能上能下”机制，引导党员干部把干净和担当、勤政和廉政统一起来，激励干部担当作为。加大优秀年轻干部培养使用力度，截至2022年6月，在局机关和调查队系统选拔28名45岁左右的司局级领导干部，着力优化干部队伍结构。2022年3月，印发《中共国家统计局党组关于进一步加强领导班子建设的意见》，持续提升局机关和国家调查队系统领导班子建设水平。通过从严教育、管理、监督干部，持续锻造政治过硬、纪律严明、作风严谨、业务扎实的统计队伍。

深化统计部门作风建设

持续深化作风建设，积极打造良好政治生态。2014年8月，出台《国家统计局党组关于全面落实党风廉政建设主体责任和监督责任的暂行规定》，明确统计部门党风廉政建设“两个责任”的具体内容和落实机制。2016年6月，国家统计局党组印发《关于深入贯彻执行中央八项规定精神的实施办法》，2018年1月印发《关于深入贯彻执行中央八项规定实施细则的实施办法》，对强化纪律规矩约束、改进调查研究、加强督促检查等提出明确要求。2020年5月,国家统计局党组印发《持续解决形式主义问题为基层减负工作方案》,深入纠治形式主义、官僚主义问题,进一步为基层减负松绑。2022年3月,印发《中共国家统计局党组关于加强新时代廉洁文化建设的实施意见》,强化国家统计局党员干部廉洁自律意识,增强廉洁从政、廉洁用权、廉洁修身、廉洁齐家的思想自觉。

全面加强统计部门党的纪律建设

严明党的政治纪律和政治规矩,持之以恒正风肃纪。深入学习贯彻《中国共产党党内监督条例》《中国共产党问责条例》《中国共产党纪律处分条例》《中共中央关于加强对"一把手"和领导班子监督的意见》等全面从严治党法规制度,通过印发学习贯彻通知、制定实施细则、开展调研检查等形式,推动学习贯彻工作走深走实。2019年6月,建立健全同驻委纪检监察组定期会商全面从严治党工作机制,建立会商问题督办机制,推动解决统计系统管党治党突出问题。强化对权力运行的监督制约,2021年1月,印发《处级干部廉政档案管理办法》,建立处级领导干部插手干预重大事项报告机制,着力发现和纠正苗头性倾向性问题。不断深化统计系统纪检体制改革,推动各级纪检机构和纪检干部履责向监督执纪问责聚焦。坚持从严执纪,2016年以来累计查处32名司厅级党员领导干部违反中央八项规定精神问题。做好执纪审查"后半篇文章",深化以案为鉴,每年召开统计系统警示教育会议，集中通报典型违纪案例，形成不敢腐的高压态势。

加强调查队系统党建

坚持抓机关带系统，持续构建党建工作新格局。国家统计局党组把调查队系统党建工作作为统计部门党建工作的重要组成部分，一体谋划部署、统筹落实检查。2016 年，制定印发《国家统计局局领导分管调查总队工作制度》，明确局领导、总师分管调查总队工作重点，进一步压实管队治队责任；印发《关于进一步加强国家调查队系统党的建设若干指导意见》，进一步提高国家调查队系统党建工作质量。2017 年 7 月，国家统计局党组印发实施《国家调查队系统党建条块结合工作机制》，明确条块分工，充分发挥垂直管理和地方管理两个优势。2019 年 3 月，国家统计局办公室印发《关于建立国家统计局党组成员、总师党支部工作联系点制度的通知》，局党组成员、总师定期深入基层党组织开展调查研究、参加组织生活、督导支部工作。建立和完善国家调查队系统协调工作机制，定期议大事、抓要事、解难事、办实事，强化对调查队系统党的建设和各项工作领导和管理。局党建工作领导小组等议事协调机构充分发挥职能作用，定期研究部署调查队系统党建重点工作、解决突出问题。2019 年实施重大事项报告制度，调查总队党组每半年向国家统计局党组和派驻纪检监察组报告全面从严治党责任落实情况，总队主要负责人每年向国家统计局党组作年度工作述职,总队纪检组长定期向分管国家统计局领导和派驻纪检监察组负责同志汇报履职情况,“三重一大”事项、党组文件、党组会议纪要等重要事项及时报告。2020 年,建立《国家统计局督导基层党建工作制度(试行)》,局党组成员、总师通过听取汇报、走访调研、参加基层党组织活动、群团活动等多种方式,对分管调查队党建工作开展督促指导。2020 年印发《国家统计局调查总队党组书记抓基层党建工作述职评议考核实施办法(试行)》,对总队党组书记抓基层党建工作情况进行述职评议考核,并将考核结果与领导班子、领导干部评优评先挂钩,组织实施国家调查队系统党建工作量化考核,以强有力的考核和督促检查倒逼管党治党责任落实。

充分发挥巡视巡察利剑作用

2012 年 11 月,国家统计局党组印发《国家统计局巡视工作办法》,明确提出巡视工作的重点为国家统计局各调查总队,巡视工作的主要任务是对各单位的领导班子及其成员进行巡视监督。在党的十八届中央委员会任期内,国家统计局党组共开展 10 轮巡视,实现了对 32 个调查总队和 9 个在京直属企事业单位党组织领导班子的首次巡视全覆盖。截至 2022 年 6 月底,党的十九大以来国家统计局党组共开展 9 轮巡视,对 26 个调查总队、14 个副省级城市调查队、21 个机关行政和参公单位、9 个在京直属企事业单位党组织领导班子开展了巡视。督促指导总队对市县级调查队

★2022年3月22日，国家统计局召开2022年巡视巡察工作视频会议暨巡视工作动员会

开展巡察，不断推进巡察工作制度化规范化。2022年3月，国家统计局党组书记、局长康义在局党组巡视巡察工作视频会议暨局党组巡视工作动员会上强调，要深入学习领会习近平总书记关于巡视巡察工作重要论述，精准落实政治巡视要求，确保2022年完成对调查总队和副省级城市调查队党组、局机关司级行政单位和在京直属企事业单位领导班子的巡视全覆盖任务，为推进统计事业健康发展提供有力政治保障。通过巡视巡察，进一步净化了统计部门党内政治生态，推动全面从严治党向纵深发展。

结束语

1952年8月7日，国家统计局宣告成立，新中国政府统计工作掀开崭新的一页。作为党和国家事业的重要组成部分，统计事业在风雨兼程的峥嵘岁月中，始终与时代同进步、与祖国共成长。从百废待兴到拨乱反正，新中国统计在艰难中起步，在探索中前行；从改革开放到世纪腾飞，新中国统计在开拓中奋进，在创新中发展。在中国共产党的坚强领导下，一代又一代统计工作者用担当诠释初心、用实干践行使命，在统计家园中辛勤耕耘，开拓创新，以无私奉献的精神、科学严谨的态度、求真务实的作风，蹄疾步稳推动统计改革，矢志不渝提高数据质量，推动我国统计事业取得了辉煌成就，为中国特色社会主义建设贡献了统计力量。

新中国成立初期，为适应迅速恢复国民经济并开展有计划经济建设的需要，国家开始建立全国性的统计体系。在基础薄弱、经验匮乏的条件下，统计部门从国情出发，借鉴苏联经验，积极探索、大胆开拓，着手推行物质产品平衡表体系（MPS），逐步建立起工业、农业、基本建设、交通、贸易及人口、劳动工资、物资分配等统计制度，先后组织开展工农业总产值和劳动就业调查、第一次全国人口普查、农民和职工家计调查等一系列统计调查。这一时期,统计事业在热火朝天的社会主义建设中探索前行,为我们党团结带领中国人民完成社会主义革命、推进社会主义建设,提供了大量涉及人口、国民经济、社会主义改造、计划执行等方面统计资料。

20世纪50年代末开始的“大跃进”运动到70年代末结束的“文化大革命”,统计工作受到严重冲击。“文化大革命”期间,全国绝大多数统计机构被撤并或撤销,大量统计资料丢失或被销毁,全国性综合统计一度几乎中断。在中央领导同志的关怀下,统计工作逐步恢复,从国家计委生产组下设的统计组,升格为国家计委统计局,最终由国务院批准恢复国家统计局,成为国务院直属机构。这一时期,统计工作在动荡的岁月中曲折前行,虽先后遭受重创,但仍然收集和保存了许多重要统计资料,为各级党委、政府和各部门决策提供了数据和信息参考。

党的十一届三中全会以后,全党工作重点转移到社会主义现代化建设上来。全国人大常委会通过《中华人民共和国统计法》,标志着我国政府统计开始走上法治轨道。统计部门积极适应我国经济社会领域重大变革,立足统计信息、咨询、监督三大职能,建立统一领导、分级管理的统计管理体制,出台《国民经济行业分类和代码》等重要统计标准,恢复农村社会经济调查、职工家庭生活调查等重要调查项目,加强综合平衡、工业、商业、人口和社会统计,新建国际收支、旅游、环境保护等方面统计调查制度,成立国家统计局直属的农村和城市社会经济调查队,着手开展统计信息化建设，在国际统计舞台上崭露头角。这一时期，统计部门全面推进各项统计改革和建设，为计划经济向社会主义市场经济顺利转轨转型提供了丰富客观的统计数据信息。

1992年邓小平同志南方谈话和党的十四大召开后，我国改革开放和现代化建设的步伐进一步加快，确立了建立社会主义市场经济体制的改革目标。统计部门适应改革需要，推动我国国民经济核算体系向国民账户体系（SNA）全面转轨，逐步确立了以周期性普查为基础、以经常性抽样调查为主体的统计调查方法体系，建立城镇劳动力调查、房地产开发统计、部分重点行业服务业抽样调查等统计调查制度，建立并不断完善周期性普查制度，着力夯实统计基层基础，积极推进统计法治建设。这一时期，基本建立起能够较好满足社会主义市场经济体制需要的统计体系，为我国经济社会全面协调可持续发展作出了重要贡献。

党的十六大召开后，我国进入全面建设小康社会、加快推进社会主义现代化的新发展阶段。统计部门深入贯彻落实党的十六届三中全会关于"完善统计体制"决策部署，实施国家调查队管理体制改革，推进规范统一的统计调查制度，加强价格、能源、环境、科技创新、就业、收入等领域统计，建立起由经济普查、农业普查和人口普查组成的国家周期性普查制度，顺利实施以联网直报为核心的统计"四大工程"，每年举办"中国统计开放日"，大力推动统计公开透明。这一时期，统计部门深入践行科学发展观，扎实开展各项统计调查，大力推进服务型统计建设，为推动科学发展、促进社会和谐、全面建设小康社会提供了可靠统计支撑。

党的十八大以来，以习近平同志为核心的党中央前所未有地高度重视统计工作，习近平总书记多次就加强和改进统计工作作出重要讲话指示批示，中央先后出台了《关于深化统计管理体制改革提高统计数据真实性的意见》《统计违纪违法责任人处分处理建议办法》《防范和惩治统计造假、弄虚作假督察工作规定》等9份事关统计事业长远发展的重要文件，为新时代统计工作擘画蓝图、掌舵领航。统计部门坚定不移贯彻落实党中央、国务院关于完善统计体制、发挥统计监督职能作用、防范和惩治统计造假弄虚作假、三大核算改革、推动高质量发展等一系列决策部署，紧紧围绕提高统计数据质量这一根本目标，不断深化统计管理体制改革，建立健全防范和惩治统计造假、弄虚作假责任制问责制，正式实施全国和地区生产总值统一核算，圆满完成各项重大国情国力普查，不断加强统计督察执法检查力度，推动大数据、云计算等现代信息技术与统计工作深度融合，深入推进统计部门全面从严治党，加快建设现代化统计调查体系。这一时期，在党中央的坚强领导下，统计部门凝心聚力谋发展、攻坚克难促改革、驰而不息提质量，统计工作“晴雨表”“测量仪”“指示器”“风向标”作用充分发挥，为我们党团结带领全国人民统筹推进“五位一体”总体布局，协调推进“四个全面”战略布局，全面建成小康社会提供了坚强统计保障。

知所从来，方明所去。新中国统计史是一部顺应时代潮流、紧跟国家需要、回应人民呼声的奋斗史、发展史，也是一部解放思想、实事求是，不断遵循和深化统计发展规律的探索史、建设史，凝结着无数统计调查工作者的汗水智慧，蕴藏着继往开来、赓续奋斗的丰富宝藏。历史经验证明：只有始终坚持党对统计工作的坚强领导，统计事业才能舵稳向正、破浪前行；只有始终把提高统计数据质量作为生命线，统计事业才能脚踏实地、行稳致远；只有始终坚持以人民为中心的发展思想，统计事业才能枝繁叶茂、生机勃勃；只有始终将改革创新作为发展的不竭动力，统计事业才能与时俱进、开创未来。

辉煌永载史册，重任依然在肩。在全面建设社会主义现代化国家新征程上，新时代统计事业迎来难得的历史机遇，责任光荣而伟大，使命任重而道远。统计部门广大党员干部要更加紧密团结在以习近平同志为核心的党中央周围，不断增强使命意识、创新意识和责任担当，以更加饱满的精神、更加务实的作风、更加昂扬的斗志，奋力推进统计现代化改革，加快构建现代化统计调查体系，以实际行动迎接党的二十大胜利召开！

附录：国家统计局机构沿革简图

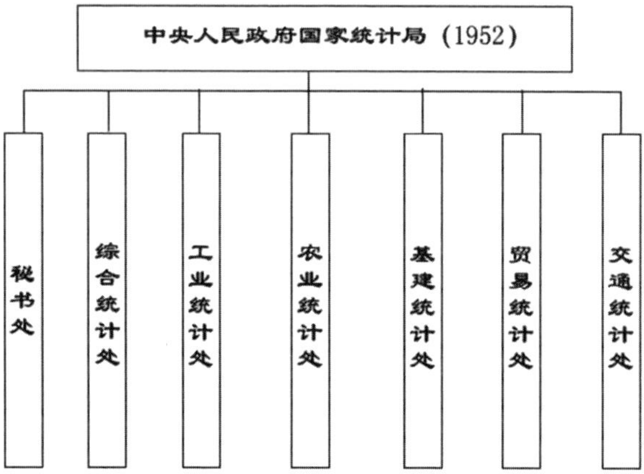

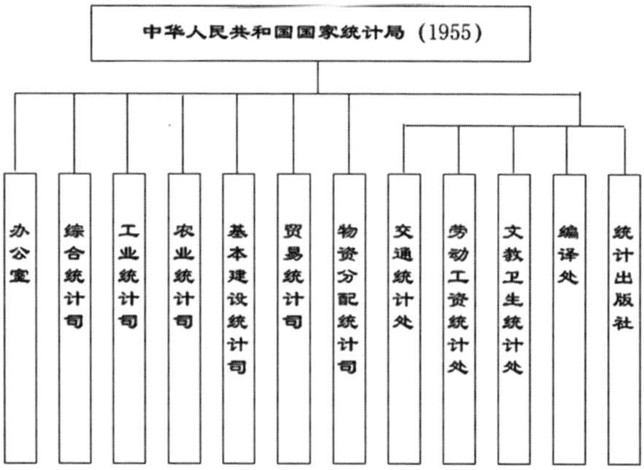

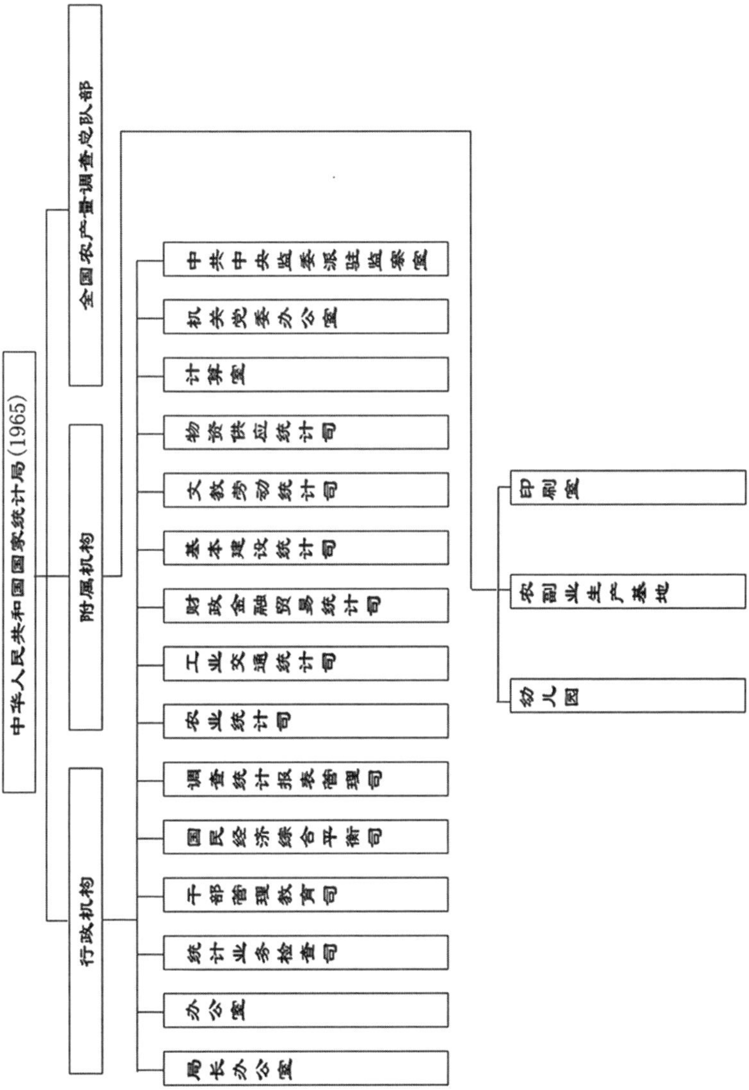
中华人民共和国国家统计局(1965)
全国农产量调查总队部
附属机构
行政机构
中共中央监委派驻监察室
机关党委办公室
计算室
物资供应统计司
文教劳动统计司
基本建设统计司
财政金融贸易统计司
工业交通统计司
农业统计司
调查统计报表管理司
国民经济综合平衡司
干部管理教育司
统计业务检查司
办公室
局长办公室
印刷室
农副业生产基地
幼儿园

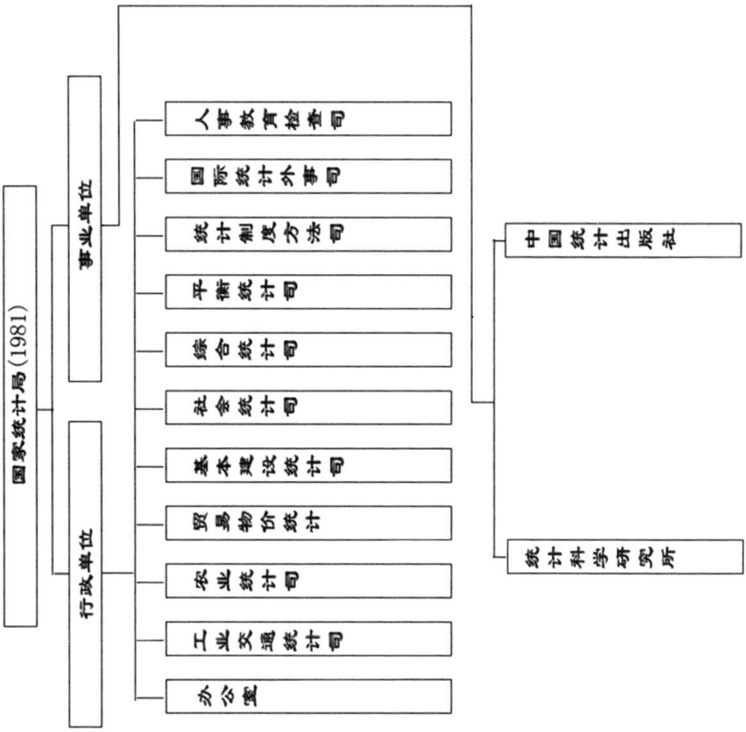

国家统计局(1981)
事业单位
行政单位
人事教育检查司
国际统计外事司
统计制度方法司
平衡统计司
综合统计司
社会统计司
基本建设统计司
贸易物价统计
农业统计司
工业交通统计司
办公室
中国统计出版社
统计科学研究所

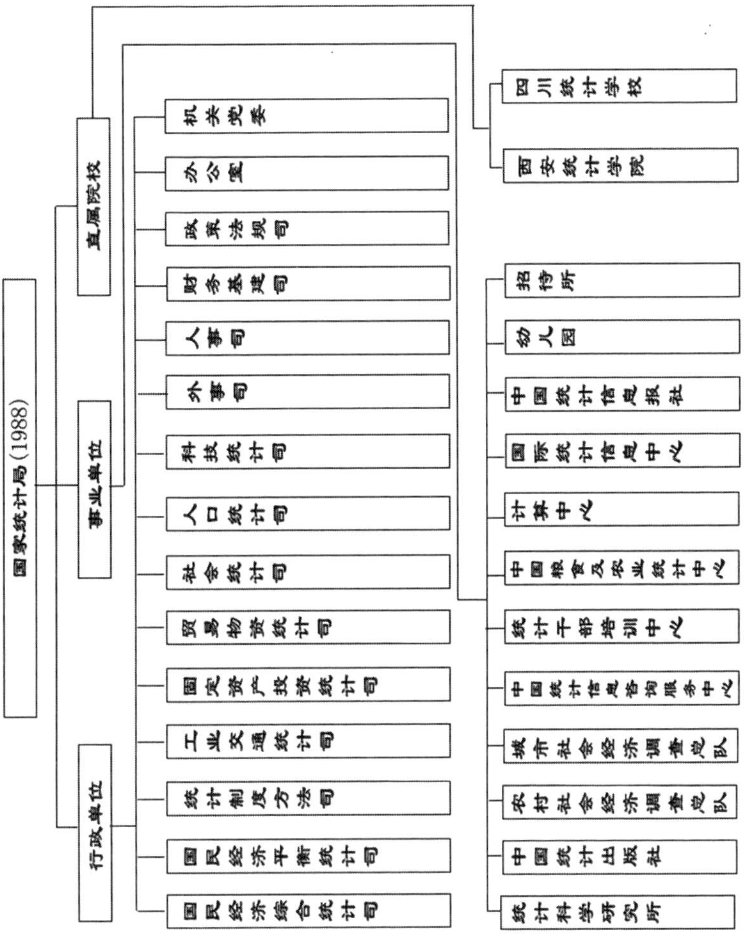
国家统计局(1988)
直属院校
事业单位
行政单位
四川统计学校
西安统计学院
机关党委
办公室
政策法规司
财务基建司
人事司
外事司
科技统计司
人口统计司
社会统计司
贸易物资统计司
固定资产投资统计司
工业交通统计司
统计制度方法司
国民经济平衡统计司
国民经济综合统计司
招待所
幼儿园
中国统计信息报社
国际统计信息中心
计算中心
中国粮食及农业统计中心
统计干部培训中心
中国统计信息咨询服务中心
城市社会经济调查总队
农村社会经济调查总队
中国统计出版社
统计科学研究所

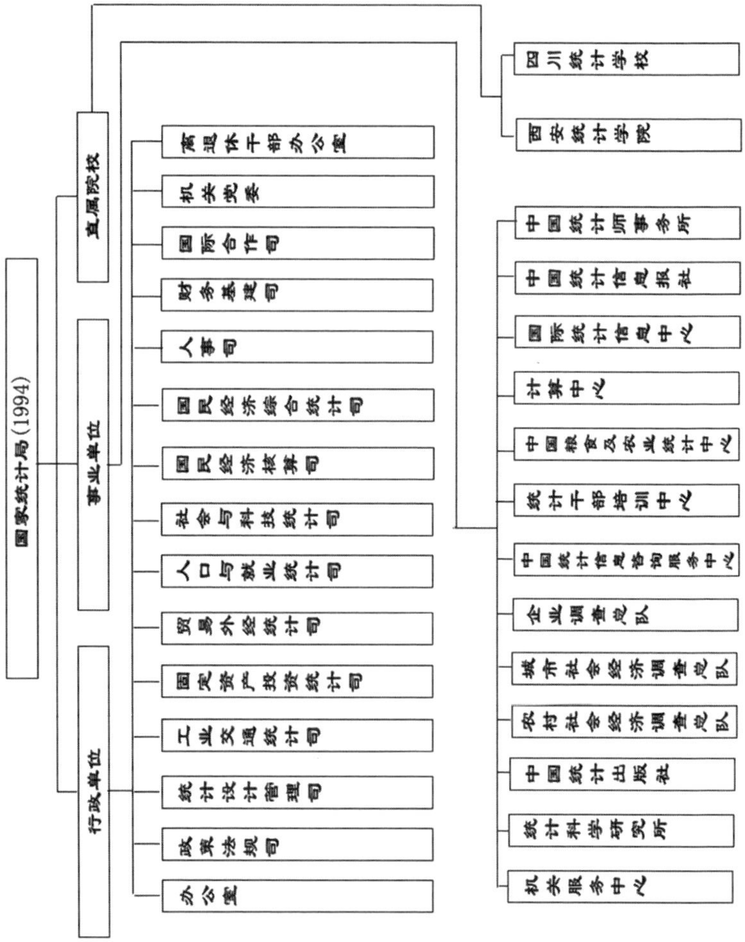
国家统计局(1994)
直属院校
事业单位
行政单位
四川统计学校
西安统计学院
离退休干部办公室
机关党委
国际合作司
财务基建司
人事司
国民经济综合统计司
国民经济核算司
社会与科技统计司
人口与就业统计司
贸易外经统计司
固定资产投资统计司
工业交通统计司
统计设计管理司
政策法规司
办公室
中国统计师事务所
中国统计信息报社
国际统计信息中心
计算中心
中国粮食及农业统计中心
统计干部培训中心
中国统计信息咨询服务中心
企业调查总队
城市社会经济调查总队
农村社会经济调查总队
中国统计出版社
统计科学研究所
机关服务中心

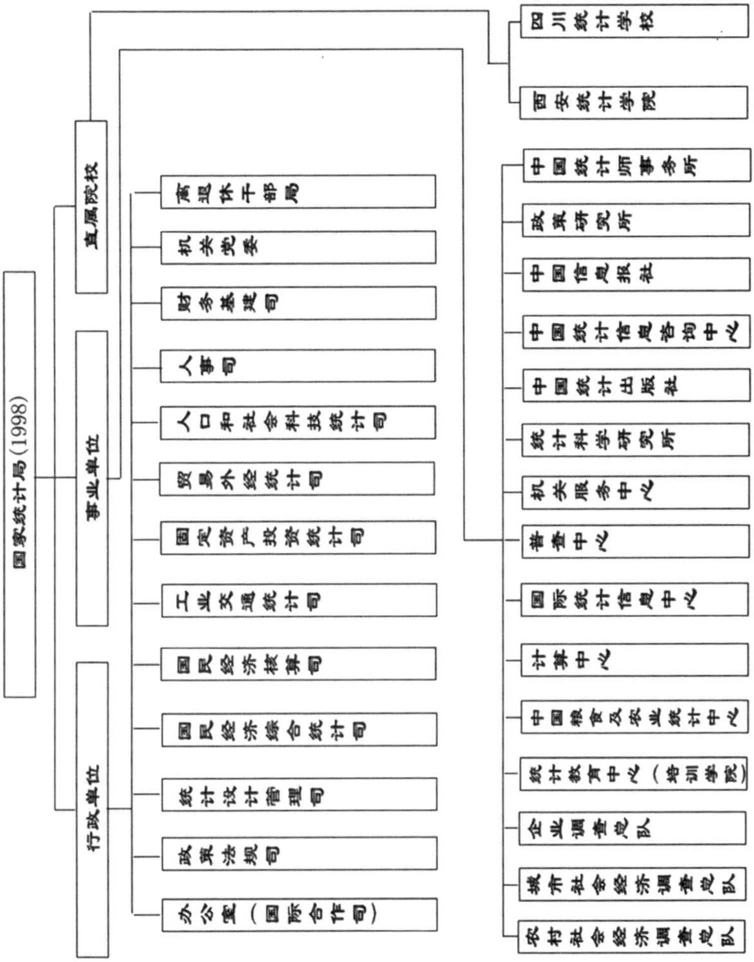

国家统计局(1998)
直属院校
事业单位
行政单位
四川统计学校
西安统计学院
中国统计师事务所
政策研究所
中国信息报社
中国统计信息咨询中心
中国统计出版社
统计科学研究所
机关服务中心
普查中心
国际统计信息中心
计算中心
中国粮食及农业统计中心
统计教育中心（培训学院）
企业调查总队
城市社会经济调查总队
农村社会经济调查总队
离退休干部局
机关党委
财务基建司
人事司
人口和社会科技统计司
贸易外经统计司
固定资产投资统计司
工业交通统计司
国民经济核算司
国民经济综合统计司
统计设计管理司
政策法规司
办公室（国际合作司）

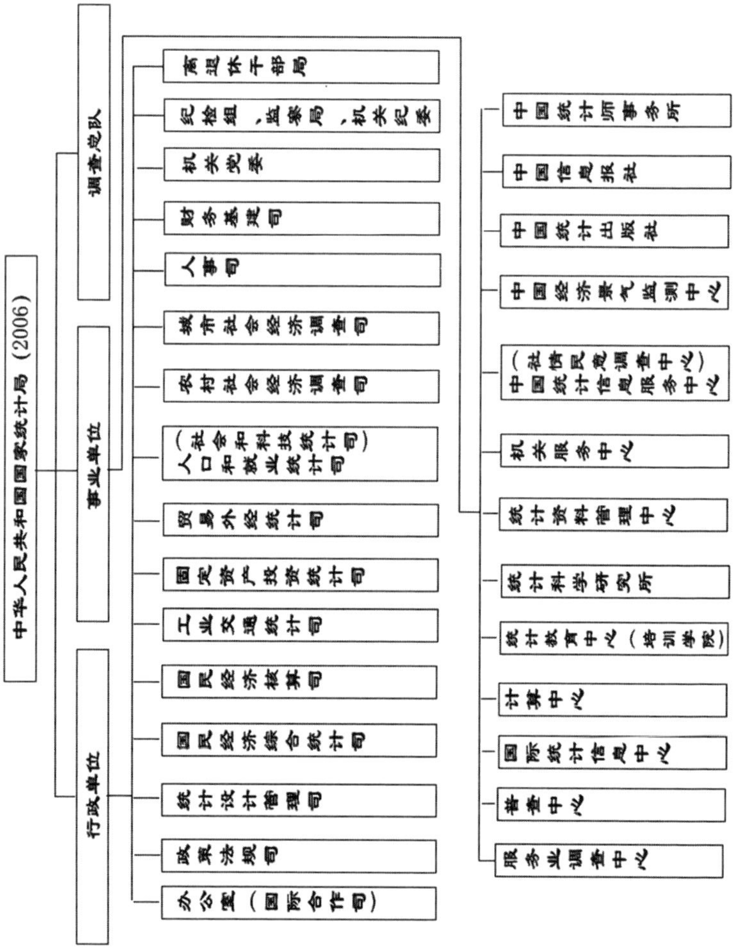
中华人民共和国国家统计局（2006）
调查总队
事业单位
行政单位
离退休干部局
纪检组、监察局、机关纪委
机关党委
财务基建司
人事司
城市社会经济调查司
农村社会经济调查司
人口和就业统计司（社会和科技统计司）
贸易外经统计司
固定资产投资统计司
工业交通统计司
国民经济核算司
国民经济综合统计司
统计设计管理司
政策法规司
办公室（国际合作司）
中国统计师事务所
中国信息报社
中国统计出版社
中国经济景气监测中心
中国统计信息服务中心（社情民意调查中心）
机关服务中心
统计资料管理中心
统计科学研究所
统计教育中心（培训学院）
计算中心
国际统计信息中心
普查中心
服务业调查中心

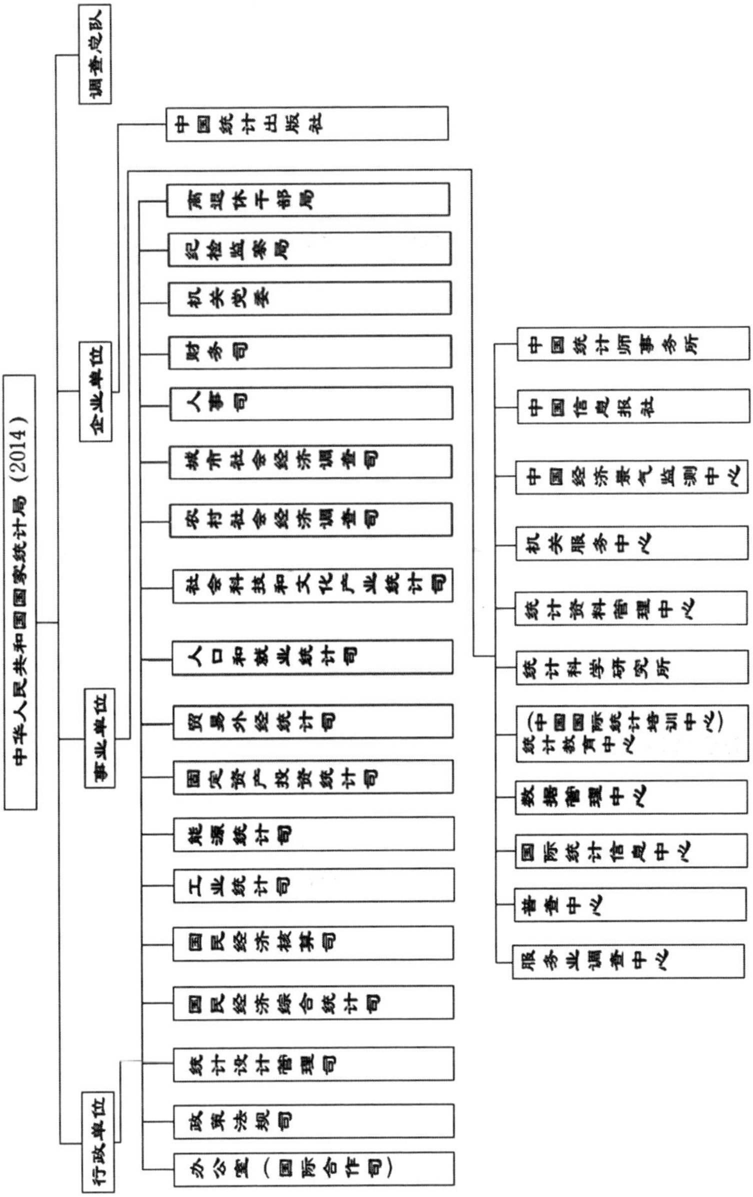
中华人民共和国国家统计局（2014）
调查总队
企业单位
事业单位
行政单位
中国统计出版社
离退休干部局
纪检监察局
机关党委
财务司
人事司
城市社会经济调查司
农村社会经济调查司
社会科技和文化产业统计司
人口和就业统计司
贸易外经统计司
固定资产投资统计司
能源统计司
工业统计司
国民经济核算司
国民经济综合统计司
统计设计管理司
政策法规司
办公室（国际合作司）
中国统计师事务所
中国信息报社
中国经济景气监测中心
机关服务中心
统计资料管理中心
统计科学研究所
统计教育中心
(中国国际统计培训中心)
数据管理中心
国际统计信息中心
普查中心
服务业调查中心

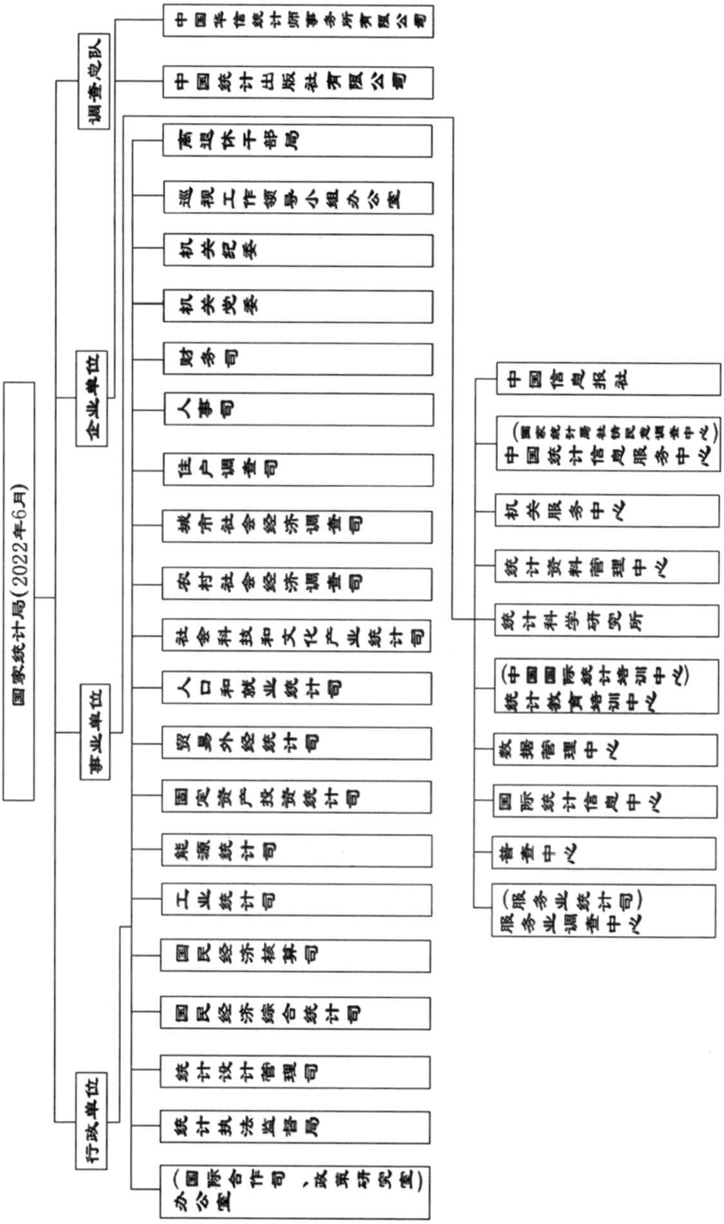
国家统计局（2022年6月）
调查总队
企业单位
中国华信统计师事务所有限公司
中国统计出版社有限公司
事业单位
中国信息报社
中国统计信息服务中心
（国家统计局社情民意调查中心）
机关服务中心
统计资料管理中心
统计科学研究所
统计教育培训中心
（中国国际统计培训中心）
数据管理中心
国际统计信息中心
普查中心
服务业调查中心
（服务业统计司）
行政单位
离退休干部局
巡视工作领导小组办公室
机关纪委
机关党委
财务司
人事司
住户调查司
城市社会经济调查司
农村社会经济调查司
社会科技和文化产业统计司
人口和就业统计司
贸易外经统计司
固定资产投资统计司
能源统计司
工业统计司
国民经济核算司
国民经济综合统计司
统计设计管理司
统计执法监督局
办公室（国际合作司、政策研究室）

参考书目

1.《中国共产党简史》,人民出版社、中共党史出版社,2021年2月第1版。

2.《中华人民共和国简史》,人民出版社、当代中国出版社,2021年8月第1版。

3. 中共中央文献研究室编,《毛泽东年谱:1949—1976》(全6卷),中央文献出版社,2013年12月第1版。

4. 王一夫主编,《新中国统计史稿》,中国统计出版社,1986年2月第1版。

5. 李惠村、莫曰达,《中国统计史》,中国统计出版社,1993年12月第1版。

6. 中华人民共和国国家统计局编,《中华人民共和国统计大事记1949—2009》,中国统计出版社,2009年9月第1版。

7. 国家统计局编著,《新中国统计制度方法的发展与改革》,中国统计出版社,2021年2月第1版。

8. 国家统计局编,《新中国统计》,中国统计出版社,2002年7月第1版。

9. 国家统计局编,《砥砺奋进 铸就辉煌——改革开放40年与时俱进的中国统计》,中国统计出版社,2018年10月。

10. 国家统计局编,《新中国统计 70 年》,2019 年 8 月。
11. 国家统计局编,《百年红色统计》,2021 年 6 月。
12. 马建堂著,《马建堂学术自传》,广东经济出版社,2019 年 12 月第 1 版。
13. 马建堂主编,《依法统计 30 年 实践 发展 成就》,法律出版社,2014 年 10 月第 1 版。
14. 许宪春,《中国国民经济核算与统计问题研究》,北京大学出版社,2010 年 1 月第 1 版。
15. 国家统计局统计资料管理中心,《统计文史》系列丛书。